U0786396

共同缔造工作坊

——社区参与式规划与美好环境建设的实践

李郇　刘敏　黄耀福　编著

科学出版社

内 容 简 介

共同缔造工作坊是基于人居环境科学的社区参与式规划实践，是对规划和改造模式的新探索。其以问题为导向，以公众参与为核心，以空间环境改造与机制体制建设为手段，依托规划师构筑政府、公众、规划师、社团等多元主体互动平台，促成各主体达成发展共识，从而制定并落实规划方案。

共同缔造工作坊在《美丽厦门战略规划》的引领之下得以实践。基于在厦门的规划实践，本书梳理了共同缔造工作坊的理论来源、提出背景、主要内容、组织框架和工作路径，并重点介绍在厦门市进行的四个共同缔造规划实践案例。希望从规划理论、工作路径到工作实例，在各个层面对工作坊团队的实践进行梳理，给读者带来通过共同缔造工作坊推动社区参与式规划与美好环境建设的启发与借鉴。

本书主要读者对象为城市规划与建设工作者和城市规划研究者，主要包括城市规划师、城市规划研究者、政府相关部门工作者、社区社会组织人员，乃至社区居民等。

图书在版编目（CIP）数据

共同缔造工作坊：社区参与式规划与美好环境建设的实践/李郇，刘敏，黄耀福编著. —北京：科学出版社, 2016.12

ISBN 978-7-03-051158-4

Ⅰ. ①共… Ⅱ. ①李… ②刘… ③黄… Ⅲ. ①社区管理–研究–厦门 Ⅳ. ①D669.3

中国版本图书馆 CIP 数据核字(2016)第 314413 号

责任编辑：朱海燕　丁传标 / 责任校对：何艳萍
责任印制：吴兆东 / 封面设计：北京图阅盛世文化传媒有限公司

科学出版社 出版
北京东黄城根北街 16 号
邮政编码：100717
http://www.sciencep.com

北京中石油彩色印刷有限责任公司 印刷
科学出版社发行　各地新华书店经销
*
2016 年 12 月第 一 版　开本：787×1092 1/16
2022 年 9 月第四次印刷　印张：13 1/4　插页：6
字数：300 000

定价：69.00 元

(如有印装质量问题，我社负责调换)

前　言

空间不仅仅是物质的，还是社会关系和社会结构的表达，社会关系的建构是空间生产的内涵。

中国自古讲究“天人合一”，实际上是在追求空间与社会关系的和谐。吴良镛先生倡导的人居环境科学把空间作为社会经济文化发展的统一体，并从物质与社会空间相互作用的角度对空间进行思考。在此基础上，人居环境思想提倡以人为核心，把社区空间作为城乡的基本单元，从自然和社会活动的角度思考空间问题的来源。

人居环境科学认为，社区空间不是单一的物质建成环境，而是在全球化背景下，区域与城市以及建筑形态相互影响下的空间单元，人与人的关系以及人的劳动则是这个空间背后的故事。人居环境整体论的认知方式及“复杂问题有限求解”的思想方法为认识社区空间问题的产生机制和解决社区问题提供了重要思路。自然环境和历史上人与环境的关系被认为是空间特性的基础，人与人的关系则是重构空间的社会基础。在这个意义上，社区可谓是“小空间、大关系”。

中国城乡建设一直强调空间的社会内涵。《清明上河图》《姑苏繁华图》等著名画卷则将不同景观、不同职业、不同文化活动、不同特性人物在空间内无穷组合、排列与变化，凸显出中国传统城市建设对社会文化与物质空间融合的重视。中国传统的居住空间以家族为单位，如南方的客家土楼是围合、多层的集体性单体式的空间，相同姓氏的族人在同一院落内聚居，体现的是人间团结互助、同心协力的精神。北方的四合院也多为同一族系成员聚居的场所，是宗族社会关系的空间的体现，在单个四合院内，家人更会根据其不同性别、角色与地位分居于不同房舍内，以空间维系家族的社会秩序。

在西方的思考模式中，空间同样是一个必不可少的要素。20 世纪初芝加哥学派（Chicago School）的城市社会学研究正是从社区开始的，把城市空间的形成与更替视为人类生物性竞争与适应的结果，由此带来城市空间的扩张与分化，形成了同心圆结构，并伴随城市空间的隔离问题以及不同社区差异化的景观面貌和生活样态。由帕克（Robert Park）开创的以社区为基础的人文生态学旨在研究社区生活必不可少的物质、技术、经济、政治和文化等方面的相互关系。

20世纪中后期，列斐伏尔（Henri Lefebvre）、哈维（David Harvey）、卡斯特（Manuel Castells）等新马克思主义学者重新强调城市空间的重要性，认为空间具有政治、经济、社会的属性，是由各种社会实践生产出来，并把社会关系视为揭示空间问题的入口。还有学者认为，城市是资本主义生产方式和社会（阶级）关系再生产的场址，指出城市所呈现的消费主义空间景观，是全球化资本积累所导致的矛盾冲突在特定空间集中表现的结果。他们对城市空间的宏观研究视野深刻影响了其后的都市研究。20世纪80年代以后的城市空间研究是西方社会科学和人文地理学研究的重点。萨克（Robert D. Sack）、梅西（Dorren Massey）、桑德斯（Peter Saunders）等学者亦汲取了社会学和文化研究的视角和观点，把空间理解为社会关系和文化的表达。

空间的社会属性，决定了规划结合社会。托马斯·莫尔构筑乌托邦的“理想世界”，成为西方城乡规划思想和实践的重要源泉，并需要通过社会实践实现乌托邦理想。秉承其思想精髓，霍华德提出田园城市理论，借以兼具城乡特色的空间，资源的自治社区、集体所有的土地制度的社会实践，将城市规划与建设定义为一场以物质空间建设、解决社会问题、重塑社会关系的社会变革。事实上，城乡规划者是将城乡规划视为关乎人类发展的社会实践活动，这与中国的“匠人营国”的胸怀是一致的。

2011年，中国城市化率首次超过50%，快速城市化也意味着城市社会的兴起，传统乡土社会逐渐被剥离、稀释甚至碎化。乡村内典型的集体性空间如祠堂等承载共同记忆、活动与联系的集体空间符号逐渐淡化，甚至遭到破坏。城市则被片面地视为无社会主体、无历史文化积淀的经济资源，作为迎合政府及资本对空间、土地、人力资源及规模效应等经济开发需求的“空间”“土地”而被不断开发与更新。伴随短时间大规模的人口迁移，以及以商品房小区为代表的封闭住宅的建设，社会关系的破碎导致城市社会网络的碎化，传统的“熟人社会”逐渐崩离，变为“生人社会”，人与人之间的社会联系疏淡，职业和角色的关系加强，相互成为“熟悉的陌生人”。

在经历了改革开放30多年后，社区制度与资本在空间上的“压缩”已经促进社区空间出现了新的变化。开始出现了“治理空间”，就是政府、企业、社会等各种组织协商共治的空间，在那些现代化逻辑设定为互相竞争或冲突的领域中开始出现了共存并互相协调的趋势，空间的肌理开始体现政治、经济、社会、文化各维度力量的互动，中国的城市社区正逐渐成为多元化的协调共治空间。

在空间与社会关系互动越来越密切的同时，城乡规划也在发生变革。党的十八大提出新型城镇化的特色发展道路，需要提升公众参与度，逐步建立公众参与的机制。《城乡规划法》明确了城市规划的公共政策属性，强调城乡规划制定、实施全过程的公众参与。我国新版的《城市规划编制办法》明确指出，城市规划编制的组织方式应遵循“政府组织、专家领衔、部门合作、公众参与”的原则，参与式规划也随之在我国兴起。

参与式规划是规划回归到社会，回归到“人的城市”的重要方法。“社区是基础，群众是核心”是一个基本的原则。公共空间和房前屋后空间的“共谋、共建、共管、共评、共享”是切入公众参与的最简单与最直接的途径。公共空间作为城市市民社会交往的主要场所，是市民集体意识的载体。从市民需求出发对公共空间的改造，使公共空间摆脱“仪式性”的特征，回归到人的活动尺度，从而成为富有使用价值的空间。这不仅是场所精神的再造，更是市民在共同利益驱动下，于共同劳动过程中，逐渐摆脱现代化发展所带来的社会集体破碎化等问题，重构集体活动与社会组织，在相互间广泛的交流活动中重新建立和谐关系的过程。房前屋后是家庭私人空间转向公共空间的过渡地带，也是连接个人与社会的空间。房前屋后的空间直接涉及群众的切身利益，故其改造与建设过程更易于发动与组织群众参与。因此，社区公共空间和房前屋后具有“社会性”，通过公共空间和房前屋后的集体行为，可以将切身利益的强调与重视转化为对集体利益的贡献与分享，能有效打破市民清晰的公私界限，突破居民内心社会隔阂，把“你”和“我”变成“我们”，激发居民共同参与家园建设的热情与意识，由此形成社会和谐共融的良好局面。

“美好环境共同缔造”是厦门市委、市政府提出的《美丽厦门发展战略》中公众参与的具体行动计划，把社区规划与发展作为实现社会治理的途径，要在公众参与中把市民的积极性调动和组织起来，则需要专业的城乡规划师发挥作用。规划师的角色必须转变，规划的方法必须转变。“共同缔造工作坊”即是在这种背景下提出，通过规划、设计的手法，为居民、政府和规划师创造一个多方参与社区管理和设计的平台，让社会不同群体有平等的参与机会，通过真正的公众参与实现社会的治理。与此同时，规划师也应从一个物质空间的规划者转变为发展的协调者和倡导者，成为增进政府和市民沟通的桥梁。

厦门是我国重要经济特区与著名旅游城市，在保留老厦门风情的同时，厦门也吸引大量外来的新厦门人入住，其社会构成更为多元，老旧城区、城中村、城边村与传统村落等社区形式丰富多样，特有的发展历程和市委、市政府的支持为厦门开展“共同缔造工作坊”提供了基础。

目　　录

1 美好环境共同缔造

1.1 美好环境与和谐社会共同缔造的提出

1.1.1 转型中社会与经济的关系

改革开放后，我国一直处于转型时期。诺贝尔奖获得者约瑟夫•斯蒂格利茨在谈及转型的本质时，引用著名学者卡尔•波兰尼（Karl Polanyi）的“嵌入”概念，指出转型不仅仅是经济的转型，更是社会的转型。这体现出波兰尼思想逻辑最为关键的“嵌入”概念和“双向运动”思想，即“经济并非像经济理论中说的那样自给自足，而是从属于政治、宗教和社会关系”，“不当的经济政策会造成社会关系的崩溃，而这种崩溃的本身也会产生非常不利的经济效应。”因而，“经济应当嵌入在社会关系中”（卡尔•波兰尼，1944），经济与社会关系的变化，将对城市经济转型发展带来直接影响。当经济与社会脱钩而带来一系列社会问题时，应当充分发挥群众与政府的力量抵制与扭转这种局面，使经济与社会发展趋于平衡。

按照这个观点，中国的转型主要经历了三个重要的发展阶段。新中国成立初期，在赶超战略的指引下，为保证资本向重工业流动以维持工业化过程中的资本高度积累，我国实施计划经济，即以政府为中心，以分配作为资源配置和社会整合的主要形式，统筹国家政治、经济、文化、社会等多方面发展。严格的户籍制度与土地制度在形成计划性流动，保证各种稳定“剪刀差”的同时，形成低成本的计划配置和空间计划安排（李郇，2012）。农村合作社与生产队与单位作为这一时期兼具经济与社会两种职能的机构，为被广泛划归于机构内的人们提供生产与生活的基本保障，并维持相互间的基本平等。企业与政府、人与单位之间除经济关系外，还拥有密切的社会联系。这一时期，国家处于生产高度积累的时期，经济政策同时也是社会政策，经济被深深嵌套在当时当地的社会、政治与伦理关系中（王绍光，2012），为居民提供最基本的社会保障。

改革开放后，社会主义市场经济体制逐步确立，国家优先关注效率与增长。这一时期，国家以 GDP 为发展导向，推行相对宽松的户籍政策，推进土地制度改革。政策整体促使农村劳动力流动，在低水平社会保障的基础上，为生产要素市场提供大量低成本劳动力。同时，在土地二元产权结构下，政府征收集体土地将其转化为城市国有土地进行交易的过程，促使土地在城乡和政府与居民之间进行二次分配。在此过程中，国家实现经济快速增长，却也使经济发展逐渐"脱嵌"于社会发展，导致社会分异出现。市场原则逐渐成为整合社会、政治生活的机制，干预范围甚至涉及医疗卫生、教育等公共领域。个人福祉取决于各自的支付能力，经济体追求各自利益最大化，我国各群体社会收入、财富、卫生服务、教育质量等差距不断扩大（王绍光，2012）。1998~2007 年，我国收入最高与最低的 10%群体间收入差距比，由 7.3 倍上升到 23 倍；2005 年，全国居民基尼系数达到 0.485，远高于 0.4 的国际公认警戒线。这些差距带来巨大的社会冲击，使区域、阶层、组织与观念等层面的社会分化加速，导致地方感与归属感瓦解，群体隔离与冲突频发，社会整合力弱化等诸多问题（刘燕和万欣荣，2011）。

同时，中国快速城市化进程，在迅速瓦解乡村社会的同时，未能建立完整的城市社会体系，导致更深层的社会问题。伴随一两代人短时间由乡村到城市的大规模迁移，传统乡村集体性社会网络逐渐割裂，乡村内典型的集体性空间符号逐渐淡化。城市则被片面地视为无社会主体、无历史文化积淀的经济资源，为迎合政府及资本对空间、土地、人力资源及规模效应等经济开发需求，"空间""土地"被不断开发与更新。依附于土地存在的人、家庭、邻里社区被推土机快速铲平，其所蕴含的社会主体、历史传承、有机社会及其生活、文化等，则遭到粗暴的排斥（陈映芳等，2011）。同时，单位制解体与住房改革的推进，维系社区紧密关系网络的单位主体逐渐退出社区，社区居民频繁流动，逐渐演化为"生人社区"。城市从乡土社会转变为城市社会之间，缺少良性过渡，城市社会在薄弱的社会基础上被快速"催熟"，形成破碎化的社会关系网络。人与人在居住空间中产生隔离，社会经济发展所依赖的社会关系与社会资本难以广泛积累，经济发展受到来自社会的制约。

过于强大的市场力量，导致社会秩序遭受威胁。从 2008 年起，基于国家发展新常态，市场仍然是资源配置的主要机制，但政府通过市场社会再分配机制，试图用国家强制力打断市场链条，将经济与社会发展重新挂钩，让全体人民分享市场运作的成果，让社会各阶层分担市场运作成本，从而把市场重新嵌入社会伦理关系中，形成社会市场。2008~2010 年国家出台的社会政策表明，国家财政支出从单纯重视经济建设逐渐向扶持"三农"、发展教育、保障医疗等民生方面靠拢。2014 年，近 80%的国家投资投向中西部地区则表明，国家财政投入也逐渐向困难地区和困难群体倾斜。

一方面，在国家层面，将经济与社会重新挂钩的同时，地方政府仍然分身乏术，忙于解决日益繁杂的社会事务与矛盾；另一方面，自我意识的形成则使人们对公共服务提出更高要求。因此，在经济与社会发展关系发生变化的新时期，国家转变政府职能，在进一步推进经济与社会共同发展的同时，依托社会创新发挥群众力量，凝聚社会团结，进一步平衡经济与社会发展显得尤为重要。

1.1.2 美好环境与和谐社会共同缔造的缘起

“美好环境与和谐社会共同缔造”是以吴良镛先生人居环境科学为基础，在实践中逐步深化和探索，也是人居环境科学研究的延伸。早在 1989 年出版的《广义建筑学》中，吴良镛先生便基于美好建筑环境与美好社会理想的关系，对美好环境共同缔造做出初步解析：“美好建筑环境是与美好的社会理想共同缔造的，它是种种社会理想和社会建设的结合点”（吴良镛，1989）。1999 年，吴良镛先生在国际建筑协会第二十次世界建筑师大会上，再次发出“美好的建筑环境与美好的社会同时缔造”的倡议，提出“人类美好的世界不能脱离美好的建筑环境而存在，美好的环境秩序是良好的社会秩序的反映”（武廷海，2008）。2001 年，吴良镛先生在其《人居环境科学导论》中进一步指出，“人居环境建设不仅是建立人与自然和谐关系的过程，也是建立人与人和谐关系的过程，人创造人居环境，人居环境又对人的行为产生影响”（吴良镛，2001a）。这表明人居环境建设的核心是以人为本，没有人与人之间的和谐共处，人居环境的美好将无从谈起。由此可见，美好人居环境与社会理想应共同发展。

美好环境与和谐社会共同缔造作为人居环境科学的较全面实践是 2010 年在广东省云浮市展开的。当时面对山区综合开发基础较弱，但有较协调的城乡发展态势的基本情况，认为需要通过“建设人居环境，构建和谐社会”来加快经济发展方式，转变并提出了《美好环境与和谐社会共同缔造行动纲要》。《纲要》的主要内容是根据云浮面临的机遇和条件，坚持以人为本，科学发展，以宜居城乡建设为载体，通过“共谋、共建、共管、共享”的方法，以人民城市人民建、人民管的建设与管理模式，统筹经济建设、政治建设、文化建设、社会建设和生态文明建设，实现五者的相互统一、相互促进，把云浮内在的生态资本、资源资本与外部的物质资本、人力资本结合起来，实现云浮科学发展、跨越发展，增强城市的综合竞争力。

2010 年和 2011 年吴良镛先生分别参加“转变发展方式，建设人居环境”研讨会及“统筹城乡发展，建设人居环境”研讨会，吴良镛先生从人居环境科学探索历程和发展趋势，发展模式转型与人居环境科学发展入手，基于对人居环境科学发展与云浮实践经验的总结与提升，对“美好环境与和谐社会共同缔造”提出要求：

（1）回归社区，加强社区建设。社区是提供基本服务，培育社会凝聚力的场所。立足社区，推进城市权利，促进城市平等，为促进城市和谐发展提供启示。

（2）以人为本，关注民生。结合当前社区不同群体的不同价值观、不同利益、不同物质和精神需求的实际，以“政府引导、群众主体、多方参与，共建共享”为原则，以建设美好家园为载体，构建和谐社会，统筹推进经济、社会、文化的发展。

（3）积极推进县域城镇化研究，整体解决“三农”问题。在促进县域经济壮大的基础上，对国土资源、经济社会发展和城乡建设进行综合协调，以此作为经济发展方式转变和社会管理制度改革的重要突破口，实现大中小城市的协调发展。

（4）将“人居环境战略”作为重大的战略规划内容列入“十二五”规划。制定国家人居发展战略，在国家层面统筹相关职能部门的规划与战略思想，为城市化的有序进行提供空间保证。

在2010年的“转变发展方式，建设人居环境”研讨会上，与会代表形成“云浮共识”。

> 2010年6月5日我们集中在广东云浮，讨论人居环境科学理论与实践。我们认识到：
>
> （1）营造美好的人居环境，符合科学发展观的要求，是推动城乡规划建设指导思想转变和实践新型城镇化的现实需要，也是促进经济发展方式转变的必然选择；
>
> （2）实现美好人居环境的共建，符合构建和谐社会的要求，是顺应民主社会发展，真正满足广大人民群众日益提升的物质和精神需要的重要举措；
>
> （3）人居环境科学理论提倡以人为本，为人民群众营造健康、生态、和谐的生活环境与社会氛围，提倡环境、经济、社会、科技、文化统筹考虑，相互促进，协同集成，实现可持续发展，这是人居环境建设的基本目标和方向；
>
> （4）人居环境科学理论是人居环境建设的理论基础，推动美好环境与和谐社会共同缔造是人居环境科学理论的具体实践。
>
> 云浮实践与云浮共识表明，美好环境与和谐社会共同缔造作为人居环境科学的实践，在城乡转型与发展，建设宜居宜业的美好家园等方面，有着重要的指导意义与实践价值。
>
> 为了共同推进美好人居环境建设，我们倡议：
>
> （1）坚持经济、社会、政治、文化与生态文明建设的统筹推进。让发展惠及群众，让生态促进经济，让服务覆盖城乡，让参与铸就和谐。
>
> （2）坚持“人民城市人民建”。按照政府引导、群众主体、多方参与、共建共享的原则，努力创造有利于广大人民群众真正拥护和参与的氛围。
>
> （3）坚持实践探索与理论创新相互促进。通过多层次、多系统的实践推动理论创新，逐步建立、完善与营造美好人居环境相适应的体制和机制，不断拓展完善人居环境科学理论体系。
>
> （4）坚持新型城镇化方向，一切从实际出发，满足广大人民群众的基本需求。植根本土文化，从战略到行动。
>
> “不积跬步，无以至千里”“千里之行始于足下”，我们必须从今天做起，从当地做起。这是时代赋予我们的责任。

2013年《美丽厦门发展战略》提出“美好环境共同缔造”行动计划。“美丽厦门共同缔造”基于对党的十八大重大战略部署和习近平总书记系列重要讲话精神的贯彻落实，坚持以人为本的发展理念，以《美丽厦门战略规划》为引领，以群众参与为核心，以培育精神为根本，以奖励优秀为动力，以项目活动为载体，以分类统筹为手段，着力共谋共建共管共评共享，统筹推进经济、政治、文化、社会、生态文明建设。

经过近三年的实践，“美丽厦门共同缔造”已经形成社会治理体系与治理能力现代化的厦门模式，通过以参与促进居民融入，以服务满足群众需要，把群众对社区的关心转化为参与社会治理的热情，使群众在参与社区建设的过程中融洽融入。并通过资源下放到基层与社区，为社区组织提供人、物、权，以此管理社区、服务居民，形成以创新社会治理、促进包容性发展为主要目的的社会实践，发动群众从身边的小事、房前屋后的实事、兴趣相投的活动等做起，共同缔造美好人居环境与融洽邻里关系，使社区成为温馨家园、重构社区的社会关系。

1.2 美好环境共同缔造的解读

美好环境共同缔造，既是指美好环境与和谐社会的共同发展，也是指政府、群众、规划师以及更为多样的社会组织协商共治、合作共建美好人居环境的共同行动，是工作坊活动开展的指导思想与方法指引，即美好环境共同缔造既是认识论，也是方法论。

1.2.1 共　识

自古以来，美好人居环境就是人类基于生产生活家园的美好愿景，是一种共同理想。人类发展史实质上是人类对人居环境的美好愿景不断探索与实践的过程，这是东、西方国家人居环境建设一脉相承的特质。

在中国传统的人居环境思想中，吴良镛先生把中国古代的人居环境理念视为中国传统文化的重要组成部分，并引用《汉书•晁错传》所言，论述居住条件与良好生态环境的关系：“古之徙远方以实为广虚也，相其阴阳之和，尝其水泉之味，审其土地之宜，观其草木之饶，然后营邑立城，制里割宅，通田作之道，正阡陌之界，先为筑室，家有一堂二内，门户之闭，量器物焉，民至有所居，作有所用，此民所以轻去故乡而劝之新邑也……使民乐其处而有长居之心。”我国自古以来源远流长的人居环境理念及潜在的规划思想，形象地描绘出先民对人居环境建设的美好愿景以及对美好环境建设理念与方法不断探索的努力。

一个世纪以来，西方国家城乡规划的诸多设计构想与规划思考，不仅是技术层面的构思，同样是基于社会理想而试图寻找的人类社会的理想城市蓝图，是社会变革思想在物质环境上的表达（刘宛，2004）。在工业革命带来的城市问题与社会矛盾激发的背景下，乌托邦思想承载着人们基于发展现实的批判和对未来发展的美好愿景应运而生。乌托邦将城市视为生动的社会空间而非机械的物质空间，强调城市的社会属性以及城市与自然的结合，以没有纠纷，人与人、人与自然和谐共存的理想国度为目标，期望人类从对道德价值与公正的感知出发，通过实际行动解决问题，不断接近共同期望的理想世界。乌托邦思想是对空间形态美学的研究，更是城市借助空间建设重构社会的实践，是社会空间的变革，其作为人们对理想城市的最初想象，促进以此为社会理想的规划理念的发展。

19 世纪末至 20 世纪初，现代城市规划先驱霍华德先生提出的田园城市，成为现代城市理想空间的代表。其所谓的田园城市，所表达的不仅仅是孤立的田园城市，更是区域协调、城市结构形态完美，同时也是“无污染和无贫民窟”的社会城市。在霍华德的理想空间中，几何式的自然景观和都市景观保持了相互的平衡与和谐，生活集聚于城市而趋于保持农村景观。更为重要的是，霍华德是理论家，也是实践家。他按照田园城市的模式，推动了莱切沃斯（Letchworth）和韦林（Welwyn）的建设。

1932 年，赖特在其著作《消失的城市》中完整地叙述了广亩城市的设想，期望通过各类通达密集的交通网络与功能各异的空间由中心区到边缘区、由地上到地下的有序分布，将城市分化到农村之中，形成自给自足的经济模式，从而让“每一个美国的男人、女人和孩子们都有权拥有一亩土地，让他们在这块土地上生活、居住，并且每个人至少有自己的汽车”。广亩城市不仅是赖特对城市物质形态的构想，更体现出赖特所主张的社会生活模式。时至今日，广亩城市的主张仍为美国梦的一部分，在美国人的居住形式中有明显的体现（刘宛，2004）。

面对大城市发展存在的危机，勒•柯布西耶提出光辉城市的城市愿景。他主张通过技术的改造提高城市密度，降低建筑密度，在较小面积的用地上创造高居住密度的大城市，以此腾挪更多的空间用以建设公园、林荫道和大型公共空间等宜居设施，并保证大城市良好的采光与通风效果；基于此，街区、街道与内院等城市概念逐渐消除，各住宅楼通过内部通道串连，以集体经营式的公共服务，“提供无微不至的日常活动”。这种新式公社的理想生活空间，是柯布西耶对建筑艺术淋漓尽致的发挥，也是对社会集体与公共生活模式的向往。

日本阪神地震后启动复兴计划，并非局限于对城市建设的恢复，而对“需要建设怎样的城市”进行思考。计划将“安全、舒适、繁华与更具魅力的城市”作为首要目标，强调建设兼顾自然益处与防灾的城市，即在建设滨水空间、公园绿地的同时，完善防灾系统的构筑。受防灾集体行动的效益启发，计划提出依托市民协力合作，共建新城市的主张，提升城市经济、社会等方面的发展效率，激发城市活力（顾福妹，2012）。复兴计划是对人与自然和谐共处的理想空间的想象，也是推动全民共建城市的社会运动。

近年来，低碳城市、绿色城市等生态性城市理念备受重视，可持续发展成为各界对城市的新期望。生态城市作为集大成者，强调以城市为媒介，构筑人、自然与城市和谐共处、互惠共生的结构（吴人坚，2000），追求“人类和自然的健康与活力”（张坤民等，2003）。生态城市在重视以人为本、绿色低碳、节能环保的建设手段之余，更强调将可持续发展的生态理念渗透到城市建设的方方面面。这种城市在美国生态学家理查德•瑞杰斯特看来，是一种“理想城市”而无法现实存在，但凝聚着新时期人类对理想生活空间的想象与向往。

这些形成于不同时期的规划理论与思想，是基于当时当地的发展问题对城市建设的反思，对所憧憬的美好人居环境的想象。其之所以得到广泛重视与讨论，并付诸于实践，是因为其本身是特定时期人们对于城市建设方向与目标的共识。尽管理想空间的愿景并不能马上实现，但却代表着共同努力的方向和目标，可以通过实践不断与之接近。更为重要的是，愿景是人们对未来发展的共识，作为一般性的观念原则，对人的行为产生重要影响。共识可减少社会分歧产生的可能性，培养一种接受和平方式裁定分歧的意愿（萨托利，2009），加强源于利益一致所产生的合作，从而限制对基于利益分歧所造成的破坏行为，从而有效地维护公共秩序，推动社会的发展。

共识作为一种共同认识，可无须外部强制力的介入，而通过促使人们自发的内在规范行为，实现集体行为的统一。共识作为一种共同目标，可无须政府等传统主导力量的介入，而通过激发人们自发的集体行为，实现共同的建设目标。在此过程中，公共领域作为社会各主体相互间理性交往的空间，成为共识达成的重要载体。诚如哈贝马斯所言："在公共空间当中，我看到了社会一体化的结构。"祠堂，作为中国传统社会家族文化的典型建筑，象征族人对家族文化与家族管理的一致认可。家族的共识促成族人通过共同出材、出资、出力等集体行动，建成并维护祠堂建筑。这种源于共识的建筑空间，是族人举行红白事、聊天聚会、议事审事的活动空间，既成为良好的公共空间，也成为达成更广泛共识的场所，维系着族人间紧密的社会关系网络。祠堂维系与巩固社会关系的作用，即使在传统社会碎化，甚至瓦解的今天，也显而易见。其承载了异乡游子最终的乡愁，成为传统社会共识的空间符号。

美好环境共同缔造，首先是一种共识的愿景，是通过愿景讨论达成共识，也是依托共识形成愿景并付诸实践的过程。

1.2.2 空　　间

美好环境共同缔造将美好环境的规划与建设作为"五位一体"发展的平台。这是基于美好环境作为公众活动的空间载体，促进社会与空间融合共生作用的体现。

长期以来，人们将空间视为僵硬的、静止的、物质的、自然的事物，将其视为社会之外的客观存在。随着社会发展的不断演进，社会学家逐渐意识到空间所具备的社会性。涂尔干提出时间和空间是社会的构造物，空间并非单纯的物理空间与几何空间，而是具有社会情感价值的社会性空间。齐美尔认为"空间本身是毫无作用的形式，只是由于被某种社会形态加以填充，才使得原本空虚、虚无和没有价值的地域性的客观空间具有了社会意义。"这种社会意义的赋予，来自于社会与空间的相互作用。

20 世纪 70 年代，列斐伏尔在《空间的生产》一书中提出社会空间的概念，即空间不是虚空的形态也不是静止的空盒子（Peter，1986），而是与人类生产、社会生活相结合的社会空间。人们行为活动的产生与发展需要物质依托，其生产与生活需求需要特定物质环境来表达与满足，因而，空间是人们行为活动的载体。人们基于空间开展各项行为活动所形成特定的社会关系，"弥漫在空间中，使空间不仅被社会关系支持，也生产社会关系和被社会关系所生产"（大卫•哈维，2003）。即空间直接参与社会生产，不仅被使用，同时也在生产自身，从而"成为生产关系和生产力的一个组成部分"。

爱德华•索亚的"社会—空间辩证法"对社会与空间的密切联系予以明确：社会与

空间并非两个独立的事物或过程，而是一组辩证交互的关系，两者存在连续的、双向的交互作用关系。卡斯特尔对社会结构与空间结构的辩证关系也予以肯定，认为两者相互作用且相互依存。城市空间是一个历史性、空间性和社会性“三元辩证”的现象，是一定关系和历史背景下的创造物与生产物。因此城市空间的建设有赖于空间与社会共融发展，空间不是社会的反映，空间即社会。

因此美好环境是一个空间的载体，其所体现的空间公共性，即为空间的社会性。社会经济发展无不嵌入到公共空间的环境中，美好环境承载各主体的各项社会活动。“空间本身也许是原始赐予的，但空间的组织和意义却是社会变化、社会转型和社会经验的产物。”（爱德华•索亚，2004）社会发展对空间产生直接影响，其依托人的社会行动得以实现。诚如吴良镛先生所言，人是环境的主人，美好环境及其蕴含的场所意境、场所精神等都是由人来创造的。美好环境需要由人来建设，要求人在与自然界进行物质、能量与信息交换的同时，不断设计和创造更有效率、更加公平的社会组织形式来促成美好人居环境的实现。

同时，“作为一种社会产物，空间建设既是社会行为和社会关系的手段，又是社会行为和社会关系的结果；既是社会行为和社会关系的预先假定，又是社会行为和社会关系的具体化”（爱德华•索亚，2004）。因而，从空间载体的角度看，美好环境可以成为规划与建设活动的抓手。基于建设美好环境的共识，人们实现交流与沟通，形成特定的社会关系，促成美好环境的建设；在美好环境这个空间载体的规划和建设过程中，人们的参与活动被带动，才智与创造力被激发，通过一系列活动的推进，广泛的社会联系得以形成，社会关系进一步发展。

美好环境共同缔造以美好环境建设为抓手，促使全社会的共同参与，有效维系人与生态环境之间的平衡，促成社会中人与人的和谐共处。其是社会与空间良好融合、共同发展下，实现社会全面发展的空间载体与良好路径。

1.2.3 共　　同

传统管理体制中，政府是社会管理的唯一主体，社会生产、生活等各项事务均由政府包办，逐渐形成“大政府小社会”的格局。自古以来，封建社会自上而下的有力统治，到计划经济体制下人民公社、单位制等的发展，个体因长时期嵌入特定集体，受集体管理、引导与服务，缺少自我管理的空间，因而自治意识淡薄。随着市场经济体制的确立与发展，工业化或现代化的进程，使作为集体的社会越来越被分割为个体而存在。然而，人是一个群体的概念，个体需要依托集体生存与发展，人在一方面被分割成个人的同时，另一方面又在追求集体的行为。在共同利益的驱动下，利益相关的个体通过企业与各类社会组织等新的组织形式，组成新的集体，逐渐参与到社会事务中。随着社会的不断进步与发展，集体为保障所属个体生存与发展的利益，对参与公共事务管理的呼声日益高涨，成为社会多元主体的一分子。

诚如托克维尔所言，“再精明强干的政府也不能明察秋毫，不能依靠自己去了解一个大国生活的一切细节。它办不到这一点，因为这样的工作超过了人力之所及，当它要独力创造那么多法条并使它们发动的时候，其结果不是很不完美，就是徒劳无益地消耗自己的精力。”在社会事务日趋繁杂，公众需求日趋多样化的今天，政府已然无法作为唯一主体，实现对社会有条不紊的管理。政府政策或举措的错位，使建设事项无法满足民众的切实需求，导致政府公信力下降，更有甚者，导致社会群体事件频发。在此背景下，“小政府大社会”更是一种必然的趋势。

社会由多元利益主体构成，需要多元主体的共同参与。这种集体行为建立在对未来发展的共识之上，是对整个社会中多个领域、多个主体灵活地联系与融合的强调。其三个关键的尺度在于：①强调将已有的要素进行联系；②强调跨部门、跨领域的交流；③强调个体和组织之间的联系。通过整合社会个体与集体要素，实现对集体组织的承继与重构。

在城市的公共空间中，主要有四个利益相关者——政府、企业、社团和个人。政府是公共空间的全面掌管者，掌握诸如土地、财政、制度等诸多资源；企业部门包括商业组织、开发商、投资者等，是公共空间的主要开发者，是通过开发行为将公共空间由图纸变为实体的主要行动者；社团作为居民的组织，承担个人与政府，企业与政府和个人与企业的沟通者和补充者的职能，即搭建多元主体的沟通渠道，承担政府、企业与个人未能覆盖或难以完成的社会事务；而个人则是公共空间的享有者，同时也是建设者，可以通过广泛的参与实现对公共空间的改造与建设。四个利益相关者围绕特定的社会事务，相互作用与影响。当多元主体达成共识时，这种相互作用与影响将朝特定方向延伸，进而演化为多元主体在共识驱动下的合作。这种合作，是新形势下，实现社会转型与可持续发展的重要基础。

政府、企业、社团与个人的合作渗透在城乡建设的方方面面：从共同谋划未来愿景，到共同建设美好环境；从共同管理社会事务，到共同评议建设进程；从共同解决发展问题，到共同享有缔造成果。基于广泛合作的共同行动，打破传统城乡建设中对各主体职能与职责的清晰划分，将各主体之间与各主体内部“你”与“我”的关系转变为“我们”，原本界限清晰的社会主体通过共同行动，实现广泛的交流与融合，成为共同推动城乡发展的一分子。

因此，在美好环境建设过程中，要“争取决策者、专业工作者、广大群众多方面达成共识，热爱我们的家园，共同创造美好的人居环境”（吴良镛，2001a，2001b）。美好环境共同缔造是一个整体，需要从资源配置、机制安排到实施落地等多个环节，因而需要政府、企业、社团与个体的共同参与，特别是上层各部门的通力合作，逐步形成政策导向与规则办法，促成以美好环境建设为抓手，促成多元主体共识与协作的良好平台。

1.2.4 重　　构

美好环境共同缔造，是对计划和僵化的规划与建设体制的反思，摆脱脱离居民实际需求的项目建设，摆脱单纯的“见物不见人”的环境建设，是一个螺旋式上升的过程。

这些未能实现“以人为本”的建设项目，归根结底是长期以来我国社会资源与政治热情集中在上层而未能落地，即社会整体秩序，无论是涉及空间的硬秩序，抑或是涉及治理的软秩序的不完善甚至缺乏所致。因而，美好环境共同缔造强调的是美好环境规划建设过程中社会创新的意义，实质上是通过各项参与和建设活动，重构环境与人、人与人之间的和谐关系，重塑各多元主体的社会关系网络，实现自上而下与自下而上关系的再造，形成有序的社会秩序的改革。

美好环境共同缔造是城乡规划与建设的一种变革。社会经济发展转型的新形势，要求突破传统资源组织的瓶颈，将传统背景下闲置的资源汇聚起来，创造新的价值；将无法成为资源的资源汇聚成资源，创造与成本极不对称的巨大效益，并且打破商业门槛，使创新效益惠及所有需要相应资源与服务支持的群体与个人。同时，在变革过程中，要不断以要素的“新组合”取代“旧组合”的变化。要以公共财富作为指向，通过组织创新、方法创新，满足大众特别是弱势和相对弱势的群体尚未满足的需求。这些变革实践，要求更多具备创新精神的实践者，以及一个有效运转的工作路径和解决办法。这些解决办法比现有的办法更有效率、更具效益、更可持续并且更加公正。其所创造的价值将为整个社会带来利益，而非仅仅对某些个人或群体有利。

美好环境共同缔造是人、社会与空间关系的一种重构。传统城乡建设过程中，空间被视为单纯的物质环境，其功能性与社会性往往被忽视，导致以近年来备受诟病的仪式性空间为代表的“无人”空间的产生。而由于缺少助益于交流与沟通的生产生活环境，人与人的社会关系在生人社会的背景下更显疏离。美好环境共同缔造通过多元主体共同参与空间改造的实践，将空间建设重新嵌入特定的社会过程中，以此在切实满足社会需求，促进空间从交换价值到使用价值的转变之余，促进人与人广泛的互动与交流，即实现空间与社会、人与人之间相互关系的重构，建立紧密联系的社会关系网络。

改革与重构向来是一个过程的概念，美好环境共同缔造是一个过程而非单纯的结果。美好环境共同缔造是政府、社会组织、居民和自然环境相互作用、相互影响的过程，集中体现在公共空间的建设内容与建成环境上。但重要的是，共同缔造作为一个过程，不是指一个项目，而是一个起点和终点并不清晰的过程，是一个交流、倾诉、合作与协调的过程，是一个充满一系列社会活动和建设活动的过程。这个过程体现出空间中各个主体相互作用关系的变化。而这种变化的实现，则有赖于政府工作方法的转变，有赖于规划师角色的转变，也有赖于公众通过参与对自身定位的转变。

这些转变不能一蹴而就，而需要一定的时间进行培育。如培育社会组织，构筑公众参与的良好平台；培育社会文化，形成多元共治的良好氛围；培育认同感，在破碎化的社会中重构社会关系；培育参与精神，实现美好环境共同缔造的可持续推进与发展等，这决定美好环境共同缔造是一个潜移默化的过程，而非对传统人居环境建设做法武断地推翻重来。是创造一种新思想，采取新的、可复制和可模仿的社会程序或组织方式，以此提高全社会经济、社会、生态发展能力，解决有关社会问题的过程。这与“五位一体”全面发展的目标与路径相契合：美好环境共同缔造以发展为主题，以空间和环境为平台，以共同参与为核心，以变化的、可持续的观点看问题，基于人的社会变化与社会需求，依托更为广泛的公众参与塑造认同感、发掘社会资本，以此提升愿景、改变发展现状、实现美好环境与和谐社会的共同发展，实现新时期转型发展要求下，经济、社会、政治、文化与生态的全面发展与共同进步。

1.2.5 治　　理

随着国家治理能力与治理体系现代化的不断推进，中国社区传统的个人、组织与群体的角色与职能发生变化，与之相应的社会组织、社会关系与制度随之变化。城市空间内演绎着别具一格的治理过程，从而具有治理的特征。出现治理的空间，是推进美好环境共同缔造发展的要素，同时是美好环境共同缔造行动的成果。

随着城市社会的出现，社会的不断破碎化，而且处在一个社会快速变化的阶段，社会结构的变化对个体的行为表现与发展条件等产生影响，从而导致对公众有普遍影响的社会问题产生。管理学大师德鲁克在其 2002 年的新著《下一个社会的管理》中指出，“过去的四五十年中，经济是主导力量；而未来的二三十年中，社会问题会变成主导力量”。因此，对社会问题的思考从由个人层面提升到社会层面。社会问题解决的途径仅依赖社会个体存在难以解决的问题，社会资源的分配成为解决社会问题的钥匙。这表明社会问题往往扎根于社会体系中，与个体的组织形式紧密相关。社会组织形式的多样化促使了治理的空间出现。

治理是包括政府在内的多元主体，建立协商合作的伙伴关系，依照法律及各种非国家强制的契约，在公共领域对各项社会事务进行规范和管理的过程。城市治理就是对城市公共生活的规范化管理，其主要的目的是维护正常的城市生活秩序，提高城市生活的品质。城市治理现代化的一个重要特征是治理主体的多元化。除了政府或其他公共机构外，企业组织、民间组织、社区组织和各种网络组织在治理中发挥越来越重要的作用，过去政府所拥有的城市和社区管理的职能正在转移给其他的民间的组织和企业组织，形成多元化的治理结构（俞可平，2014）。我国的城市治理的现代化强调的是参与主体的多元化，政府和其他城市公共权威机构依然起到主导的作用，发挥其他任何非政府组织无法取代的作用，与此同时，公众地位被突出与重视。政府与公众之间不再是单纯的管理与被管理的关系，而是在特定事务，特别是社区事务方面，转变为协商合作的关系。对治理过程进行约束与规范的，不单单是国家强制性法律，也可以是公众与组织协商拟定的契约（汤哲铭，2006）。这使得社会建设活动的规范更具灵活性，有效弥补国家法律无法涵盖全部细节的客观不足，也有利于了政府机构简政放权的改革。

治理认为公众是社会建设最重要的主体。治理承认政府管理的必然性与必要性，但同时重视公众与政府的协商，重视通过自上而下与自下而上的互动而建立的交流平台，即强调公众自治。这是传统社区管理所忽视的重要建设力量。在社会结构变化日渐复杂的今天，受主观与客观因素的影响，政府力量无法涉及社区建设的方方面面，也无法搜集到最为详实的社区信息，这常常导致政府决策在实施过程中与现实产生偏差，或是牺牲部分公众利益，或是未能满足公众切实需求，而备受质疑。治理在社区建设与发展中势在必行，是充分发挥公众的主观能动性，结合公众力量，实现公共利益最大化的过程。

治理之所以成效显著，主要因为其依据各主体特性，通过充分交流与沟通促使其达成共识，以此整合凝聚各方力量，使各主体在社区建设与发展的过程中充分发挥所长，从而激发社会活力。弗里德曼将治理主体主要分为政府、企业与公众三个角色。他指出，政府对城市建设决策产生约束力，部分特定事物必须由政府提供服务并进行管理；企业资本在城市设施建设，特别是基础设施建设方面发挥着越来越重要的作用；而公众作为最了解社区事务，以及社区建设最大的受益者，是社区治理最为重要的主力。因此，治理实质上是政府、企业与公众主体共同建设美好城市的过程（约翰·弗里德曼，2005）。

治理同时要注重新的组织形式的出现，如社会企业组织，它兼有市场企业与非盈利组织的某些特性。社会企业从事的是公益性事业，它通过市场机制来调动社会力量，将商业策略最大程度运用于改善人类和环境生存条件，而非为外在的利益相关者谋取最大利益。其投资主要用于社会。在网络社会出现的大量网络组织，从根本上改变了传统社会组织的空间形态，扁平化的结构使得更多的人能够参与到社区活动中来，也会极大地改变城市的生活空间和治理结构。

治理对于社区可持续发展有着重要的推动作用，这有赖于其对除政府之外的公众、企业、社会组织等共同参与社区建设的重视与鼓励，强调多元主体建立密切的合作关系，在共识引导下充分发挥各自所长，共同建设美好社区。因此，从本质上看，社区治理是多元主体力量在社区范围内的社会关系形成与社区协商共治的过程（黎熙元和陈福平，2008），是通过激发社会活力，而促进社区社会进步与发展的有效途径。

当治理过程嵌入特定的社区空间内时，便形成独特治理的空间。即政府、企业、社会组织和居民等多方力量基于不同的空间占用意图，在城市社区性制度规制下，通过协商共治而形成的空间聚落格局。治理的空间包含社区的社会发展与空间规划建设两方面的内容，两者密切相关且相互影响。建设良好的社区治理空间是美好环境共同缔造的要素，包括拟定科学合理的社区性制度，引导社区各主体形成和谐的社会关系，以此促进美好环境建设，以及通过美好环境的建设，为各主体协商共治提供良好的空间支持，促进和谐社会发展的过程。这既是良好的治理空间的意涵，同时也是建设良好治理空间的着手点。

良好的治理关系的建立是美好环境建设的关键。弗里德曼以 6 个参考维度，即良好的政治领导、公共责任、信息透明度与获取权利、包容性、反应性以及非暴力的冲突能力的描述，为建立良好的社区治理关系提出建议（约翰·弗里德曼，2005）。对其观点进行总结可知，建立良好的社区治理关系，有赖于发动公众、组织公众参与社区建设与发展的各项努力；有赖于政府转变行政观念与职能，提升其整合社会资源、与公众广泛交流、表达与反映公众诉求的能力；有赖于拟定相关规章制度，为公众顺利获取社区建设多方面信息开辟渠道，为公众参与社区发展事项的讨论与决策提供平台，并以此引导与规范政府、企业、社会组织与公众协商共治过程，巩固社区治理的各项成果。基于此，政府、企业、组织与公众等多元主体，在特定的社区空间内形成一套相对完善而有效的自治体系，实现创意碰撞、文化融合与共识建立，形成和谐团结的社会氛围。

良好的社区治理关系在社区空间内发挥作用，建设出多样而有序的社区景观，满足多组织与群体诉求的功能空间，多种文化融合的空间环境，凝聚共识且更富有创意的社区空间，推进美好环境的建设。同时，这样的社区空间是具有认同感的空间，是融合公众意见而建设的空间，因而更符合公众需求，公众也因此更愿意参与到其维护与管理的过程中，新的组织与团体由此产生，美好环境反过来促进社会治理体系的不断完善，推动和谐社会的发展。由此可见，良好的社会治理空间于美好环境共同缔造而言有重要的意义。

一些新兴组织的出现，以及传统组织职能的激活，有效地推进良好社区治理空间的建设。以社会组织与社区组织为代表的组织力量，为公众参与社区治理与发展提供良好平台。社会组织是实现特定目标而有意识组合起来的社会群体，包括社会团体、民办非企业单位及基金会等组织。在诸多问题无法单纯依托政府或市场解决的今天，新兴的社会组织，如社工组织等，通过沟通与协调等非强制的方式动员社会资源，引导多元社会主体形成广泛的“共同利益”，以多样化的公共物品的提供，满足社会成员的个性化服务需求，弥补政府与市场失灵带来的发展冲击。而作为传统社会组织的八大人民团体，即工会、共产主义青年团、科学技术协会、工商联合会、妇女联合会、归国华侨联合会、台湾同胞联谊会、青年联合会等，几乎涵盖所有重要的社会全体，实质上也是多元社会力量的组织载体，其在美好环境共同缔造中，一方面，协助执行并传达政府的各项政策与命令；另一方面，为政府政策的制定过程收集群众意见、观点，表达群众诉求，再度发挥其本应发挥的桥梁与纽带作用。

社区组织，作为社区自发形成，以维系社区各类组织与成员关系的权力结构与管理机制的基层组织，其通常由社区内有共同理想与目标的热心居民组成，因而较社会组织有更为宽松的发展环境与灵活多样的发展形式。从服务于社区事务管理的居民自治小组、业主委员会，到丰富居民休闲娱乐与文化生活的兴趣小组，文艺协会等，都属于社区组织的范畴。作为最贴近居民生活的组织，社区组织成为实质上“最基层”的自治组织。

因此，社会组织与社区组织发展是美好环境共同缔造推进社区建设，促进广泛参与的重要环节，成为美好环境共同缔造促成良好的社区治理空间的重要手段。

共同的城市、公众的参与、完整的社区、良好的治理空间，作为美好环境共同缔造的要素，是对美好环境与和谐社会共同缔造内涵的核心体现。其表明，美好环境共同缔造实际上是一种城乡建设的新主张。即以公众为核心主体，以“以人为本”为原则，以空间环境改造为手段，以机制体制建设为支撑，通过政府、社会组织、公众等多元主体的协商共治，满足公众的广泛需求，助力于公众实现发展愿望，以此推进美好环境与和谐社会的相互融合、共同发展，建设美好城市。

1.3 规划的变革与共同缔造

1.3.1 城乡规划的发展趋势

在以经济增长为导向的发展背景下，城乡规划作为地方政府促进 GDP 的工具，对经济发展效率的考虑多于对社会公平的考量。在分税体制下，土地融资成为当地政府主要的财政来源，城市规划成为财政手段。而由土地财政延伸出来的土地问题，是决定城市发展门槛的关键，却被忽视。在“土地财政”模式下，城乡规划的重要任务是为地方政府主导的新城、新区开发服务。城乡规划以设计为主导，规划的价值观以效率为优先。无论是理论研究、规划体系还是规划实践，均较少涉及直接关乎城乡居民生活福利的内容。当规划通过经济增长来解决社会问题的道路走到极致时，规划中以“人”为核心的问题被再次提出。

在当前经济发展转型、推进新型城镇化的背景下，国家发展的价值观已经回归到“以人为本”的理念上来，从强调效率回归到关注社会公平、公正。从转型的趋势来看，由于劳动力、征地成本上升，大规模的新城、新区开发将逐渐减少，而对以城乡居民社会福利设施的供给将逐渐增加。也就是说，规划的需求将从增量空间转为存量空间，如旧城更新、棚户区改造、社区规划、公共服务设施规划等，这些对当前的城乡规划提出了新的挑战。

传统城乡规划往往是“自上而下”地由规划技术人员提供技术支持，由地方政府管理者作出最终决定，而真正关心规划的群众却没有参与或仅仅是“象征性参与”规划的过程。领导的价值观、规划师的价值观取代了规划主体——群众的价值观，建设项目趋向形象工程，而不是真正服务于群众需求。群众参与流于表面，导致规划不能实施，甚至成为引发社会冲突的根源。

随着国民收入的增长，城乡空间的利益主体日趋多元，尤其是群众作为土地、物业的产权主体，参与规划决策的愿望越来越强烈。地方政府的管理者与规划师再也不能唯意志、唯技术而论，需要与社区的居民进行充分的交流沟通，并在规划过程与成果中，充分反映其利益诉求。

美好环境共同缔造强调的就是每一个社区人在城乡发展中的重要性，在规划实施中的主动性，并协调政府、社会的关系，把空间回归于“以人为本”的出发点上。

1.3.2 规划师、政府与公众角色的变化

美好环境共同缔造是政府、群众与规划师共同参与的过程，欲实现城市建设与管理活动的良性运转，只有当政府与群众打破因等级与职能定位带来的隔阂，实现平等地交流与互动，共同为城市建设与管理出谋划策、贡献力量时，才能降低因方法的错误而导致的诸多经济、社会、政治、文化与生态问题产生的可能性。美好环境共同缔造是人与自然、人与社会、社会与自然间的和谐关系形成的前提。美好环境共同缔造改变了传统

城乡建设思想，政府、群众与规划师均扮演着不可替代的、重要的角色。

1. 政府的角色转变

纵观国内外社区建设与管理的经验，其发展模式主要有政府主导模式、社区自治模式及混合模式三类。第一类，政府与社区行为紧密结合，政府对社区干预直接且具体，社区发展由政府主导；第二类，社区具体事务完全由居民实行自主管理，政府仅通过相关法律对其行为进行规范；第三类，政府对社区发展干预较为宽松，主要为社区的建设与管理进行规划、指导与经费支持，政府引导与居民自治交织发挥作用。共同缔造的过程则是从混合模式出发，向社区自治模式发展的过程，在这个过程中，政府扮演如下的多重角色，从而发挥了重要的作用。

1）宣传者——解析内涵，激发参与热情

共同缔造的第一步，是让居民了解何为共同缔造。共同缔造的原因、目的、重点与流程，与自身有何利益关联，可以带来哪些变化。此时，政府应当担负其宣传者的责任，结合学习国内外有关共同缔造的经验，收集社区内外与共同缔造相关的成功案例，解答居民疑问，在生动而形象地说明何为共同缔造的同时，激发居民参与热情，为其提供仿效学习的范例。

2）触媒者——整合资源，建立多方联系

共同缔造过程的顺利推进，有赖于社区内外资源的充分利用，有赖于各类资源间相互协作。政府应当通过接触社区及居民，了解社区与居民的各项基本情况，牵头整合社区资源。例如：①人才资源，包括知识分子、技艺达人、德高望重的长者、热心居民等；②辖内企事业单位；③辖内已有的居民团体与居民组织等；④辖内可用于建设的空间，如闲置用地等。在此基础上，将多种形态的资产，按照一定的分类方式，分门别类，据实登录，以备运用。

与此同时，政府应充分发挥各类资源媒介的作用，通过交流平台的搭建，帮助社区内各种不同资源主体间建立相互连接的关系，一方面是扩大资源运用的范围；另一方面促使各资源主体了解其在社区发展过程中的角色。

3）促能者——发现能人，挖掘潜在宝藏

在共同缔造过程中，以社区能人为代表的关键人物有着重要的作用。在整合资源过程中，政府要善于挖掘高学历、高水平与特殊技能者；在接触与交流过程中，发现热心社区服务的居民，从中找出具有社区改革使命感、领导特质及沟通协调能力者。并在此基础上，政府需搭建合适的平台，为其创造条件，促进其充分发挥自身能量。这是政府在共同缔造过程中扮演的核心角色之一。

4）发动者——共商共议，发动群众参与

结合社区调研与群众接触的基础工作，政府通过搭建交流平台、召开议事会议等途径，开辟与群众共商共议的渠道，共同评估社区需求，找出社区发展的关键问题，并以此为抓手，发动群众参与。这是政府作为发动者，在共同缔造过程中，需要发挥的重要作用。

5）组织者——建立组织，凝聚群众力量

在发现能人、共商共议与群众参与的过程中，更多的热心居民涌现出来。为保障共同缔造各项活动制度化与长效化发展，政府出面凝聚群众的力量。以具有社区改革使命感、领导特质及沟通协调能力者为骨干，组建居民自治共管性质的群众组织，并构建相应的议事平台，保障群众组织议事会议及活动的顺利进行。

6）协助者——协助工作，兼用内外优势

在形成相应的群众组织后，各类群众组织通过政府搭建的议事平台，对社区发展存在的问题进行商议，形成相关建设方案。并针对理想社区的有益方案，进行审慎可行的规划，清楚勾勒社区未来愿景，激励更多群众参与。在方案成熟并获得大家一致认可之后，群众组织根据计划安排，推动方案的实施。

在此过程中，政府应承担协助者的角色，除优先使用社区内部资源，提供一定的资金支持外，还应结合社区活动、发展计划及资源分享等方面，协助群众组织寻找外部支持，借以支援社区资产发展计划的推动。与此同时，针对因组织尚不成熟而导致项目与活动实施不畅的问题，政府也应发挥协助作用，在为群众组织提供制度支持的同时，帮助其顺利解决工作中遇到的难题，促进群众组织的日渐成熟。

7）引导者——建立制度，引导群众自治

政府的引导角色，几乎贯穿于共同缔造工作的始末。除引导群众对社区发展现状展开思考、引导群众组织朝良好的方向运作等之外，更为重要的是，在共同缔造过程中，政府应当经常总结经验，及时发现缔造过程中存在的问题，及时予以纠正。并通过相关规章制度的建立，在规范缔造过程中各类参与主体行为的同时，将已经形成的、具有社区特色的、实施状况良好的缔造经验以制度的形式固定下来，以有利于开展与推进更为广泛范围内的共同缔造。

2. 规划师的角色转变

传统规划模式中，规划师采取“精英”模式制订和编制规划方案，容易缺乏实际基础，或受政府部门的影响，往往无法真正解决地方建设存在的根本问题，其所产生的福利也常常无法延伸到最需要帮助的人身上。在“美丽厦门共同缔造”的社区规划实践中，规划师的角色亦有所转变。

1）学习者——广泛学习，增强实践能力

在社区规划的过程中，规划师需要放下专业或工作角色所赋予的身段，以群众为师，认真对待每一个课题与议题，并在每一个事件的过程中精进改造空间所需的实践能力。

与此同时，为推动社区规划的工作，规划师需要学习绘画技术等规划技能以外的专业技巧。因而，社区规划的过程同样是规划师不断自我完善的学习过程。

2）组织者——拟定分期计划和制定措施，推进规划过程

作为具备组织规划行动技能的专业人士，规划师需要在对社区进行充分调研的基础上，根据对社区现状的分析与判断，梳理规划所要解决的关键问题、主要涉及的主体、需要举办的活动及相应的时序，拟定社区发展的分期计划，确保各项规划建设活动的顺利推进。并在此基础上，依照计划内容，与政府一起组织开展相关活动。

3）宣传者——图文并茂，解说美好家园

作为社区规划相关计划的制订者，规划师承担着向社区居民解说社区规划各项内容的责任。因而，在共同缔造过程中，社区规划师同样扮演着宣传者的角色，需要借助图文并茂的表达方式，向社区居民介绍规划活动的流程与内容。

4）沟通者——收集意见，促成多方交流

在共同缔造过程中，规划师往往扮演着联系上下的沟通者角色。即通过团队的努力，创造政府与群众在同一平台上平等对话的氛围；通过对政府与群众在特定议题上的观点进行总结，帮助双方更好地理解彼此的想法与意图；在双方意见相左时，从专业者的角度予以评价、分析，帮助达成更为科学合理的共识，促成多方之间顺畅的交流。

5）引导者——传授技能，提供专业支持

共同缔造的过程中，规划师作为具备规划知识与技能的专业人才，在以群众为师不断学习的同时，亦可作为群众之师。通过课程培训与特定的建设实践，向社区居民传授社区规划与建设的相关技能，使其基本具备社区规划师的基本素养。并在具体的建设实践过程中，针对社区建设的具体事项，向社区工作人员及社区居民提供专业支持，引导建设项目朝合理的方向发展。

6）规划者——总结成果，促进学科发展

规划师在共同缔造的过程中扮演了诸多角色，然而作为规划师，其最本质的角色是规划者，是其自始至终必须坚守的角色。运用专业知识，针对特定问题，融合多方意见，制订拥有坚实理论与实践基础的规划方案；针对方案的实施，制订行之有效的行动计划；总结规划成果与实践经验，将其上升为具有借鉴意义的研究内容，促进规划学科的发展等等，这是规划师在共同缔造过程中不可忽视的本职工作。

3. 政府、规划师与群众不同阶段的角色

欲实现城市建设与治理活动的良性运转，政府、规划师与群众均扮演着重要的参与角色。只有政府、规划师与群众打破因等级与职能定位带来的隔阂，实现平等地交流与互动，共同为城市社区发展出谋划策、贡献力量，才能在一定程度上避免因方法的错误

而导致诸多经济、社会、政治、文化与生态方面的问题。政府与群众间沟通桥梁的建立，最初有赖于具有专业素养与沟通技能的规划师。在社区规划与建设的不同阶段，政府、规划师与群众所扮演的角色及其参与程度有所差异。

在规划之初，受出发点与专业背景等因素的影响，政府、规划师与群众的想法，在认知上会有所差异。政府、规划师所认为的美好环境未必符合居民的期望。正是由于政府、规划师与居民认知上有差异，因而，欲实现美好环境与和谐社会的共同发展，就要让不同主体的不同认知逐渐“接近”，最终形成共识，这是美好环境共同缔造方法的实质所在。为此，政府与规划师应迈出第一步，以组织者、宣传者与引导者的身份，通过打破政府、规划师、群众间的隔阂，构筑平等对话、协商与合作的平台。在三方不断交流与沟通中，实现认知的逐渐接近，进而融合多方意见，形成符合共同价值与愿景的规划方案。

在规划方案实施的阶段，除在特定基础设施建设中，政府相关职能部门作为项目实施主体承担主要职责外，在其他物质空间改造与非物质层面的建设项目中，政府与规划师应逐渐移向幕后，更多地扮演引导者或协助者的角色，让群众成为社区建设舞台的主角，通过空间改造与组织建设，发挥自己的光与热。

项目实施完成后，规划师的角色将逐渐淡化。鉴于建设成果长期维护的必要性，政府与群众将继续发挥作用，但两者所承担的职责再度发生变化。在基础设施管理与政治维稳等方面，政府仍体现其主体地位，确保人民生活安定。而群众则以组织或个人的形式，延续共同缔造过程中形成的良好参与氛围，参与到更为广泛的社区建设活动中。例如，社区组织可依据各自职能参与社区物业事务管理，或举办丰富多彩的社区活动；社区规划师群体则可以凭借技能与实践经验，组织居民开展更丰富的社区规划活动，解决社区发展中不断出现的新问题。

规划结合社会与公众参与 2

2.1 规划结合社会

2.1.1 社会问题成为规划要解决的核心问题

第二次世界大战之前，从事城乡问题研究的学者以社会学家为主。他们将社会研究引入对城市发展的探讨中，予以城乡规划诸多启示。齐美尔等社会学家提出城市主义的概念，指出城市与乡村同为有机团体，忽略社会建设而单纯将城市视为机械团体建设活动的观念，让城市已然“患病”，导致环境与社会问题滋生（Barry and Vincent，2011）。故应当借鉴乡村建设经验，建设城市社会，以此解决城市问题。20 世纪 20 年代，美国社会学家佩里提出将城市细分为“邻里单元”，以此作为城市的初级组织单元来配置本地自有设施，避免机动交通发展带来的安全隐患，创造适合于居民生活、舒适安全、设施完善的居住社区环境（威廉·洛尔和张纯，2011），营造良好的社会交流空间。芝加哥学派则通过对诸多城市社区的案例分析，对人文区位、邻里关系、人口、种族、犯罪等城市社会问题进行深入研究，为城市社会探究积累丰富的案例与经验。这些研究表明，社会问题与社会建设一直以来是城市发展所考虑的重要内容。

第二次世界大战之后，经历战火的西方国家迅速进行城市重建，此时工业革命以来积累的城市问题已经逐渐显现。城市空气污染、治安混乱、空间无序等环境问题背后，涉及健康、公平、权益等社会问题，成为城市发展中最大的挑战。乌托邦式综合规划思想应运而生，将社会置于城市发展的核心位置。乌托邦式综合规划思想认为，通过空间环境建设解决社会问题才是改变城市发展现状，建设美好城市的根本。以田园城市、阳光城市为代表的乌托邦式综合规划思想指出，人们应当基于对城乡发展现状问题的讨论，通过空间功能的设计对各类要素进行整合，以空间为载体，构筑规整而井然的社会秩序，从而解决城市发展更深层的社会问题（尼格尔·泰勒，2006）。

第二次世界大战前后的城乡发展研究表明，社会是城市进步与发展的核心要素。城乡规划通过空间环境改造与建设的手段引导城市发展，实质上是解决城市复杂的社会问题。由此，社会问题是城乡规划要解决的核心问题。

2.1.2 规划的公众参与成为政治问题

乌托邦综合式规划思想进一步深化社会建设的内涵，并为人们描绘了环境美好、社会和谐的“美好城市”蓝图。然而，受当时当地政治、经济等因素的影响，乌托邦式综合规划思想未能获得良好实践机会。这一时期，以物质空间建设与环境美学研究为主的城乡规划思想占据了主流位置。这种以建筑师与规划师为主体，描绘城市发展的终极蓝图，自上而下推进城市建设的规划方法，实现了短时间内城市的快速建设，却因为忽略城市发展的动态性与社会性，未能缓和甚至加重了城市激化的社会矛盾。因此，人们期望通过公众参与来解决当时规划必须解决却无力解决的问题。

20 世纪 60 年代，美国记者简•雅各布斯在《美国大城市的死与生》一书中，揭露美国城市发展诸多积重难返的问题。她指出美国城市建设中摧毁社区的诸多行为，如破坏有利于人与人之间社会关系形成的公共空间，非人性化尺度的空间建设等，并认为这些行为是导致社会矛盾萌发与居民幸福感下降的重要原因。其代表公众发声，激发公众意识的崛起。1965 年，达维多夫进一步呼吁规划的公众性与多样性，提出倡导规划与多元规划的主张。倡导规划强调规划需要代表不同团体的利益，不能仅关注少数几方利益而牺牲公众利益；而多元规划则强调规划不应局限于物质规划，而应包含经济、政治、社会、文化等多种类型的规划（张庭伟，2006）。两类规划强调了公众参与在城市政治、经济等多个领域发展的重要意义。1969 年，《斯凯芬顿报告》提出，整个规划编制阶段应保持信息公开，邀请群众提意见。这成为社会舆论对于群众参与规划态度上的转折点。该报告更具前瞻性地指出，公众参与“如果仅仅是在规划程序中体现而不是真正融入最广泛的公共利益的话，它就只能变为一种抽象的东西而已”（尼格尔•泰勒，2006）。城市规划的公众性成为这一时期城乡规划研究的重要命题。

围绕城市规划的公众性研究，学者对其过程进行了进一步的探讨。达维多夫在其倡导性规划思想中指出，规划是一个选择的过程，选择背后的价值判断拥有政治属性，即“规划人员不能凭自己的喜好接受或拒绝接受公众的目标，公共决策和行动应当反映客户的意志”（Davidoff and Reiner，1973）。同时呼吁规划人员更积极地投入到政治过程中去，特别支持那些利益未能在规划过程中充分表达的弱势群体。这与民主政治思想一脉相承。1972 年，美国规划理论学者首次对规划的政治性质进行了清晰的阐述。诺顿 • 朗指出规划实质上是回应城市发展体现何种价值观、何人的价值观的问题。因而，“规划就是政治过程，代表着政治哲学，代表着优良生活的不同概念付诸实施的方法”（尼格尔 • 泰勒，2006）。在这个过程中，公众参与及公众利益的表达依托政策支持，其在规划中的产生与推进，本身就是一个政治过程。其成功与否，将关系到政治稳固与社会稳定。孙施文（2006）在辨析城乡规划价值观时提出，西方国家城乡规划思想产生于资本主义的社会背景下，然其于发展演变的过程中，持续强调追求市场效率并非规划的根本价值，而渗透着城市规划是在社会整体的层面上，以公平和公正为终极准则所进行的社会资源的配置的理念。公平与公正作为规划公众性的表达，同时也是规划政治过程的特质。

对规划公众性的讨论，打破了规划仅关注物质空间建设的禁锢，将规划进一步延伸到经济、社会、政治等多个层面，公众性本身也成为一个政治问题。作为具有公众性的政治过程，规划的发展演化逐渐朝着通过公众参与表达公众利益的方向发展，进一步对公众与政府在规划中的角色定位展开讨论。

2.1.3 公众参与及政府角色的转化

随着时间的推进，公众对于规划声称为公众利益服务，然却未将公众融入政府内部决策和利益分配而导致诸多问题的不满日益加重，规划的新一轮改革迫在眉睫。

20 世纪初，两次产业革命使人类驾驭自然的能力空前提高。人们通过对自然无节制的索求，实现物质的满足，推进工业的迅猛发展。这给人们带来一种错觉：人类拥有足够的智慧与能力来任意改造和利用自然（程方炎和贺雄，1998）。这种思想对当时的城市规划发展带来影响。1933 年，国际现代建筑协会（CIAM）第四次会议通过关于城市规划理论和方法的纲领性文件，即《雅典宪章》。

《雅典宪章》从建筑学视角出发，主张通过征服自然，以“人—建筑—城市—社会”的思路来构建理想的“家园城市”（丁凌，2014）。其将城市建设视为纯粹的物质活动，认为通过物质空间变量的控制，就可以建成良好的城市环境，而这样的环境就能自动地解决城市中的社会、经济、政治问题，促进城市的发展和进步（王宝君，2005），即良好的物质空间决定城市发展的命运。因此，《雅典宪章》尤为强调，城市规划作为指导城市空间建设的核心纲领，需要由规划师、专家等社会精英绝对主导，“规划师必须以专家所作的准确研究为依据”，以保障规划的正确性和科学性。因而，《雅典宪章》虽然提出以人为本的思想，但在其指导下，规划实质上成为少数专业人员表达意志并以此实现社会规范的手段。

在《雅典宪章》提出后的 40 余年中，伴随科学技术的空前进步，人类社会发展迅速，城市爆炸性扩张，人类对自然无限制的索取，导致生态恶化、资源短缺等问题日渐突出。长期以来，单纯强调物质空间建设的规划行为，也导致城市社会发展滞后，矛盾频发。面对城市发展的挑战，人们意识到，城市并非由机械的功能分区拼凑而成，其本身是一个有机整体。城市规划需要重新审视人与自然的关系，以构建人与自然的和谐关系，解决威胁人类生存的城市生态问题。这些规划反思，催生 1977 年《马丘比丘宪章》的颁布。

《马丘比丘宪章》以社会文化论为基本思想，提出物质空间只是影响城市生活的一项变量，切实运转城市有机体的是城市中各人类群体的文化、社会交往模式和政治结构（王宝君，2005）。因而，城市规划及建设行动，应当重视人的作用，需要考虑人与人之间的关系，创造综合、多功能的环境，为人类社会活动提供良好的支持。规划师、专家等精英阶层对此准确把握的困难性大，突破这一障碍的关键在于公众参与。因此，《马丘比丘宪章》强调公众参与对城市规划的重要性，指出“城市规划必须建立在各专业设计人员、城市居民以及公众和政治领导人之间的系统不断协作与相互配合的基础上”，并“鼓励建筑使用者创造性地参与设计与施工”，提出“人民的建筑是没有建筑师的建筑”。其主张将公众纳入城市规划、建筑设计等领域中，以此激发与丰富规划师的相关创造，进一步引导城市空间发展。

从《雅典宪章》到《马丘比丘宪章》，体现基于城市特定的发展时期，城市规划由重视“物”到重视“人”的核心转变。后者通过公众参与规划过程，满足公众社会需求的城市空间的主张，将公众参与作为一种规划共识，进一步强调与推广。公众磋商与公众参与逐渐成为规划过程的重要特色。

20 世纪 90 年代，英国新自由主义思潮因过分强调个体，排斥社区等集体组织而导致社会关系、社会信任瓦解，从而引发复杂的城市环境与社会问题。英国规划从业者与学者逐渐意识到，过于强大的市场力量对城市社会的破坏，已经危及到城市的存在，应通过规划手段，重构社会联系，积累社会资本，扭转城市发展局势。因此，在英国政府逐渐将关注点由消费转到社区复兴，通过决策下放给社区授权的背景下，社区规划在英国出现。社区规划强调从物质规划层面与非物质层面入手，不仅关注社区空间环境的建设，更关注空间背后的社会建设，着力于通过公众参与规划的各个环节，以反映公众意愿，满足公众需求，保障公众利益。而在麦肯锡主义实施引发公众对政府的失望与反感，以及社会发展长期积累的诸如工作不稳定、少子化、个人化与私人化等问题频发的背景下，美国规划者也逐渐意识到自上而下、大尺度的规划活动的缺陷，社区规划也逐渐在美国兴起。

社区规划对公众主体的强调，使人们对于政府在规划中所扮演的角色有新的认识。20 世纪 90 年代的新右派规划理论指出，在不同政治与经济条件下，政府在规划过程中扮演的角色具有差异性。然而，有一点很明确，随着城乡的不断建设与发展，单靠政府之力已无法良好地完成城乡建设与发展的各项事务时，政府绩效将很大程度上依赖于与非政府行动者的合作。同时期的调节理论更明确地指出，政府与非政府组织的合作，予以群众与政府沟通与交流的机会。随着合作的深入，政府对非政府组织的依赖，也将会成为公众要求政府切实考虑公众意愿的筹码。

规划对公众参与及政府角色转变的探讨表明，城乡规划最重要的主体并非政府，而是公众。以政府作为唯一主体，自上而下推动的规划建设，由于无法切实而全面地了解发展症结，容易与公众利益相悖等原因，导致城市环境与社会问题的日益激化。政府与公众及公众组织在城乡规划与日常事务管理层面的合作，为公众参与提供机会与平台，促进城市良性发展。

2.2 中国与西方国家公众参与的传统

2.2.1 中国公众参与的历史渊源

自古以来，美好人居环境就是人类基于生产生活家园的美好愿景，是一种共同理想。

人类发展史实质上是人类对人居环境的美好愿景不断探索与实践的过程，这是中国与西方国家人居环境建设一脉相承的特质。

在中国传统的人居环境思想中，吴良镛先生把中国古代的人居环境理念视为中国传统文化的重要组成部分，并引用《汉书·晁盖传》所言，论述居住条件与良好生态环境的关系："古之徙远方以实为广虚也，相其阴阳之和，尝其水泉之味，审其土地之宜，观其草木之饶，然后营邑立城，制里割宅，通田作之道，正阡陌之界，先为筑室，家有一堂二内，门户之闭，量器物焉，民至有所居，作有所用，此民所以轻去故乡而劝之新邑也……使民乐其处而有长居之心。"我国自古以来源远流长的人居环境理念及潜在的规划思想，形象地描绘出先民对人居环境建设的美好愿景，以及对美好环境建设理念与方法不断探索的努力。

公众参与是美好环境共同缔造的重点。通过动员群众、发动群众、组织群众等重要方法，公众参与贯穿于整个过程和各项活动之中，其强调的不仅仅是参与带来的效果的优化，更为重要的是强调参与过程中的价值。公众参与是美好环境共同缔造推进规划变革的核心，只有通过参与才能够体现出共同缔造中的协商、合作和自上而下与自下而上的合作。

城市发展与建设本质上是对空间资源的使用、收益进行分配和调整的过程。空间为社会各利益群体提供了谈判协调的载体，在这个载体上需要体现价值诉求、主体利益，还需要平衡政府、市场、社会公众的诉求，要顾及长远与眼前、效益与公平、局部与综合、个体与群体的诸多矛盾，还要统筹政治、经济、社会、生态、文化、技术等各方面的关系。

尽管中国过去封建传统强调等级序位的制度，但从春秋战国时期开始，传统的统治深受儒家思想影响，其中"庶人之议，即倡导民意与民议，如《左传·襄公三十一年》引《泰誓》的"民之所欲，天必从之"，《孟子·万章上》引《泰誓》的"天视自我民视，天听自我民听"等，这类思想的影响极其深远。中国古代政治思维极其重视"庶民之议"，主张统治者体察民情、广开言路，顺应民意。在执政过程中，或多或少会将百姓的意见纳入考虑并作出符合民情的决策。这为后来的"以民为本"政治理论奠定重要的基础（张分田和孙妍，2011）。《荀子》有"兼听齐明，则天下归之"，《法言》有"汉屈群策，群策屈群力"等。

公众参与所形成的集体行为在中国传统村落建设中起了重要的作用。在著名的客家土楼的建设过程中，需要一个家族的人齐心合力的建设，每年清明节的时候，每家年轻的劳力都需要一起为整个土楼翻瓦；在农村水利工程方面特别能体现公众参与建设，每年新建水利设施和维护水利设施往往都是全村集体商量、集体出工完成。

公众参与是当今社会协商的基本要求。"有事好商量，众人的事情由众人商量，找到全社会意愿和要求的最大公约数"已成为公众参与的原则。公众的参与是群众充分表达意见，参与城市决策的重要途径。在此过程中，大多数人的意愿为人尊重，少数人的合理要求亦受重视，从而促进城市建设走上顺应民意，合乎实情的发展道路，使城市空间成为真正的市民空间。

2.2.2 西方国家参与式规划的近代发展

参与式规划（participatory planning）最早起源于英国（陈志诚等，2003；Nigel Taylor，1998），亦被称作城市规划的公众参与过程，在过去60多年从无到有，如今已发展得如火如荼。早在1947年，英国《城乡规划法》所创立的规划体制已允许社会公众发表他们的意见，要求地方规划部门公布所编制的规划，特别是向有直接影响的邻里居民征求意见。公众可对开发方案和设计进行评议，并且允许写信给部长提出他们的反对意见。根据这一公共征询体制，公众还可以对他们不满意的规划决定进行上诉。最重要的是，通过这种民主化的途径，无论在中央政府还是地方部门，市民代表能够表达并维护公众利益。在地方政府层面上，所有的地方机构都有“规划委员会”，他们的工作是制定、监督规划或提出申请。规划委员会的会议向公众开放，他们可以直接听取公众意见，从而代表公众的权益。这一参与式规划的基本模式在20世纪四五十年代的英国开始盛行（杨贵庆，2013；Nigel Taylor，1998）。

60年代之后，在美国的许多城市，特别是东岸城市，在城市规划中市民和政府的矛盾十分突出，公众对于参与到与其切身利益相关的公共事务中的呼声越来越高，“参与式规划”作为一种自下而上的缓和两者矛盾的手段而被提出来。1971年，美国交通部的一份总结了规划师、公共管理者和市民在参与式规划模式中的角色的刊物中，发现市民被现有的规划体制排除在外。引起人们反思：“为什么市民需要参与到规划当中？”“市民如果参与规划进程，他们应该有多大的权利？”“市民在规划过程中的职责有哪些？”等等。这份刊物引起的讨论，承认了公众参与的存在价值，是兼顾各方利益，减少规划方案实行中的外界阻力，以此提高规划的效率。因此公众参与逐渐被政府重视并进入公众的视野。美国政府与职业规划师开始意识到公众参与可使相关的利益群体充分表达自己的意见，通过对城市空间资源的再分配和对城市规划的共同治理实现社会公正。这种认识促使他们重新定位公众参与在城市规划过程中的地位。

2000年，欧洲城市可持续发展项目（URBACT）颁布的《参与宪章》（*Participation Charter*），提出城市规划中的公众参与，即居民和城市使用者要积极参与到城市规划的各项事务当中，包括：识别城市问题，发掘城市发展机遇，明确情境分析，在将来城市的土地、财政、日常生活等方面以及规划实施中起到决策的作用。

在西方国家，“参与式规划”定义为一种社会、道德和政治的实践行为；是个体或组织通过使用各种工具，不同程度地参与到规划和决策过程中，以满足参与者的需求，保障其利益（Horelli，2002）。然而，我国参与式规划的发展起步较晚，多数学者认为，现代意义上的参与式规划理念是直至20世纪90年代才引入到我国（郝娟，2007；曹建春，2012；陈锦富，2000）。对“参与式规划”的定义至今尚未形成统一的说法，但学者们把“公众参与”总结为：公众参与是市民的一种基本权利，市民来自不同领域，不同程度地积极参与到城市规划的过程中，以保证其过程与结果两方面的科学性和公平、公正，真正地做到“以人为本”，使城市规划能切实反映公众的利益和诉求（孙施文，

2007；曹建春，2012；张旺锋等，2009）。

参与式规划是城市规划的一种模式。参与式规划强调各利益相关方全面参与到社区规划当中，其规划内容包括社区事宜、社区发展、社区管理、环境改善、公共空间提升等。参与式规划经常被视作社区发展的一部分（Lefevre，1991）。传统的城市规划模式多为专家、学者、商业地产公司和政府等多方集中讨论并制定决策，最终在社区中实施规划方案。这种自上而下的模式往往忽视了生活在社区中的民众的真实需求，虽然在效率上具有明显的优势，但是显失公平。Langton 认为面对持有不同意见的利益群体，参与式规划的出现避免了潜在的单方决策失误，通过各利益相关方特别是社区中的民众参与，展开广泛的合作，获得各方的咨询和反馈意见，以达到“对症下药”的规划效果，是一种自下而上的方式。

作为美国参与式规划理论的先驱，美国规划师 Paul Davidoff 在 1965 年发表了《规划的倡导和多元主义》（*Advocacy and pluralism in planning*），提出了“倡导式规划”的概念，这是参与式规划的升级版。Davidoff 提出，规划应该注重城市的政治多元特质，规划师不可能、也不应该保持价值观中立，规划师应该着重倾听那些来自城市弱势群体的声音。倡导式规划旨在反对表面科学和中立的理性规划。Davidoff 认为，传统的城市规划的编制办法产生的单一方案（即便是规划方案向公众征询意见）依然掩盖了个别群体的利益。他认为不同的社会群体有各自的利益要求。如果他们的要求得以实现的话，将会产生许多不同的规划方案。那么，商人、富人和掌握权势的人可通过自身的实力和多种渠道影响规划方案，使得规划更符合他们的利益需要。但对于穷人和其他弱势群体而言，他们的利益和需求却无法实现。因此，他提出，规划师应当借鉴律师的角色，应该成为社会弱势群体的辩护人、代言人，就像律师维护当事人的利益那样。根据 Davidoff 的假设，每个规划师都为不同社会群体（如穷人、小商人、环保主义者等）的利益代言和辩护，并编制相应的规划，然后把各自的规划方案呈递到地方规划委员会，就像在法庭上那样，规划师进行各自方案的辩护，让法庭的法官（即地方规划委员会）来审查事实、评价优缺点，最后作出裁定。Davidoff 认为经过这一过程整合形成的规划方案要比由规划机构人员单方面编制出来的好。特别是社会弱势群体的利益通过规划师的辩护，将会更加恰如其分地得以反映。Davidoff 的“辩护性规划理论”成为 20 世纪六七十年代激进主义规划师的思想武器。许多规划师标榜自己为“辩护论规划师”（Advocacy Planners）进行规划实践，并获得了显著成效。

另外，Sherry Arnstein 在 1969 年发表《公众参与度阶梯》（*A ladder of citizen participation*）。Arnstein 借此批判美国一系列联邦城市规划项目中公众参与的弊病，并提出了 8 种形式的公众参与，是对“公众参与”的系统分析，也是美国早期有关城市规划公众参与的重要理论之一。Arnstein 的“市民参与阶梯”在当时乃至现在依然具有十分重要的理论意义。当前，美国政府、私人和非营利性组织的合作已十分普遍，在 Arnstein 的阶梯中已经预见性地阐述了这一“合作”的思想内容，其实质的效果是：通过某种形式的谈判使得决策权利得以再分配。从 Arnstein 的阶梯理论可以看出，只有当所有的社会利益团体之间——包括地方政府、私人公司、邻里和社区非营利组织之间建立一种规划和决策的联合机制，市民的意见才将起到真正的作用。

在政府、公众与职业规划师的共同努力下，参与式规划的实践在美国应运而生，并逐渐形成一种规划制度。从规划目标的确定到规划方案的选择，再到规划的实施，公众参与程序几乎贯穿规划的各个阶段。美国参与式规划的渠道主要依靠社区组织。社区组织通过社区居民了解实际情况、反映社区问题、提出规划建议，政府会定期安排规划人员到社区宣传规划意图，调查民意，通过召开公众咨询会倾听公众需求和疏导民意。在此基础之上将修改后的规划方案提交城市规划委员会，经审阅后再由议会表决，方案获2/3 的赞成票方可通过。此外，政府通过各种渠道向公众进行有关规划的教育与宣传，公众可随时通过热线电话了解规划过程，行政单位也积极强化公众与开发商之间的交流和沟通。经过几十年的发展，美国的公众参与层次由象征性参与向代表性参与转变。美国的参与式规划经历了半个世纪的发展，已完成了从“设计特征”向“科学特征”的转变。城市规划师也从纯粹的“技术专家”转向“合理价值评判体系”的建设者（Nigel，1998）。但利益均衡和如何兼顾公平与效率依旧是参与式规划的永恒话题。

3 共同缔造规划工作坊

传统的规划方式需要改变，以公众参与为主要特征的参与式规划形式能综合考虑专家、学者、企业、政府以及生活在社区中的民众的需求和想法，使持有不同意见的利益群体公开有效对话，展开合作。基于这一目的，工作坊为多元主体搭建参与平台，促成参与式规划的实现。让多元主体特别是公众群体平等共享参与机会，成为促进公众参与，凝聚社会力量的关键。通过规划师角色的多元化转变构筑良好的规划参与平台，是参与式规划的新模式，也是美好环境共同缔造的创新方法。

工作坊作为参与式规划的一种形式，是美好环境共同缔造的方法创新。随着社会治理主体的多元化，民间组织、社区组织和市民更多地参与到社区活动中，政府组织和市民组织的合作治理格局已经形成。

工作坊为公众参与规划提供了良好平台。工作坊以公众参与为核心，构筑政府、公众、规划师、社会或社区组织等多元主体互动平台，引导各主体以多样化方式参与到规划多个环节中。促成各主体社会联系的建立与发展共识的达成，以各主体协商共治制订规划方案并落实。由此形成的参与意识、获取的参与技能及构筑的有序架构，推进公众更广泛的社区参与。规划工作坊强调以特定地方发展问题为导向，以公众参与为核心，以空间环境改造为载体，以机制体制建设为支持，探索地方突破发展困境，实现可持续发展的合理路径。

共同缔造工作坊以人居环境科学内自然、人、社会、居住和支撑网络的五大系统为支撑，以营造人居环境为目标，通过不同学科、不同高校的合作，实现对未来发展愿景的提升。

3.1 共同缔造工作坊提出的背景：美丽厦门发展战略

党的十八届三中全会后，城乡发展重心由单纯实现经济目标，转变为实现人的幸福和全面发展，以期通过生态文明建设促进经济、社会、政治、文化、生态的全面提升与发展，通过对公众利益与公众参与的融合，推进社会治理进程。在此背景下，厦门市市政府提出《美丽厦门发展战略》，确定“三大发展战略，十大行动计划”，开展以“美好环境共同缔造”为主题的社区参与行动，依托全市人民共同缔造的力量，建设美丽厦门。作为新形势下群众工作和基层社会治理的创造性实践，美丽厦门共同缔造以群众参与为核心，以培育精神为根本，以奖励优秀为动力，以项目活动为载体，以分类统筹为手段，从群众身边的小事做起，自下而上地改变城市环境，激化社会活力。

厦门是国内城市规划创新和变革的前沿城市之一，研究和探讨其参与式规划的新模式，对实现参与式规划的创新性实践具有十分重要的理论意义和现实意义。本书重点介绍了来自厦门市思明区曾厝垵、莲花香墅、东坪山、鹭江四个社区工作坊的案例，解析在共同缔造工作坊的模式中如何以问题为导向，引导各主体以多样化方式参与到社区规划的多个环节中。从工作坊的提出、内涵、工作形式和规划师的角色等方面切入，对工作坊形式如何实现公众参与进行初步讨论，以详实的案例分析工作坊如何发现地方发展的诉求，并以问题为导向来组织、发动当地居民参与社区规划，探讨培养社区规划师、推动社区自治、落实具体设计实施方案等可行的策略。参与式规划工作坊是我国公众参与规划的方法创新，不仅有效组织公众参与，而且建立政府、公众、规划师互相信任的合作机制，对解决当前中国步入城市社会转型时期面临的问题具有重要的参考意义。

本书在案例的选取上，注重对象的典型性与可推广性。曾厝垵为快速发展中的城中村，在繁荣的背后却隐藏着过度商业化的危机。网络上一方面誉之为“全国最文艺的渔村”，另一方面又调侃其为“违章建筑博物馆”。对此，工作坊希望曾厝垵能够借助场所营造、分区引导，以空间为载体，提升曾厝垵产业与重构邻里关系，探索“文艺”与“商业”相辅相成之路，让生活在曾厝垵的居民、商家重新找回“面朝大海，春暖花开”的感觉。莲花香墅处于十字路口阶段，社区活力下降，社区矛盾渐显，原有的熟人社会逐渐消失。对此，工作坊以“莲花·香·墅”为主题，营造属于居民、商家、游客的大公园，改善居民、商家之间的矛盾，让人留“莲”忘返。东坪山为发展初期（起步期）的山城乡村，生态景观资源优良，目前村庄产业发展不景气。工作坊提出“生态-空间-产业”有机统一的策略，引导村庄走向“生态美，百姓富”之路。一方面避免村庄的无序发展造成生态资源的破坏；另一方面提升村集体造血能力，增加村民收入。鹭江街道营平片区作为厦门发展历史悠久的老城区，拥有深厚的商业文化底蕴，但由于房屋历史久远且缺乏修缮而存在安全隐患。同时，长久发展延续至今的商业形式与服务功能，已无法满足老城复兴发展的需要，也无法发挥毗邻厦门重要商圈——中山路的区位优势。基于此，工作坊提出“益生菌”的更新思路，从空间改造、社区活化与产业发展等角度出发，推进老城区文化导向下的更新改造进程。

东坪山、曾厝垵、莲花香墅，鹭江分别代表了社区发展的不同阶段——起步期、快速发展期、成熟期、衰退期。而其实践可为我国广大社区发展提供借鉴。国内众多社区所处阶段不同，面临的问题不同。社区的发展必须认清自身所处的阶段，从“人”与“社区”的关系出发，以问题为导向的思路，发挥居民的主动性，通过空间建设带动居民参与，促进社区活动，从而重构社区社会关系，建设良好的人居环境。

3.2 共同缔造规划工作坊的主要内容

社区的意义不是单纯的物质空间，也不是简单的全球化产物，它还包含了维度丰富、错综复杂的社会关系，以及栖居于此的人与集体、人与社会、人与自然之间的社会想象和文化认同。

共同缔造工作坊的工作路径是从“人”与“社区”关系出发，以问题为导向的思路，以建设完整社区为主要内容，包括物质环境建设、人的活动组织以及社会关系再造，其中社会关系是联结人与地、人与人的核心，建立在房前屋后、公共空间建设和社会活动基础上；政府、社区组织、个人和企业是社区共同缔造的主体，规划师在这个共同缔造过程中起到协调者的作用，承上启下，提出问题、倡议方案，组织和激发社区居民的参与，形成社区居民主动参与的局面。共同缔造工作坊不能替代政府、也不能替代群众，而是建设美好环境和强化邻里关系，重新找回“社会”。

3.2.1 多元化主体

“人”在社区中处于核心位置。人与其所使用的空间环境之间的关系和相互作用，会随着时间的变化而不断变化。与社区紧密相关的主体有三个：政府、企业和社区。政府影响着地方的决策和建设的内容与建设量；企业主要包括开发商、商家等，规划并建设大量的城市公共空间；社区是指生活在其中的居民和因为邻里关系、商业关系和各种现实问题（包括兴趣等）组合在一起的团体，是社区空间的主要使用者，包括传统的群众组织（如工会、妇联、青联等），还鼓励各种公益组织（如家庭服务社工、心理咨询社工）及各种群众活动组织（如兴趣小组、运动团队等）参加。这三者之间并非自上而下的线性关系，而是相互影响的。因此，多元主体是工作坊的重要特色。共同缔造工作坊有赖于多元社会主体的共同参与，这些多元的社会主体之间的矛盾与冲突，常常是社区问题产生的根源，其对于社区规划与建设的诉求，也往往代表更广泛的公众群体的共同期望。工作坊的参与，是不同社会主体与利益群体共同的参与。

同时，共同缔造工作坊面对的是复杂、动态发展的人居环境系统。其规划行动往往涉及地区发展的政策、环境、交通、建筑、景观、环保、市政等多方面内容。如吴良镛先生在《人居环境科学导论》中提出：“由于经济、社会、城市的蓬勃发展和存在的问题，仅仅一般理解的建筑学与城市规划学等已不能适应当前学术发展的需要”。共同缔造工作坊兼顾物质与非物质规划的特质，及相对细化的规划要求，决定工作坊需要融合不同学科、不同高校的力量，通过相互合作来实现。因而，工作坊的多元内涵，还体现在所涉及内容的多元化及团队成员构成的多元化。

3.2.2 以问题为导向

正确认识人与社区的关系是工作坊工作开始的第一步。社区是联结空间、经济、社会的载体，人处于核心位置；社区是个小社会，社区与行为规范之间存在密切的联系，当人与人、人与自然、人与社会和谐相处时，也就是人获得归属及认同，即人处于“适得其所”的状态（in its place）；而当这种归属或者认同消失，人与社区之间的关系出现脱节时，即人处于“不适其所”（out of place）的状态，就可能产生一系列社会问题：如对社区认同感降低，或者缺乏地方感；传统的邻里关系被淡化，长期形成的社会网络也会被裂解，人们难以对自身居住的生活环境以及周边的人形成情感依附等。

因此，只有全面而真实地了解社区建设现状时，社区居民才能真正成为社区的发言人。只有切实了解社区发展存在的问题，才能抓住社区发展的主要矛盾。社区问题是居民诉求的根本来源，代表阻碍社区发展的主要障碍，悉知社区问题意味着把握社区发展的脉搏。社区规划与建设活动的重要任务在于解决社区问题，以此为有效的突破点，开辟社区发展的新局面，即以问题为导向，创新共同缔造工作坊。

了解社区问题，基于对社区的有效观察。据此，从居民身边的事情开始，从小事着手是工作坊工作的基本切入点。规划师可通过组织社区居民开展如绘制资源地图、随手拍社区“问题”等形式多样的活动进行社区观察，与政府部门、社区、居民共同对社区进行“再认识”，并由此挖掘可支持社区发展的良好资源，为社区发展寻求有利的本地支持。

认识社区需要规划师和参加工作坊的各主体以“社区的一员”的身份认真观察社区，聆听来自社区的真实声音，发现社区真正的“美”与“丑”。在发现问题的过程中，各主体可通过设身处地的思考与颇具创新的想象，探索解决社区问题的方法，结合社区资源的活化，形成方案雏形。

此外，规划师可通过派发问卷、入户访谈与设立社区问题反馈信箱等方式，进一步了解居民的意见与需求，引导居民更加关心社区建设，进而参与到社区事务的讨论中。在此过程中，规划师与社区居民相互关系逐渐拉近，为后续的共同合作进行良好铺垫。

3.2.3 挖掘社区资源

社区并非同质化的产物，因而在社区观察中，需要在“平凡”的社区中挖掘内在的“宝藏”，即多样的社区资源。一般而言，社区资源的价值包括历史价值、科学价值和艺术价值，但工作坊还关注社会价值。当然社会价值是社会学家自始至终关注的内容，但传统规划容易忽视地区发展的社会内涵，共同缔造工作坊提倡的是“规划结合社会”的理念。因此，社区资源不仅包括自然景观、特色建筑、节庆活动、艺术团体等，还涉及景观、文化、经济、人才等诸多方面的因素，是共同缔造的重要资本，同时也是彰显社区特色与活力的要素。

当今规划面临众多群体，不同群体立场千差万别；从普通大众角度来看，他们不会首先关注历史、科学、艺术的价值；而长时间居住的人（四五十岁的老居民）更关注情感价值，经营者、商家等更容易看到眼前发展的价值。如何让他们建立对一个地区发展的共识是工作坊需要解决的难题。

公众价值与规划师的价值必然会存在矛盾，我们无法马上让公众关注科学、艺术、历史等的价值；工作坊试图让公众将目光集中到地区发展的长远利益上，挖掘其情感价值，从而达到近期发展的利益共识（图 3-1，图 3-2）。最终形成的方案不一定最具科学性，但是这一过程中始终考虑价值的问题，是工作坊最有意义的地方。

图 3-1 规划师与公众面对面交流
（莲花香墅工作坊）

图 3-2 规划师与公众面对面交流
（曾厝垵工作坊）

此社区与彼社区的不同在于其存在本地化的资源要素。这意味着它与特定的区域、城市或者街区具有一定的联系，具有特殊的地方性。这些资源的挖掘可通过开展实地调研活动，绘制资源地图，即在社区平面图上，以“点”“线”“面”的方式绘制具有价值的要素等方式实现；也可通过向社区居民，特别是长者虚心请教，了解社区发展历史变迁中呈现的特质来获得。

在所有资源中，社区能人是最重要的社区资源之一，是公众参与的核心群体。因而，在采纳群众意见的基础上，需要开辟渠道，让社区内具有丰富经验、参与热情高的居民参与社区建设，以此提高社区自治的能力，增强社区自治的成效，进而为社区依靠群众参与的长效发展提供保障。同时，社区能人可通过亲身参与，影响与带动更多居民参与其中，促进美好环境共同缔造在更广的范围内达成共识。

3.2.4 以公共空间和社区活动为载体

公共空间中的活动最能体现人与人的关系，公共空间是居民实现良好互动的重要场所，提供居民活动、交流、休憩的载体。通过捕捉发现某些户外空间，进行整治提升，赋予新的用途，让公共空间成为促进居民交往的平台。公共空间的提升可以针对街头绿地、小公园、小广场等，在注重实用功能的同时，兼顾美观功能。此外，在空旷地、街道两侧等地方可以增加休息、停留的设施，避免空间上的排斥性，让人可以放缓脚步停下来交流。

在空间的改善中，居民的邻里空间显得格外重要。它是居民更为关心的地方，能够展现家庭、社区良好的风貌。发现和利用闲置地、边角地，让居民自己动手将其改造成为良好的邻里交流空间，可以促进邻里走出家门，融入社区。

邻里尺度的空间可以促进各种人群的共同中心化。例如，良好的公园、游戏场地和体育设施等可以让老人、小孩一起游玩，可以让不同家庭之间相互交流；学校设施开放可以让人加强对学校的集体记忆；精心营造的公交站、早餐店可以促进外来人、本地人的交融等。共同缔造对当地人来说，能够提高生活质量，有助于培养地方感，促进交流，变“生人社会”为“熟人社会”；对外地人来说，能够促进社会融合，减少社会分异，促进社区可持续发展。

在小空间上凝聚社会关系，促进不同人群的融合。这种日常活动包括唱歌跳舞、上街购物、品茶聊天、祭祀拜祖等。公共空间的活动是人们得以存在的一种形式，丰富的日常活动则是公共空间保持活力的根本。公共空间蕴含了地方感和社会性功能，共同缔造需要促进地区的人们能够拥有并且参与其中生活的场所，从而反过来赋予公共空间需要的内涵。

3.2.5 自下而上和自上而下的结合

工作坊采取自上而下与自下而上相结合的方式，是一个多数人共同参与的规划建设过程。参与者在参与过程中能够相互对话，包括共同调研、分析思考、提出方案与行动计划，并一起讨论如何推动方案与计划的实施与落地。同时，工作坊强调方案的弹性与实施性。通过将社区规划变成居民的共同行动，以此重构人与人的社会关系，实现和谐社会的建设，这是对美好环境共同缔造核心理念的践行。据此，工作坊的主要特色体现在：

（1）鼓励社区参与。鼓励每一位社区居民参加活动。坚持规划者与公众共同进行调研、分析，并广泛进行交流，以确保规划中公众利益得以保障；着力于激发公众参与热情，培育公众的主人翁意识，使其冲破规划“专业者才能参与”的旧观念，充分发挥各自的智慧与才能；同时采取多样的公众参与方法，使多元主体广泛参与到规划方案讨论、拟定与实施的多个环节；这些方法包括但不局限于网络论坛、研讨会、电子邮件宣传等。

（2）密集的工作讨论。经过几个月的周密组织之后，举办一个为期 10~20 天的快节奏、密集的工作讨论，反复协调。针对特定的基地、邻里、城市乃至区域，将各种成见减至最低程度，以整体的观点研讨所有的问题与可能，并随即展开实际行动与评估（图 3-3，图 3-4）。

图 3-3 社区居民指出社区广场存在的问题（一）

图 3-4 社区居民指出社区广场存在的问题（二）

（3）政府职能的转变。在工作坊中政府仍具有重要的引导与组织作用，但其绝对的决策权逐渐淡化，更多的是提供必要的资源与协助，如提供工作坊活动开展所需的场所、部分资金和政策支持等。

（4）注重活动的宣传。各种活动均进行广泛宣传，以确保每个人都有参加机会，并确保所得的结果能够获得各方接纳。一般在最后阶段均会举行公众咨询会并提交报告。

3.2.6 作为协调者的规划师

传统规划中，规划师被视为“具有权威的专业者”，时至今日，面对规划变革的实际需要，这种角色定位有必要进行讨论与反思。达维多夫在《规划中的倡导和多元主义》一文中指出，“城市规划师应当有意识地接受并运用多种价值判断，以此来保证某些团体和组织利益，从而担当起社会利益代言人的职责，对不同团体利益进行识别与调停。”英尼斯（Innes，1995）围绕规划本质的讨论，提出“规划是规划师运用多项沟通技巧，尽可能与所有拥有资源开发投资权利的行动主体进行交流，达成协议的‘沟通’过程”，表达出规划师角色转变的意愿。弗里德曼更明确提出“规划师应当具有一种与普通百姓平等交谈的能力，一种能融入邻里研究的能力，一种能在项目优先决策中取得共识的能力”（Innes，1995），通过对规划师技能的补充，对规划师角色进行重新定位。

因而，基于共同缔造工作坊的内涵，在具体的实践过程中，规划师角色由单一的规划主导者，转变为更为多元的组织者、协调者、引导者等角色。充分发挥其联结政府、公众、社团等多元主体的作用，从以往作为物质规划的主体转向利益调节的主体。正如达维多夫所言，“不同的利益群体有不同的需求，规划师应当借鉴律师的角色，放弃中立的立场和笼统的公众代言人地位，成为社会不同群体的辩护人与代言人”，“规划不应当以一种价值观来压制其他多种价值观，而应当为多种价值观的体现提供可能，规划师就是表达这些不同的价值判断并为不同的利益团体提供技术帮助”。因而，共同缔造工作坊并非是规划师单纯基于居民需求的调查或居民访谈来确定规划方案的实践过程；而是在规划师的组织与引导下，让多元主体置身于社区特定的社会环境，立足于社区发展实际，以社区问题为导向，发动、组织各群体参与规划方案设计与制订，并共同考量规划方案的可行性的过程。在工作坊过程中，作为规划师，不应强制约束公众按照政府或自己的意愿参与规划讨论与社区建设，而应当予以公众表达各自意见与想法的充分自由的空间，以此获得最真实的公众反馈；不应将公众意见仅停留在前期调研的纸面上，而应当尊重与重视公众的想法与建议，依托专业知识与技能，切实将其融入规划方案的设计与制度当中。

共同缔造工作坊中，规划师角色的转变，体现并融入规划师的工作重点之中。

首先，共寻发展问题。秉承“最了解社区问题的正是生活于社区的居民”的想法，规划师通过实地调研、走访座谈、问卷调查等多种方式，与居民、政府等主体共寻发展问题，确定工作坊突破点，推进社区“再认识”、切实了解居民的意见与需求、引导居民对社区事务的关注，达成共识。

其次，用专业的知识发动与组织群众。共同缔造工作坊的核心是公众参与。但公众参与并非依托公众自愿或规划师单方努力即可实现，需要规划师通过召开讨论会、咨询会等丰富的参与活动，发动与组织公众，实现共同参与。

再次，担当政府与公众的媒介。共同缔造工作坊强调自上而下与自下而上的结合。在此过程中，规划师应充分发挥引导、联系与协调作用，通过多种交流活动的开展，搭建政府与公众、社团的互动桥梁，促成多方共识与合作。

最后，培育基层规划力量。通过共同缔造工作坊的参与，一批热心于社区事务的居民在潜移默化中掌握一定的规划常识。规划师通过课程培训、项目指导等方式，培育社区规划师，形成可持续的基层规划力量（图 3-5）。

图 3-5　中山大学李郇教授为社区热心公益人士举办培训课程讲座

3.3　共同缔造工作坊的组织架构与工作路径

3.3.1　共同缔造工作坊的组织架构

原则上任何个人或组织均可提议开展规划工作坊活动，然而基于群众与组织参与意识尚未成熟，牵头开展工作坊活动的主体，依旧是政府以及探索规划变革的专业人士与实践者。随着群众参与的逐渐深化，更为多样的工作坊模式将逐渐涌现。尽管模式不同，但基本组织架构类似。

（1）主办者：主办者可由政府机构或者专业组织者承担，作为工作坊的主要负责人，负责工作坊主题的拟定、工作坊成员的组织、筹募活动经费、动员群众参与、协助开展系列交流与方案讨论设计会、工作坊成果的跟踪落实等工作。政府在共同缔造中除提供协作与支持外，也可出台相关政策，鼓励并支持相关社区规划与建设活动的顺利推进与实施。

（2）相关利益者：工作坊是促成不同利益者协调的平台，通过多次交流与沟通，促使不同利益者达成共识，并且在共识下形成共建的过程。因而，地方利益团体是工作坊核心的参与人员，其是否参与决定了工作坊的成果是否能够代表各主体共识、成果是否能顺利实施等。居民是社区中的生活者、生产者以及共同缔造的主力。营造好的社区首先需要社区居民准确表达需求并对社区发展有所期许，同时理解和支持外来工作坊团队的工作。

（3）协调团体：开展工作坊活动的主要责任由主办者（可视为工作坊的“责任组织”）承担，但需要取得相关利益者的配合，一般通过建立协调团体的方式来处理这一问题。协调团体包括规划师、社区热心公益人士以及各群体或组织的代表，着力于处理协商过程中，多元主体从各自利益角度出发，而导致的利益冲突与纠纷，确保工作坊过程中，参与氛围轻松与融洽。

（4）专家小组：具体工作坊活动的开展，比如参与式规划活动等，需要由专家组成的小组来负责组织与推进，并引导参与者达成共识。这个小组可以是固定的顾问团，也可以是针对某项特定主题而设立的专题小组。小组成员包括来自各地的具有各种技能与经验的专家、地区相关领导、大学规划系的师生等；而小组组长的人员需要认真选定，在相应的规划活动期间，小组组长应对规划的成效承担主要责任。工作坊的专家小组涉及各个领域的专家，如由人类学、社会学、城乡规划、建筑设计等专业教师组成联合团队，共同参与社区规划与建设。

（5）支援团体：支援团体包括社会义工组织、企事业单位等，主要发挥协助相关工作顺利推进的作用。工作坊活动需要组织不同的群体参与，社会义工组织往往在协助活动开展方面可以起到突出作用；其次，工作坊需要筹备经费，除了来自政府的预算外，企事业单位的赞助也是有效的途径。支援团体往往是熟悉规划地区的组织，协助工作坊团队与地区人力、物力资源等、经验丰富的民间团体等的对接。

（6）专家咨询团队：主要由各领域的专家组成。工作坊讨论的事务往往会随着某项议题的深入而延展到不同领域，特别是到实施阶段，更需要涉及具体可行的方案。因此，工作坊需要有不同领域专家组成的咨询平台，为涉及规划、地理、景观、市政等各方面的问题提供知识或技术支持，对具体规划的制定与实施提出建议。

3.3.2 共同缔造工作坊的工作流程

共同缔造工作坊由大量的“聚会讨论”与“一连串的主题活动”组成，强调的是规划师、政府、群众等主体深度互动与参与。它不再仅仅是单独依赖个人的观点与传统规划程序和思路，而是借由不同领域、不同利益群体的社区成员共同参与，通过严密地组织为期 1~2 个月的活动，以具有创作力的合作方式，共同达成对社区未来发展的共识，并提出新的行动策略和治理制度。

工作坊的操作与进行的方式，通常都是随着不同的议题发生，而操作手法的基本模式与架构也不同（图 3-6）。大体可以分为以下 3 个阶段：

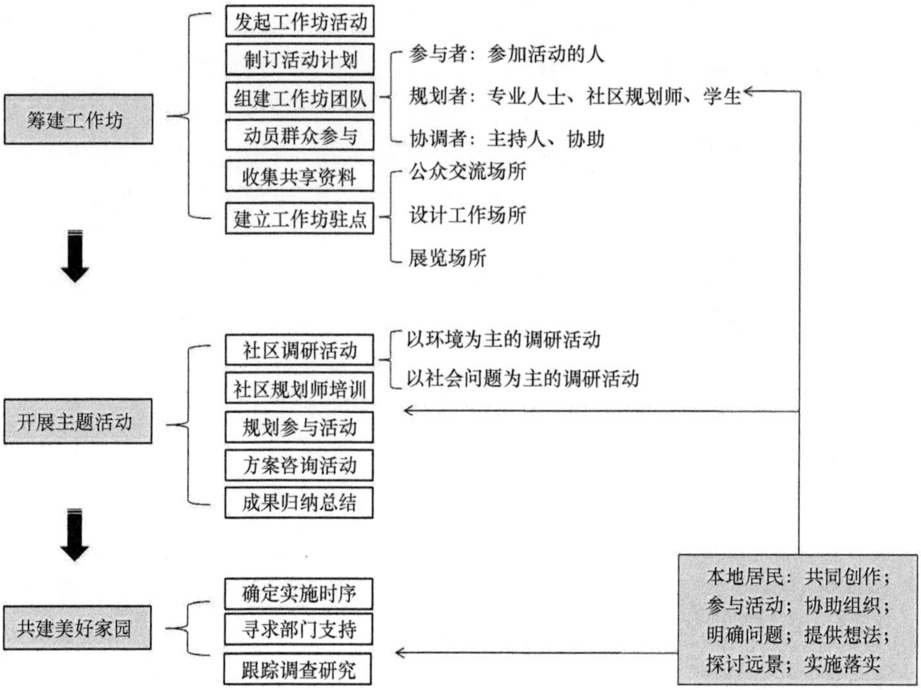

图 3-6　工作坊流程图

1. 筹划工作坊

（1）发起工作坊活动。工作坊的发起一般有两种形式。一是由关心环境改善的个人或组织来发起工作坊行动，二是由政府针对社区发展存在的问题举办工作坊。活动发起的同时，发动主体需要提出工作坊需要解决的问题或者希望实现的目标，明确工作坊的核心任务。同时，需要提出工作坊的经费预算与筹募经费的途径。

（2）制订活动计划。制订科学合理的活动计划（并非具体的行程计划表）是筹划工作坊过程的一项基本工作。活动计划的制订，可保障活动有序而有效地开展，避免因无计划的活动开展，不必要地耗费物力与财力，妨碍工作坊工作的推进。在决定开展某项活动后，需要明确活动的目的、活动的时间、参与活动的主体，及各主要负责人或团体的具体工作职责。

除明确各项活动的安排之外，活动计划还应当具有一定的灵活性，如当工作坊活动与当地节庆活动冲突时，调整工作坊活动时间，保证工作坊活动是当时当地主要吸引群众参与的活动，确保群众的广泛参与，确保参与质量。同时，针对某些容易受不确定因素影响的活动，如受天气影响的室外咨询活动，应在计划内拟定相应的应急方案。

（3）组建工作坊团队。工作坊团队的成员一般有参与者、规划师与促成者。在工作坊各项规划活动中，主要发挥参与作用的即为参与者，如社区居民代表、商家代表等。而具有专业技能，能制订相关方案，为社区出谋划策，组织与参与工作坊各项活动的专家、学者及专业人士，即规划师团队的一员。牵头发起、协助规划师组织、发动群众参与，为各项活动提供场地、资金等保障的成员则为促成者。促成者同样参与工作坊的各项活动，但并不直接影响参与者的相关决定。组建工作坊团队是构筑工作坊主要参与力量的过程。

（4）动员群众参与。群众参与的范围与程度是决定共同缔造工作坊开展能否顺利及成效的关键。因而动员群众参与，就是工作坊筹划阶段的重要工作内容。在动员群众参与的过程中，规划团队可采取丰富多样的宣传方式，并且向社区居民与团体传递这样的信号：参与工作坊是一个共同为社区发展出谋划策，切实满足群众需求的轻松愉悦的参与过程，从而鼓励群众出于自愿参与工作坊活动。

（5）收集共享资料。在工作坊活动的筹备阶段，规划团体需要向参与者提供充足的参与信息。工作坊的共同参与基于成员对规划片区的发展脉络有清晰的认知，特别是对其发展历史的充分把握，这要求工作坊团队成员在工作坊开展之初，对相关信息进行收集与共享。

对资料的收集要有所选择，避免过多、过杂的信息妨碍成员创造性的思考。而具有摘要性质的资料，则需要在活动举办前两周的时间提供给规划团队中的参与者与促成者，其他资料则需提前备好，确保在相应活动的开展过程中随时提供。

（6）建立工作坊驻点。工作坊驻点，不仅是工作坊团队推进各项工作的办公地点，也是群众参与交流与设计的场所，因而对空间的面积与通畅性有所要求，需要根据社区房屋建筑的实际状况，从协调便利、空间适宜等角度出发确定。由于工作坊驻点在工作坊活动后，往往成为群众共同参与的空间符号，承载群众共谋、共建、共管、共评与共享美好家园的回忆，因而在工作坊活动结束后，可将团队工作过程中留下的图纸、工具或会议记录等物品，用于建设社区展览馆等公共空间。故选择工作坊驻点时，也应尽可能选择社区内较为显眼的建筑空间。

2. 开展主题活动

工作坊主题活动主要有现场调研、咨询会、座谈会（包括圆桌形式、核心小组形式、小型室内群众咨询等）、研讨会（包括与专家、政府的研讨会，大型户外群众咨询）、方案设计、方案交流等内容。不同形式的参与活动的举办，其目的均在于为群众提供广泛的参与机会，确保规划成果切实体现群众意见与想法。

这一系列活动围绕“群众参与”，体现工作坊以人为本的理念，为社区居民反馈真实诉求与切身利益提供平台。基本上所有工作坊的活动都面向全体社区居民开放，以群众参与讨论为主，规划师协助其将愿景以图纸的形式表达出来，并经过多番讨论确定最终方案。通过这些活动，参与者可以互相交流意见，“头脑风暴”，激发创造力，共同创造，并逐步达成共识后，拉近相互关系，协助工作坊活动的顺利进行。

（1）社区调研活动。规划工作坊面对的是复杂的环境与社会问题，需要通过调研认识地区所处的社会环境，并且绘制社区资源图、社区地图等。以社会实践问题为主的调研包含两部分主要内容：以环境为主的调研和以社会问题为主的调研。具体调研的方法包括实地考察、访谈、座谈等。

在实地调研的过程中，规划师团队应当比传统规划更为细致，在对相关信息进行记录与标注方面，也应采取新的方法，如着重标注存在问题严重的空间、可利用的节点资源等内容。

在社区调研的过程中，规划师团队需要注意，应首先选择社区内居住时间较长，熟知社区发展的居民了解基本情况，而不是一开始就进行宽泛的居民访谈或问卷调查。在对社区发展的核心问题与基本现状有所了解后，再进行更大范围的问卷调查与访谈，进一步丰富调研信息与内容。

在充分了解与把握社区发展概况后，规划团队可组织社区内主要的利益群体，进行特定议题的座谈，进一步了解居民诉求，梳理各利益群体间的矛盾，寻找工作的突破点。除此之外，规划团队也需要积极与政府部门进行交流、合作。一是获得政府部门对社区发展的建议与想法，二是获得丰富的基础资料。这些资料主要包含人口数据、就业结构、产业发展情况、未来项目计划等。这些资料主要用以丰富团队对社区的印象途径，并由此判断与甄别不同主体反馈信息的真实性和准确性。同时，也可帮助团队了解社区社会阶层状况，在规划中对弱势群体予以更多关注。

（2）社区规划师培训活动。工作坊在社区参与方面取得的成效，不仅体现在具体规划方案的推进与实施中，也体现在社区规划师的培育上。在工作坊活动中，规划师通过通俗易懂的方法培训社区的热心于社区建设事务的社区能人，使他们逐渐具备基本的协商技巧、策划能力与规划技能，使之成为服务于社区发展的基层规划力量，即社区规划师。事实上，社区规划师的出现使工作坊可以持续下去，能以专业技能的社会力量持续地推动社区建设与发展。

（3）规划参与活动。以筹建工作坊环节中确定的工作坊驻点为主要场所，围绕规划方案的设计与讨论开展规划参与活动。规划师建立三维模型或实体模型，邀请团队成员与社区不同群体代表进行方案的讨论（图 3-7，图 3-8）。参与者将自己认为应当改造的空间或管理的事务，对照具体模型指出，规划师将这些意见以纸片或标志的形式记录下来。多元主体针对具体建议进行广泛的讨论与协商，最终形成相对一致的意见。随后，基于对政府与群众意见的归纳与总结，规划师从空间环境改造与机制体制创新入手，将共识意见通过具体方案落实。

图 3-7　三维模型图展现社区发展愿景（东坪山工作坊）

图 3-8　三维模型图展现社区发展愿景（莲花香墅工作坊）

在形成初步方案后，团队组织多次意见征询与讨论会，对方案不断进行补充与完善，形成更具可行性的规划成果。这不仅是规划方案修改的过程，更是多元主体交流与互动不断深入、共识不断深化的过程。

（4）方案咨询活动。通过规划参与活动，得出相应的规划方案后，工作坊团队进行大型方案咨询活动，征求更广泛的社会群体的意见与建议。相关方案咨询活动，最好选择在群众普遍知道的场所空间内进行，确保吸引大量人流。具体空间可是室内空间，也可是室外空间。然而，前者通常会有容纳人数的限制，因而选择在群众最易看到或日常活动的室外空间，如在公园等处开展活动更加适合。

室外方案咨询会是一个相比于规划参与活动更为开放的活动，不仅可吸引参加过工作坊活动或者生活在当地的居民参与，还可吸引关心相关社区发展的社团与个人的参与。这种舒适开放的氛围，容易打消群众的顾虑，使其更容易融入活动当中，畅所欲言，与规划师面对面进行交流，积极地提出各种建议与想法。在此过程中，规划师可收集到更多群众的想法与意见，获得进一步优化方案的依据。而更为重要的是，室外方案咨询会上，群众围绕具体方案成果，相互交流与讨论，这使得咨询活动成为促进居民交流的载体，有助于邻里和睦氛围的形成。

由于室外方案咨询会的目的在于吸引更大范围、更多类型的群众参与其中，因而咨询会的时间、地点均需要事先确定与广为宣传，非因不可控因素影响，不可随意变更。

（5）成果归纳总结。良好的成果报告是引导工作坊活动进入下一步的关键。工作坊的成果报告需要清楚地表达规划的内容以及背后的思路，而不是简单地展现成果。工作坊成果最终交回到居民手中，作为社区未来建设与发展事项推进的依据。一般而言，工作坊成果的框架应包含以下内容：社区简介和历史、社区资源、社区问题、发展愿景、行动计划等。

3. *后续活动*

在经过上述活动过程，形成相应成果后，规划实施主体需要根据方案建设项目的实际需要，探索具体的实施方法，寻求方案实施部门的支持，特别是在经费保障与实施政策方面的支持。例如，曾厝垵工作坊设计好渔桥建设方案后，街道办与社区向区政府反馈，通过与公路局、财政局等部门的广泛合作，促成方案的实施。此外，规划实施主体应明确规划提出的各项建设项目的实施顺序，原则上以群众最满意、诉求最强烈的项目为优先。

工作坊团队在完成工作坊内容后，可根据实际需要，对规划片区或社区进行跟踪调查，明确相关规划方案与规划行动是否与最初的设想相符合，是否与政府、群众与规划师的共同期望相符合。如果发现实施过程中与预期有偏差时，团队可做进一步分析与研究，通过适当调整方案与实施行动，确保社区形成合理的发展路径。

3.3.3 共同缔造工作坊的活动保障

1）经费保障

参与式规划工作坊的活动内容可以根据预算多寡提供不同的具体活动安排。但是经费不足可能导致原定的活动因为无法获得必要的资源而遭致挫败。因此，拟定切实可行的预算并确定能够获得足够的资金、对等的实质的物资捐助，是一件非常重要的事情。

经费应该尽量来自不同渠道。这不但可以从一开始就获得互相配合的承诺，并避免在利益立场上过于偏袒某一方或者遭受某一方的胁迫。有许多不同方式可以确保获得财务赞助与援助，特别是当活动受到社区及重要人士的热心支持时。

万一长期活动所需的经费不足，最好采取短期且预算充足的方式进行；此外亦需考虑开展后续工作所需的经费。如果不易获得足够的经费或援助，基于吸引未来长期兴趣的考量，建议先采取一日活动的做法进行尝试。

2）行政管理

良好的行政管理是一项最基本的工作。活动必须像时钟般的精确运转，否则将耗损精力，影响活动正常开展，挫伤参与者的积极性。一旦决定举办某项活动，就应该即刻分配、决定所有准备工作的责任归属，建议用表格清楚地列出各个环节的主要负责人，以方便每个人了解其权责。

3）专业援助

工作坊面对的是复杂且动态变化的环境，涉及规划、建筑、景观、社会、政治、地理等学科，需要融贯不同学科人才，才能更好地为地区发展出谋划策。因此，在活动过程中，提供有效的来自不同专业的援助显得尤为重要。虽然志愿者、义工等可以提供部分这类服务，但是如果能够获得当地的建筑或相关专业的院校学生参加将会更加有利。

原则上，参加参与式规划工作坊均可获得规划、建筑、社会、研究等方面的丰富学习经验，学生可以提供积极、有效的劳动力，并将活动方式延续下去。在学校教师原先所设定的教学大纲外，学生通过工作坊还可以获得不同专业的教师、工程师等的直接指导，这对学生有很大的帮助。

4）工作坊驻地

工作坊是一个过程，工作地需要为团队提供办公空间。这里主要阐述工作坊驻地需要的具体空间形态。①制图室：供各小组讨论使用，配套网络、制图板、直尺等设施，尽可能有厕所、厨房、门锁等，基本上 24 小时可用。②大会议室：供公众讨论、展示、汇报等使用，应有厕所及休息室、茶水间。③中会议室：供工作坊小组讨论用。④生活设施：供工作坊成员使用。在理想的情况下，这些空间应当彼此相邻或接近。

4 曾厝垵共同缔造工作坊

城中村是在我国城乡二元结构下形成的一种介于城市与乡村之间的“混合社区”（李培林，2002）。从城中村静态经济社会管理层面看，城中村的物质形态与生活方式已经呈现明显的非农化，村民基本从事非农职业，通过出租房屋或土地获得收入，但在管理体制上实行的依然是农村典型的集体管理体制。从城中村动态发展层面看，城市内部土地潜在价值的增长引导商业化不断侵入，为城中村的重塑提供了经济动力。

城中村受市场推动进行自生发展的过程中，显现出空间、社会、文化等方面的问题。空间方面，城中村以其高密度的建筑著称，其为城市的快速发展提供了大量的廉租屋的同时，对城市环境、防火安全、治安管理等带来严峻的考验。社会方面，拥有地权及物业权的村民外迁，外来人口进入居住、就业，乡村惯有的熟人社会解体。同时，城中村土地及物业的所有权、使用权、管理权拥有者分属不同主体，由此城中村空间的社会属性变得复杂。文化方面，具备乡村家族集体属性的空间被无序的市场化商业功能侵占，如我国乡村常见的祠堂建筑、风水塘空间、宗祠广场等，因商业化发展而或被占用、或被遗忘而变得衰败。此外，伴随着原住民外迁，附着于乡村空间与社会之上的原生文化也随之消散。

城中村的发展，从基本层面上讲，需要对其空间无序发展进行整治，以消除或降低其带来的城市安全问题。从激发城中村可持续发展活力的层面上讲，需要发掘其自身地方文化的现代意义以获得立足点，需要协调多方利益以形成顺畅发展的社会保障。

在当下城中村改造的实践中，村集体作为土地拥有者，开发商作为投资建设方，为了尽快获得城中村土地改造带来的经济利益，大多通过双方协商，把城中村快速整体推到并尽可能拉高建设容积率重建的形式，对城中村进行重塑。在这种模式中，原本“平面”并具备村落肌理的乡村空间改造成为“垂直”的混凝土森林的城市景观。原带有集体认知色彩的祠堂建筑、宗祠广场的空间遭到摧毁或破坏，带有村落文化印记的村庄肌理荡然无存。村民之间原有的带有宗亲和熟人色彩的村落社会关系，随着村民外迁以及空间的重塑，逐渐演化成为一种仅仅因为所拥有物业具备邻近关系而构成的经济利益共同体。居住在“垂直城中村”的租客以及商业经营者，对村落文化不知情，与作为物业主的村集体及村民之间也仅仅存在租户与租客之间的经济关系。

在城中村大拆大建模式中，物质空间与社会空间均被快速而粗暴地进行更替。原有空间被完全摧毁重塑，原住民退出并仅作为空间的所有权拥有者与空间联系，租客进入而对原有的具备地方特色的村落文化并不了解。在这个过程中，原有村落的社会关系纽带也被割裂摧毁，具有地方认同感与归属感的“熟人社会”变为“生人社会”。附着在村落空间中的村落文化随之消失，空间与文化珍贵的地方性均因此而被埋没。

然而，作为理想的空间形态，一方面需要承载当地的历史文化；另一方面需要成为有效凝结社会关系的场所。通过以公共空间与微空间的参与式规划为切入点，是在城中村改造中解决空间无序发展、文化挖掘以及重塑附着于空间之上的可持续社会关系纽带的重要途径。共同缔造工作坊为城中村发展途径的商定与实施，提供了一种有价值的模式。

首先，共同缔造工作坊能够成为作为专业知识拥有者的规划师及本地物业主、居民、就业人员的沟通平台，从而形成专业知识与本地经验的沟通。在帮助规划师了解本地的地方属性的同时，包括了解其发展特征、发展问题及各方诉求，帮助空间使用者、物权者、管理者理解专业判断及其依据原由。这有助于更好地厘清城中村文化资源、发展问题，从而形成共同发展的愿景。其次，共同缔造工作坊能够搭建各方平等沟通的平台，让各方通过表达、沟通、信息反馈等途径，互相了解，从而为各方达成发展共识提供信息互动的基础。在实施与可持续运作方面，共同缔造工作坊可帮助各方建立可持续管理机制，以疏通各主体在发展中的权责关系，从而形成一套良性自我发展的机制体制。

此外，在认识到空间的社会属性的认识论基础上，共同缔造工作坊以宗祠广场、房前屋后微空间作为改造切入点，推动参与式规划设计。如宗祠广场等公共空间以及房前屋后微空间是具备社会属性的重要空间。宗祠广场是村落文化的集体属性体现的重要场所，是村落社会纽带凝结的空间环境。房前屋后微空间，是私人与公共关系相互沟通交融的空间，是物权所有者及公共空间管理者相互连接的建设空间。在工作坊的平台上，对这些富有社会属性的空间进行相关者参与的参与式改造设计，是重塑社会关系纽带的重要途径，是以空间塑造为手段重塑社会关系的有效方式。

自 2013 年起，在“美丽厦门共同缔造”指引下，由思明区缔造工作办公室、思明区滨海街道与曾厝垵社区出面，组成由中山大学牵头，香港理工大学与厦门大学共同参与的“曾厝垵共同缔造工作坊”。下面以厦门市曾厝垵共同缔造工作坊为例，讲述城中村共同缔造工作坊的开展过程及实施方案，以期为我国城中村社区的公众参与提供有价值的启发。

4.1 工作坊背景

曾厝垵社区位于厦门岛东南部，隶属于厦门市思明区滨海街道。东至白石炮台与黄厝接壤，西至胡里山炮台，南至环岛路与大担岛隔海相望，北至御屏山西姑岭，三面环山，一面临海，面积约为 6.5km^2，风景秀丽。环岛南路与龙虎山路贯穿其中（图 4-1）。

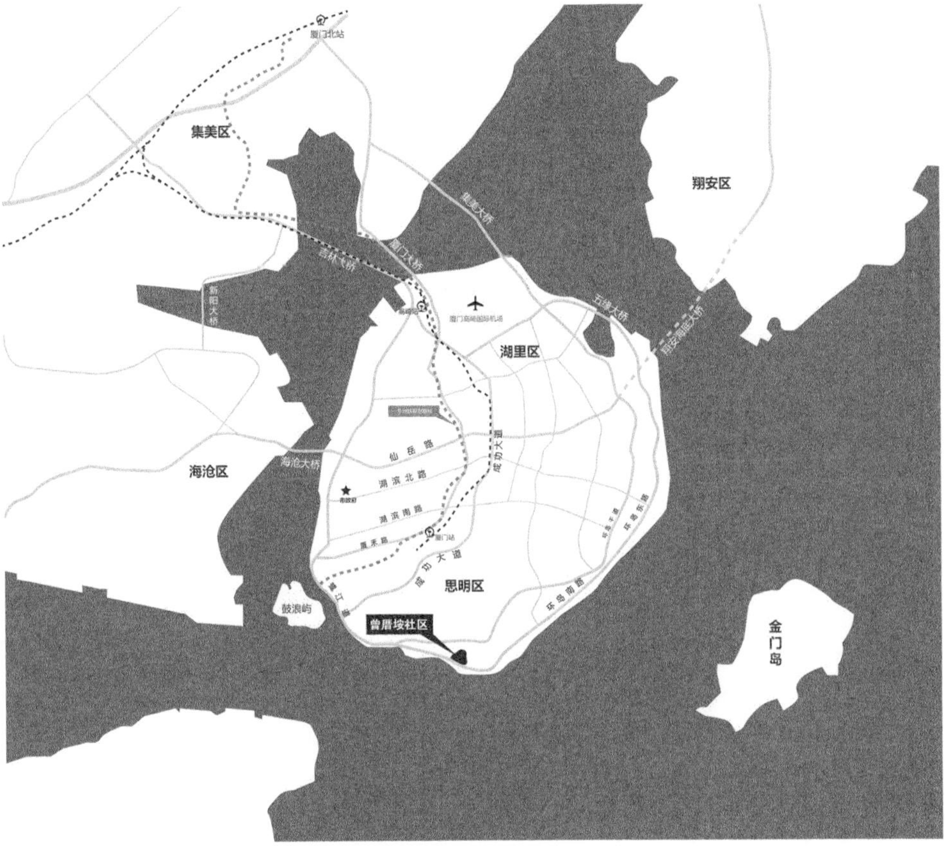

图 4-1 曾厝垵区位图

曾厝垵在 1956 年时为群星高级农业合作社，1958 年与黄厝村建立厦门大学农场，1960 年改称思明农场，1966 年归属曾塔社，1970 年属前线公社前哨大队，1984 年改为曾厝垵村委会，1987 年 9 月划归思明区管辖，2003 年 8 月“村改居”为曾厝垵社区居委会。社区下辖曾厝垵社、仓里社、前田社、西边社、前后厝社、东宅社、上里社、胡里山社等 8 个自然村，10 个居民小组，户数 1473 户，总人口 4252 人，外来暂住人口 5929 人，党员 105 人。村民以前以农为主，兼渔、副业。

4.1.1 曾厝垵发展历程

1）第一阶段：20 世纪 90 年代以前，传统的农耕渔村

曾厝垵是始建于南宋末年的一个渔村（图 4-2）。曾厝垵社因明代曾氏入住而得名，曾、黄两族是曾厝垵最大的两个姓氏，曾氏后裔成为曾厝垵华侨的主要力量，民国时期，由曾国办筹资建设的国办路，是全国第一条华侨捐建的大马路。曾厝垵的村民背靠高山，面朝大海，以及“男渔女耕”的渔村生活方式。明初、清朝和新中国成立初期，身处厦门港南部的曾厝垵均是重要的军事地区，随后，在抗日战争和解放战争后，曾厝垵军事要塞的区位作用渐渐失去。1978 年改革开放后，很多村民外出南洋谋生，侨民后捐资回馈乡里，在旧环岛路两边建设洋房，故曾厝垵的建设较其他村庄好。1980 年规划曾厝垵与鼓浪屿、中山路均被划定为旅游区，承载旅游文教功能，工业化滞后，因而没有产生工业的污染和破坏，曾厝垵保留下原本的特色自然资源与传统的农村风貌，建筑大多 1~4 层，这些资源也是曾厝垵未来发展必不可少的宝贵财富。

图 4-2 曾厝垵老地图

2）第二阶段：20 世纪 90 年代，曾厝垵发展起步

1997 年，环岛路的兴建使曾厝垵的交通条件得以改善，并加强与周边地区的联系，如厦门大学等。彼时曾厝垵尚未商业化，生活成本和租金较低，在良好的交通条件，特色的渔村文化，美丽的海边风光的吸引下，厦门大学、福州大学、鼓浪屿艺术学院的师生们，将雕塑工作室、绘画工作室搬到曾厝垵来。这里较少的人口和充裕的空间、自由的创作环境，有利于创作灵感的迸发。曾厝垵一度被称为“油画村”。

与此同时，作家、知名导演、影视制作人等也来到曾厝垵。软件园的建设吸引了一批懂得网络和 IT 的白领租客，他们通过网络平台进行宣传，使得曾厝垵知名度慢慢提升。2002 年左右厦大学生公寓建成后，带来了大量的人流，低廉的租金吸引大量厦大的学生前来曾厝垵租房居住，由此带动了客栈行业的出现，进一步促进商业配套的完善，曾厝垵的商业氛围逐步形成。

3）第三阶段：21 世纪初，文创渔村形成

2000 年，温州直达北京的动车开通，厦门交通区位得到改善，为厦门旅游发展创造了良好的机遇。曾厝垵以其良好的交通区位成为游客们住宿的次要选择地，在这样的条件下，曾厝垵客栈开始井喷式发展。

2004~2005 年，受鼓浪屿旅游热影响较大，陆陆续续有客栈进驻曾厝垵，像阿雷的梦旅人，后期陆续吸引了“晴天见”“三年二班”“黑店”等创意小店工作者前来。由于消防等安全问题，政府对家庭旅馆的管制措施较严。但他们坚持自己的经营理念，赢得了较好的口碑，逐渐发展起来。近一两年，政府关注农村经济的转型升级，家庭旅馆被当作带动农村经济发展的重要手段。

4）第四阶段：2012 年至今，曾厝垵的繁荣与发展面临的困境

随着厦门旅游行业的发展，更多的游客前来曾厝垵游玩，“全国最文艺渔村”的招牌打响。同时，曾厝垵内餐饮等商业发展势头强劲，土地价值不断上升；而文创产业创作期长，短期获益不明显，部分商家难以承受租金不断上涨的压力，迫不得已撤出曾厝垵，商业逐渐呈现吞噬曾厝垵的趋势。村民受利益驱动，一时间违章搭建风靡，原本宜人的街道尺度遭受破坏，建筑外立面混乱，电线杂乱无章，缺乏公共空间，基础设施建设滞后于发展等问题凸显。另外，曾厝垵的产业门槛低，烧烤、水果等小摊位不断占用街道空间和店铺，造成卫生脏乱、噪声污染等问题。

伴随曾厝垵的发展与演变，其空间建设状况亦随之发生变化。从空间拓展方向来看，曾厝垵空间拓展经历由东西向拓展为主，变为南北向拓展为主。前一阶段的拓展主要受村民生活习惯的影响，出于出海捕鱼的便利性的考虑，村民倾向于靠近大海建房居住。第二阶段的拓展主要受到征地安置的影响。由于村庄东西侧征地，村民宅基地分配逐渐靠南北侧分布（图 4-3）。

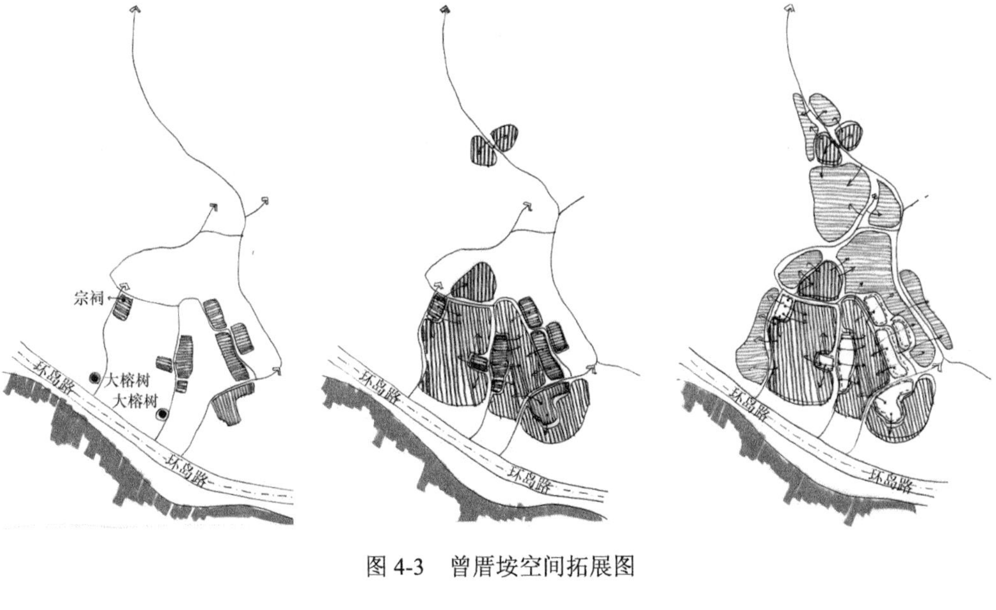

图 4-3　曾厝垵空间拓展图

从建筑形态的角度来看，曾厝垵建筑形态经历了古厝群——新式建筑群——有一定设计与规划的新型建筑群——多样化的建筑的变化。古厝群主要是渔村时期的主要建筑类型，随着时代的发展与受征地安置的影响，出现了新式建筑群及有一定设计与规划的新型建筑群。之后，曾厝垵客栈由兴起到大的发展，多样化的建筑出现（图 4-4，图 4-5，彩图 4-4，彩图 4-5）。

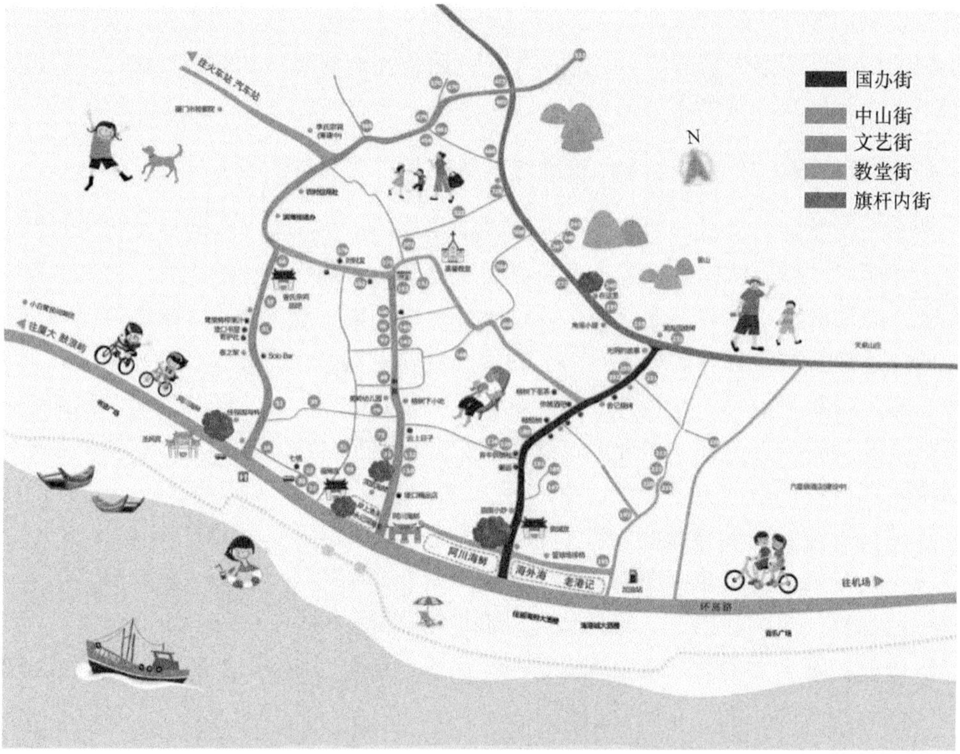

图 4-4 2010 年底曾厝垵手绘地图

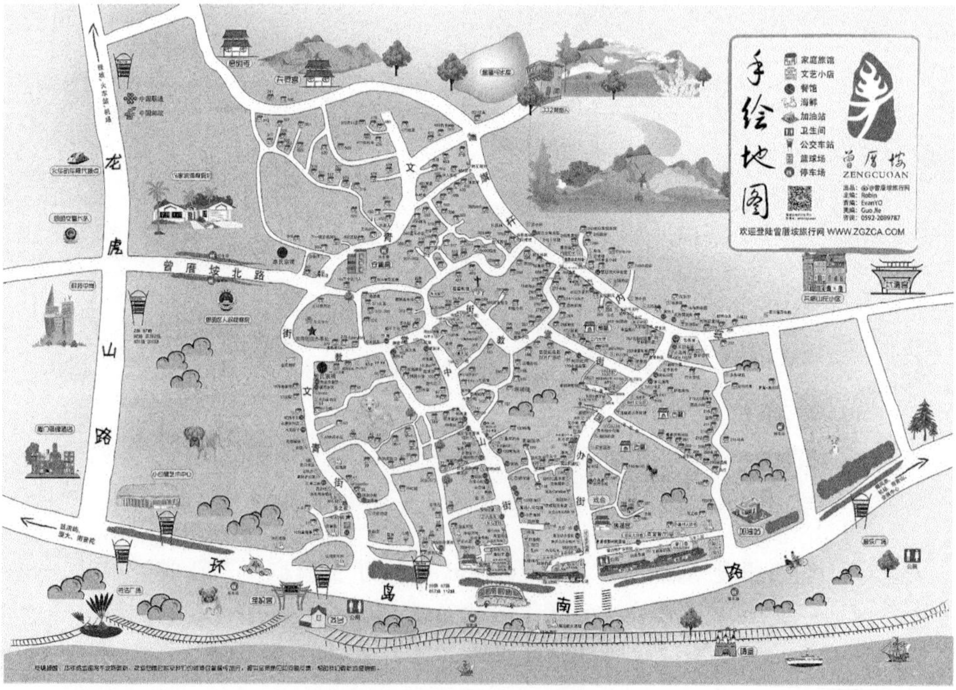

图 4-5 2012 年曾厝垵手绘地图

4.1.2 文艺渔村的多元文化

1）渔村文化

渔村文化是曾厝垵的历史沉淀，它渗透在曾厝垵的每个角落，经常可以看到的有关渔村的符号，手工制造的船的模型，挂在墙上的渔网，还有各种具有海洋味道的小吃。其实在2004年村改居以前，曾厝垵就是小渔村，村民以捕鱼为业，到1983年，渔船数量达到最多，有70余条渔船，是名副其实的渔村。至2009年，厦金航线开通，由于航线经过捕鱼区，政府以每条船4.7万元的价格予以渔民补贴，让渔民上岸。但是，渔村的记忆仍存在于每个村民的脑海里。关于如何修补渔船，如何出海捕鱼，如何编织渔网等技艺，及其背后所蕴含的渔村文化，赋予曾厝垵更为浓厚的文化气息（图4-6，图4-7）。

图4-6 曾厝垵渔村景象（网络图片）

图4-7 曾厝垵村民记忆中的渔船

2）宗教文化

厦门作为一个东、西方文化交融的地区，不仅受到传统的妈祖文化的影响，还受到了西方宗教文化的影响，这个小村落包容了佛教、道教、基督教、天主教等宗教流派。各种宗教建筑与宗祠在小渔村共存，建筑特色别具一格。

（1）拥湖宫：拥湖宫修建于元代，是曾家始祖建设的曾厝垵开山祖庙，俗称顶宫。其在村中地位最高，历史最悠久，位列众宫庙之首。修建本意为纪念宋代神医吴本真人和宋代渔家女杰林默娘，是曾厝垵内典型的道教建筑。拥湖宫位处曾厝垵人流往来最为密集的国办街。

（2）福海宫：福海宫始建于明洪武25年，是村中保护最完整、装饰最为精美的宫庙。宫中供奉武烈诸侯、保生大帝、天上圣母、大道爷、大圣爷等。是曾厝垵所有自建宫庙中唯一被列入《厦门市志》“宫观神庙”之“俗神宫庙”（图4-8）。

（3）基督教新教堂：道光二十二年、二十四年，陆续有4位英国牧师到厦门，以乡村为主要传道对象，在包括曾厝垵在内的许多乡村建立了基督教堂。20世纪50年代末因政治原因停用。后人于2006年在原址重建了如今的基督教堂。基督教堂位于教堂街，每逢周末会举行礼拜活动（图4-9）。

图 4-8　曾厝垵福海宫（网络图片）

图 4-9　曾厝垵基督教堂

（4）圣妈宫：圣妈信仰是曾厝垵人独一无二的俗神崇拜，源于“漂客之茔”，因圣妈的尸首位于所有漂客中央位置，当地人相信这是神灵降临，将其埋葬在圣妈宫所在的位置，为其超度，将其奉为至高无上的神明，保佑一方。圣妈宫正堂不足 $5m^2$，是曾厝垵香火最旺、信众最多、影响最广的宫庙。

（5）启明寺：启明寺为佛教比丘僧修行之地，传说明代时期本为土地庙，寺庙建于乾隆年间，主要供奉观音大士。每年农历十一月十七日是启明寺阿弥陀佛诞辰日，届时曾厝垵村以及周边地区善男信女齐聚寺庙内，进香拜佛，人山人海，热闹非凡。

3）华侨文化

20 世纪初，曾厝垵有大量村民下南洋谋生，曾厝垵成为名副其实的侨村。下南洋谋生的村民以曾氏家族成员为主，曾文杨、曾举荐、曾江水、曾国办、曾国聪等人在中国华侨史上都留下浓墨重彩的一笔。20 年代，曾氏家族成为厦门四大家族之首。曾国办是曾厝垵内旅居菲律宾的著名华侨，归国后投资发展家乡的道路建设。1927 年，曾国办投资兴建了当时的环岛路，即曾厝垵到镇北关的一段乡村公路，后起名为国办路。国办路全长 2.5km，大小桥梁 7 座。为纪念曾国办为厦门建设做出的贡献，曾厝垵将其正门道路命名为国办街，并在拥湖宫侧旁立下石碑记载此事。

4）古厝文化

据史书记载，曾厝垵出现于元代，因名为曾光绰的官员，为避难举家从江苏常熟迁移至此，并取名为“曾处安”，后被称为“曾厝垵”。曾氏成为曾厝垵内重要的一族，在南宋时期，其族人建曾氏宗祠，即创垂堂。曾氏祠堂几经战乱与纷扰，屡遭破坏。2004 年曾氏族人及来自新加坡、马来西亚、香港等地的宗亲出资 30 余万元，重修祖祠，为曾厝垵留下了宝贵的古厝资源。这些古厝资源，为曾厝垵清新灵动的氛围中，增添了一抹来自于历史的沉香（图 4-10）。

此外，曾厝垵内保存最为完好的古厝多为明朝官员蔡复一的府邸（图 4-11），主要分布在教堂路一段。这些古厝保有了闽南古厝的传统文化：其墙体高约 2m 左右的地方均由石材垒砌，为防潮之用；房屋一侧会有形似镜子的图案标志，取辟邪宝鉴之意，为家宅带来祥和之气；主屋屋顶有个高 1~2m 的阁间，用以家中求学之人读书，旁开小窗，一为通风之用，二则寓意寒窗苦读。

图 4-10　曾厝垵古厝（曾氏宗祠）

图 4-11　曾厝垵古厝（官员府邸）

5）创意文化

在一群文化青年（一般简称“文青”）创业的影响下，曾厝垵的每一个店铺的外形、招牌、装饰等无不透露着曾厝垵文青的创意想法，曾厝垵以文艺店铺著名，其中的特色客栈也是曾厝垵的一个明显的文艺招牌。曾厝垵现有客栈 300 多家，每间客栈各具特色客栈的名字和装饰无不承载着店主对创业梦想的深切的期望，其丰富多样的设计，给人们带来诸多的生活想象与快乐。如以漫画世界为主题的朵拉客栈，具有历史古韵的喜堂，多种多样参与活动的马克客栈，还有“三年二班”“羚羊客栈”等都给人们带来了别样的体验。曾厝垵的创意文化还体现在赋予人感官体验的物质与空间环境上。因曾厝垵特殊的地理环境及村庄特色空间格局，曾厝垵有着大大小小的街巷，每一条街巷都有着不同的风格。文青们将街巷进行装饰改造，打造了曾厝垵独特的街巷空间。巷子里的墙绘、简单的物品装饰，无不给曾厝垵增添了许多的文艺气息，并使得这小尺度空间富有了活力，走在文艺的小巷子里，游客也能实实在在地感受到曾厝垵的文艺氛围。

此外，酒吧与客栈内给人以浅酌吟唱的空间，店铺与客栈的室内装修风格与建筑风格，都可以给人带来不同的感官体验，丰富了空间内涵。

具有创意的标志与图案：曾厝垵内富有创意的店铺招牌、店铺指示牌，店前的小品与拜神，以及墙面的涂鸦，给人一种来自细节上的惊喜，游客总是能在这里找到新奇的或是有共鸣的元素，体现着在这里生活与经营的曾厝垵人的独具匠心（图 4-12 和图 4-13）。

图 4-12　曾厝垵的涂鸦（一）

图 4-13　曾厝垵的涂鸦（二）

除上述的物质空间外，曾厝垵的创意文化还体现在非物质层面，一些商家独特的经营理念，向人们传达着独到的生活态度，这些大部分人渴望而不可求的生活方式，在曾厝垵得到实现。如晴天见饮食店，之所以取此名，是因为老板只在晴天的时候开门营业，阴天、雨天或是其他天气状况时都停业，营业期间，老板会在门前弹奏尤克里里。这种独特的经营风格，使诸多游客慕名而来。

曾厝垵有那么一群青年，他们或是音乐人，或是资深博主，或是有着创意想法的创业者，他们怀揣梦想来到这个海边的小渔村，谱写了一段段属于他们的故事。

梦旅人音乐客栈，是曾厝垵最早开办、最具特色、最具文艺气质的客栈之一。音乐是客栈的主题，自由的艺术气息和浓厚的音乐氛围带给游客全新居住体验，还定期举办音乐会和邀请来自全国的乐队现场表演。故客栈吸引了众多来自全国各地的艺术家、青年学生和背包驴友。阿雷从2004年开始在曾厝垵经营客栈，已有10个年头。尽管在这些年间梦旅人的经营多次受挫，但他依然坚持自己的音乐梦想，将“梦旅人”做成了全国各地音乐人交流音乐、开办音乐会的地方。

在曾厝垵的146-1号，有一个叫“晴天见”的饮品店，几年来坚持“下雨不开门，周一不开门，早上不开门”的经营模式。来到曾厝垵旅游，店里的甜筒冰淇淋每天的口味都不一样，店门口还卖尤克里里跟小口琴，有时可以见到老板跟朋友弹尤克里里、打着手鼓。

小店很清新，老板有个性且文艺。值得一提的是，老板娘阿春被驴友称为傲美如张爱玲的女子，如果你面善且恰逢她心情颇佳，说不定收到来自她春风般的笑容和温暖的讯息。夫妻俩经营有方，将晴天见打造为曾厝垵第一饮品品牌。

曾厝垵海岸朵拉坐落于厦门环岛路频海临风处，思明区曾厝垵480号，于2013年开业（图 4-14）。朵拉客栈吴老板认为曾厝垵必须吸取鼓浪屿的经验，如果只是依靠旅游社的快餐式观光消费将不利于曾厝垵的长期发展。除此之外，需要注重公共空间，包括歇脚处、咖啡座等。因此，吴老板在朵拉客栈上耗费了大量的心血，精心装饰、自身独特的文化正好贴合消费者的需求，吸引了众多游客。朵拉客栈外面有个高耸的灯塔，象征着对人生的承诺；每个房间装饰风格不同，如同那些被用来命名的港口名字——西雅图的神秘浪漫，鹿特丹的丰腴美丽，上海的旖旎和精致……象征着发生在这里的故事。朵拉客栈在喧闹的曾厝垵中，让人得到久违的静谧和温馨，这也是让“海岸朵拉”这一品牌越打越响的重要原因，并成为游客前往曾厝垵住宿首选的客栈。

马克客栈位于曾厝垵215号（图 4-15），两亩菜地、三条狗、四层别墅，庭院宽敞，环境幽静，别墅主楼拥有16套不同风格的房间。50岁的马克本名陈清隆，原在台湾地区从事IT行业，高竞争带来高压力，虽然曾到过全球20多个国家和地区旅行，“但在紧绷的工作环境下，目的性很明确的商务旅行，往往忽略人生很多风景”。因此，2003年，马克落脚厦门。他曾经说过：“所谓旅行的意义，最好的方式是生活旅行，就是你在一个地方能够真正定下来，静静品味这个地方的独特人文。”2009年进驻曾厝垵，看中其近水背山的资源和环境，是一个天生丽质的自然村，并认为曾厝垵是最接近人们心里居住向往生活的地方，也是曾厝垵最吸引人的地方。2010年4月，“马克客栈”开张，虽然一开始营业额不好，但马克坚持做口碑行销，善待每一位客人，努力把他们当成家人和朋友，赢得他们的认可。马克秉持故事即风格的原则，在客栈内营造出了别样的风情。正如马克客栈的宣言：“我们打造的不仅仅是一间民宿，而是一种生活态度。”

水生门客栈和羚羊客栈分别见图 4-16 和图 4-17。

图 4-14 曾厝垵的民宿海岸朵拉

图 4-15 马克客栈

图 4-16 水生门客栈

图 4-17 羚羊客栈

4.1.3 曾厝垵的发展问题

1）过度商业化导致环境恶化

首先是公共空间缺失，环境恶化问题。随着违章建筑的增加，村庄内缺乏公共交流与休息的空间，沿街缺乏休息空间；烧烤、水果摊等店铺与摊档产生的油烟、垃圾，影响村庄的整体环境风貌；部分摊贩半夜经营，产生噪声，影响居民休息；街巷缺少合适的垃圾箱（分配的垃圾箱过大，很多商家不愿意摆放，怕影响生意），导致垃圾乱扔现象严重，村庄卫生环境较差。

其次是违章建设问题。部分商家抢占道路空间甚至休闲活动空间进行经营，导致空间秩序混乱：如以包围村内大榕树作餐饮店、占用宫庙广场卖水果等；村内电线杂乱，有碍观瞻的同时，又埋下安全隐患；村内房屋门牌号混乱，导致游客常常迷路，找不到目的地；房屋加建、违建严重，破坏了村庄原有的宜人尺度，部分巷道被阻断，成为断头路（图 4-18）。

(a) (b) (c) (d)

图 4-18 曾厝垵发展问题：（a）烧烤档无序；（b）巷道狭窄；（c）违章搭建；（d）垃圾管理不善

最后是基础设施匮乏问题。曾厝垵内共有两座公厕，均位于村口处，造成游客使用不便；曾厝垵内没有布置专门停车场，而村内大量空间已被建筑挤占，欠缺建设停车场的条件；曾厝垵越过环岛路到海边，无直接到海滩的通道，游客需要从低矮的堤坝处纵跃方可到达。

2）过度商业化削弱文艺氛围

随着厦门旅游行业的发展，吸引了过多的游客前来，餐饮等商业发展势头强劲，土地价值不断上升；然而，文创产业创作期长，短期获益不明显，部分商家难以承受租金上涨的压力，迫不得已撤出曾厝垵，商业逐渐呈现吞噬曾厝垵文艺气息的趋势。

另外，违章搭建使原本宜人的街道尺度遭受破坏，建筑外立面缺乏统一设计，电线杂乱无章，公共空间丢失。小摊、小贩占用街道空间，并造成卫生脏乱、噪声污染等问题，造成曾厝垵的居住环境品质下降，严重影响其“中国最文艺的渔村”品牌和文艺气息。

3）对经济利益的追逐激发村民与商家的矛盾

曾厝垵的快速发展以及政府政策的支持，使得曾厝垵吸引了越来越多的游客，快速商业化带来的结果就是土地价格的不断上涨。村民受经济利益驱使，不断上调曾厝垵的房屋租金，部分文创青年承受不了租金压力，纷纷迁走。文青离开了曾厝垵，吸引了更多商业组织进驻曾厝垵进行过度商业开发。经实地考察和游客访谈发现，越来越多的游客表示无法满足当初吸引自己前来的预期效果和对曾厝垵“最文艺”的期待。仍驻守曾厝垵的文青则对未来的发展深感忧虑，强烈表达意愿，共同寻求曾厝垵可持续发展之路。但是村民认为应该遵循市场规律，更为注重目前的经济效益，不断提升房租和扩建房屋。由于两个群体缺乏共识和有效交流的机会和平台，导致双方对曾厝垵的发展存在较大的分歧。

4.2 共同缔造工作坊的过程

4.2.1 前期调研

从 2013 年 10 月起至 2014 年 4 月，团队共进行了 6 次实地调研。在调研之前，团队成员广泛搜集曾厝垵发展相关的历史资料、新闻报道等，尽可能了解曾厝垵现状，特别是发掘曾厝垵内已有的群众组织，如代表商家利益的文化创意理事会、代表业主利益的业委会等。通过实地走访，了解曾厝垵空间发展状况、产业发展状况与现存空间问题等规划关注的基本特征。在此基础上，通过与曾厝垵社区、群众组织的合作，邀请曾厝垵业主（即村民）、商家参加座谈会，向他们进一步详细了解曾厝垵的发展历程，其生产、生活与经营现状等内容，并且引导大家讲述自己认为曾厝垵发展所存在的问题，对曾厝垵未来发展的展望与想法。规划团队及时对相关信息进行总结与归纳，并为规划初步方案主题的确定尽量收集群众意见。

随着座谈会的推进，原本对规划工作坊持围观态度的曾厝垵群众，在逐渐了解曾厝垵工作坊的目的后，群众开始主动参与到与规划师、政府工作人员面对面、平等交流与沟通中，共同探讨曾厝垵现状发展问题的解决方法，探寻曾厝垵未来发展的合理路径。群众的参与热情逐渐高涨起来，从被邀请到主动参与，为规划师提供个人的诉求与想法越来越多。在此过程中，规划师、政府与群众之间的距离逐渐拉近，为工作坊的进一步推进奠定了感情基础。

除推进座谈会外，规划团队在实地调研的过程中，还通过问卷调查与访谈的方式，与更大范围的商家、业主与游客进行交流，更进一步了解群众对曾厝垵发展的看法。

1）问卷调查

在工作坊调研的过程中，团队向游客共发放193份问卷。针对游客的年龄段、游客居住地、购买商品类型、曾厝垵吸引点、是否会建议他人来曾厝垵旅游等内容进行调研。

经调研，八成以上的受访者年龄段为18~30岁，受访者中近八成的游客来自于厦门市以外的地区，其中大量游客来自于东北与中部地区，其游客吸引范围已经超过厦门市。这表明，曾厝垵吸引的主要群体是年轻人，这部分人群更多喜欢富有文艺气息与新奇事物的地方，曾厝垵目前的宣传活动等都围绕这个核心开展，打造"中国最文艺的渔村"，吸引大量年轻人来此游玩。

在旅游目的方面，超过六成的游客表示以观光、逛店为目的，超过两成的游客表示是被网上的旅游攻略所吸引来此旅游。超过八成的游客认为文艺十足的特色小店是最吸引人的地方，超过六成的游客觉得美食也比较具有吸引力。由此可见，文艺气息是曾厝垵最具吸引力的地方。另外，各色各样的店铺与琳琅满目的商品，也是促进曾厝垵商业迅速发展和沿街店铺数量不断增多的重要原因。不少游客表示，网络宣传对于塑造曾厝垵良好形象和提升曾厝垵的吸引力等有着积极的影响。

然而，商业化对于文艺发展的冲击与侵占，对曾厝垵发展产生极大的负面影响。在对曾厝垵现状问题的分析上，绝大多数游客表示曾厝垵垃圾处理不到位而导致的环境问题，对曾厝垵形象影响最大，希望能够通过增设垃圾桶等方法改变现状。此外，很多游客反映曾厝垵内门牌号混乱，缺乏有效的道路指引与标识，导致来此旅游常常迷路，无法顺利到达目的地，希望增设相关标识设施，便于游客出游。另外，还存在摊贩占道经营，缺乏正规管理，经营行为不诚信等问题，游客希望可以通过相关制度建设，加以缓解与遏制。寻找商业发展与文艺发展之间的平衡点，是曾厝垵未来发展的重要指导思想。

2）2014年3月6日座谈会

2014年3月6日，曾厝垵工作坊团队与为曾厝垵的文艺发展做出重要贡献的文青一起，围绕来到曾厝垵的理由、曾厝垵的吸引点、曾厝垵发展现状问题，以及曾厝垵未来发展方向等进行交流与讨论。通过座谈会，团队了解到吸引文青来到曾厝垵的重要原因是曾厝垵背山面海的自然景观和清静怡人的环境。然而，由于商业化的发展，导致租金不断上升，文青的生活现状堪忧。此外，游客越来越多，环境卫生变差，文青对曾厝垵未来发展表示担心，认为如何找到曾厝垵商业与文艺发展的平衡点，搞好曾厝垵环境卫生，充分保护与利用其山与海的资源，是曾厝垵未来发展的重点。针对此次座谈会上部分文青的发言进行总结：

（1）文艺是曾厝垵的亮点。最初来到曾厝垵，是对曾厝垵怀有一个文艺田园梦的。然而，随着商业化气息越来越浓厚，文艺的特点慢慢消失了，看不到乡村、院落，看到的都是城中村的感觉。曾厝垵的未来发展首先要弄清楚渔村的味道是否保留；曾厝垵特有的东西在哪里，优势在哪里，文艺的概念在哪里；什么是文艺等问题。笔者认为每个文青都是有理想与抱负的，应当扶持他们，挖掘闽南文化，发展本地文化，创造好的口碑与名气。

（2）曾厝垵的海滨文化具有吸引力，客栈接待的游客中很多人奔着海来。将大海使用权还给村民与经营者，让曾厝垵与大海结合在一起，这才是未来的出路。海边的自然渔村，轻松和缓慢的生活节奏，是很多人想来曾厝垵的主要因素。曾厝垵的关键在于牵动大家想要生活的心，让他们来感受生活。现在曾厝垵发展，经营环境很糟，破坏了原本的宁静特质，需要制定政策和村规强化管理。

（3）曾厝垵很安静，是乌托邦的地方。近年曾厝垵从安静变得商业化，但商业也可以文艺化。曾厝垵有一定的文化积淀，这种文化需要传承。但曾厝垵绝不能变成违搭乱建的“展览会”、烧烤村或者卖芒果村落。大家希望制定相关的政策与制度来规范曾厝垵的发展。同时，可适当对后山进行发展。曾厝垵的发展不要只局限在村庄内，适当外扩是很必要的。

3）群众访谈

2014 年 4 月 1~4 日，团队分为多个小组，在曾厝垵内对游客、村民与经营者进行随机访谈。通过访谈了解曾厝垵内不同群体对曾厝垵建设的意见与看法，对于具有代表性的访谈内容整理如下。

大部分游客认为网络宣传是游客了解曾厝垵的重要渠道，喜欢来曾厝垵的原因包括其轻松的氛围、文艺店铺、靠近鼓浪屿和大海等。但曾厝垵目前存在的问题有环境卫生变差、指引系统不清晰、交通安全隐患（人和自行车混行）、与海边的联系性、商铺的食品价格与质量缺乏监控和统一管理等。

经营者对曾厝垵的发展前景较为看好，他们认为渔船最能代表曾厝垵。希望曾厝垵在未来发展中找回以前文艺的东西，如将音乐等找回来；曾厝垵北路以北的文青街路段缺乏吸引力，缺少标识牌引导，游客难以被引导进入其中；建议在村内打造 1~2 处有当地特色的休憩空间，利用水库及周边环境打造公共休闲空间，与三角梅植物园联动发展。曾厝垵西北角垃圾堆放问题严重，亟待解决。建议要重视消防安全问题，要设置充足的消防栓，梳理杂乱无章的电线布置。

村民关心的是自身的收入与环境问题，认为曾厝垵未来的发展需兼顾全体村民收入，要使全村的经济发展和物质环境建设协调发展。并认为曾厝垵存在的问题有：村内公厕太少，存在游客随地大小便的问题；公共场所摊位出租的费用被村委会收取后，却不知道钱花到了哪里；曾厝垵客栈无税收贡献，应当适当收取税收；曾厝垵消防设施太差，希望能够改善。

4）2014 年 4 月 1 日座谈会

2014 年 4 月 1 日，在滨海街道、曾厝垵社区、文创会以及工作坊团队的发动与组织下，曾厝垵内村民及经营者代表在滨海街道二层会议室召开座谈会。会议围绕曾厝垵发展历史、曾厝垵租金变化、对曾厝垵发展的意见与建议，工作坊团队与村民及经营者进行了讨论与交流。

社区书记与村民将曾厝垵分为四个阶段向大家介绍曾厝垵的发展历史，大家相互补充，逐渐将曾厝垵的发展历程完整起来。此后，曾厝垵商家代表们就曾厝垵租金的变化做了介绍：2009 年至今曾厝垵村民收入增长 10 倍，2012 年至今租金涨了 3 倍左右。现在店面价格大多为 400~600 元/m^2，旅店为 80~100 元/m^2。沿街租金高，内部主要经营旅馆，底层以村民自住为主。为了维持文创经营者的生存，政府从村民手中租用 5 栋房屋，以较低价格转租给文创经营者。

对曾厝垵发展与规划的建议，社区书记、村民与商家各抒己见：认为要吸取鼓浪屿的经验。曾厝垵的旅游必须形成品牌，向周围辐射，向山海发展。避免形成 15 分钟游览线，加上曾厝垵本身文化的东西吸引力不足，未来要注重对渔村文化的挖掘。一是需要规范客栈管理，出台相应的管理办法。二是规划可从物质空间改造、基础设施完善着手，注重公共空间营造，包括歇脚处、咖啡座等。曾厝垵目前十八巷的规划落后于五街。十八巷的公共服务设施与空间需要提前介入，进行配置，挖掘十八巷的命名，打造重点巷。注重街道外立面与店铺装修，营造文艺气息。三是通过与文化部门签订长期协议，定期举办文艺等活动。

5）2014 年 4 月 15 日曾厝垵入店访谈

4 月 15 日下午工作坊团队在曾厝垵茶艺店与店家等进行了深入的探讨与交流。经过访谈发现，面对现在的发展趋势，商家们担忧的主要问题是消防、垃圾以及安全问题，对于发展的前景也有所担忧，认为客栈是曾厝垵发展的根本，是最应该保护的对象。此外，双方共同商讨曾厝垵发展的历史及组织管理的问题。

店家纷纷表示对于曾厝垵发展的最大担忧和最应迅速解决的问题是消防问题。其次是突发事件，曾厝垵房屋建筑密集，一旦发生突发事件，会造成严重的后果。同时，由于店家不愿将垃圾桶放在自家门口，导致游客无地方扔垃圾。曾厝垵内公厕很少，无法满足游客需求。

面对店家越来越同质化和店铺如何才能真正在曾厝垵扎根的问题，店家说曾厝垵内三分之一的店家赚钱，三分之一的店家保本，三分之一的店家在转让，这都是因为租金的压力。店家的个性和创意都要看预算，租金太多就没有预算了。曾厝垵属于自己特色的东西逐渐减少，曾厝垵是通过文化创造和传承打造属于自己的特质的地方，店家表示如何创造和传承仍然需要深入讨论和挖掘。他们也表示，鼓浪屿有历史积淀，曾厝垵只是一个渔村，在改造的时候需要考虑到村民的利益。

同时，店家还提出，曾厝垵的发展在于客栈不断增加，带动游客数量增加，客栈是曾厝垵的根本，是重点保护的对象，推广活动和文化宣传可在客栈举办。

关于曾厝垵网络推广的设想，店家表示曾厝垵目前网络宣传没有联盟，网络推广还不成熟。但开始做豆瓣、博客之类的，让游客通过网络认识曾厝垵。

在谈到曾厝垵管理组织现状时，业主委员会是代表村民利益的组织，文创会是代表经营者利益的组织。村委会是代表村民的利益。文创会主要发挥与政府对接的作用。

6）2014 年 4 月 15 日集盒艺术营访谈

集盒艺术营位于曾厝垵北路以北，环境清幽，以艺术家工作室为主，进行文化创作，如音乐活动策划、原创服饰展销、雕塑创作等，同时经营有客栈、咖啡厅。在 4 月 15 日，规划团队在集盒艺术营对集盒-鸟窝客栈员工、闲着原创服饰工作室老板进行访谈，以了解与曾厝垵相邻的集盒艺术营的文青对曾厝垵发展现状的看法。经过讨论，他们认为曾厝垵在商业化背景下已经去差异化了，目前的特征就是便宜；客栈合法化很重要，但是缺乏量化的评价标准；拆除违章的前提必须是得到的好处大于拆除的损失；曾厝垵以前经营的是梦想，现在经营的是利益。

当提到集盒艺术营距离曾厝垵比较远，艺术营的市场有多大，经营中主要遇到什么问题时，团队了解到集盒艺术营主要的宣传渠道是通过国内的网站如游多多、去哪儿网、艺龙网等进行宣传，这些网站会提供一定空间给客栈。但是目前无法大规模地派发广告，只能在一些特色的如攻略上进行软推广，进行口碑营销。认为当前遇到的主要问题是客栈不能正规化。

在讨论到是否愿意牺牲部分建筑作为合法化的条件时，他们表示自己也不愿意看到公共空间被侵占，相关利益问题可由大家来协商。

7）2014 年 4 月 15 日曾厝垵工作坊座谈会

2014 年 4 月 15 日，曾厝垵工作坊团队与区宣传部陈部长、滨海街道卢彬书记、社区黄清杰书记、文创会宁军等在思明区政府大楼进行了座谈（图 4-19），对工作坊目的进行了介绍，让思明区、街道、社区等对曾厝垵的发展与出路形成一定的判断与共识，同时确定本次工作坊需要解决的核心内容。

曾厝垵目前存在过度商业化危机，背后存在很多问题，包括文艺气息、历史文化逐渐丧失，消防设施、环保、供电等硬件配套跟不上。希望通过本次工作坊，可以发动群众积极参与到工作坊的活动中，让大家对曾厝垵达成共识，提出一些原则性的内容：

（1）工作坊的性质来源于美丽厦门共同缔造，曾厝垵是自发形成的，需要引导。如公众参与，让群众意愿更好表达出来。通过大家讨论，发现了曾厝垵存在的问题，对探索曾厝垵的可持续发展有好处。一是如果放任其发展会导致过度商业化，过度商业化后很快会导致衰弱。二是如果本地的居民和历史文化都消失了，以后就没有厦门味道了。三是希望曾厝垵可以作为城中村改造的好模式。现在是否可以让更多的人参与到这个地方的发展中来。因此希望通过工作坊形式来发现曾厝垵的问题所在，并提出解决方法，使大家（包括游客、村民、政府等）对曾厝垵的发展都有一种地方感的共识，从而推进曾厝垵的良性发展。让曾厝垵更加有序、可持续发展，要有专业的团队进入，还要有政府部门、基层单位、社区老百姓一起参与进来，把事情做好，形成良好的发展模式。团队希望通过工作坊的机会来开创厦门的社区规划新模式。

（2）社区的公众参与很重要。当前的改造，希望看到公众的困难与要求。在前期调研中，广泛征询他们的意见，尽管他们提的意见不一定都是对的，但工作坊团队可告诉他们原则性的内容。

（3）现在曾厝垵的发展确实越来越无序。有些问题，如消防、用电隐患等很危险。曾厝垵为什么要做工作坊，要让他们认识到这些问题的严重性，也让他们参与到改造之中。

（4）政府有关部门要达成共识。首先是公安、供电等部门。其次是业主租金与市场效应，业态上要有所控制。最后是租金要有所限制。这些深层次的问题需要机制导入，否则工作很难进行。我们要走好群众路线，征集意见，有序发展。

（5）曾厝垵最主要的问题是造血机制存在很多局限性。可由社区、居委会成立公司，由该公司将相关资源规范化，包括有些品牌价值推广。通过造血来反哺文艺、文化，树立文创青年的先锋，同时对渔村的文化、非物质进行资金、政策的保护。加强文青的文艺认领工作，保护古厝。通过评选十大文创活动，对民宿文化、渔村文化等进行复兴和保护。

图 4-19　曾厝垵前期调研座谈会与走访访谈

4.2.2　初步方案主题的确定

2014 年 4 月 15~16 日，依据前期调研归纳总结的资料，绘制曾厝垵发展的现状分析图，更为清晰地把握曾厝垵发展现状。与此同时，以群众意愿为根本，以问题为导向，确定曾厝垵初步方案的主题与规划策略。根据群众意见反馈与实地调研所获信息可知，曾厝垵发展存在的主要问题有：过度商业化，冲淡文艺气息；环境卫生差，基础设施不完备；客栈管理缺位，发展遭遇瓶颈；制度建设缺乏，发展秩序混乱；业主与商家关系不佳，经营氛围不善；公共空间缺少，无休憩交流之地。针对这些问题，规划团队拟定初步方案的主题，即从环境整治、场所营造、机制创新三方面入手，以营造具有地方感的公共空间，完善市政公服的配套和管理，形成政府与社会组织新型管理方式的策略，拟定曾厝垵规划方案。

4.2.3　第一次公众咨询会

2014 年 4 月 16 日，曾厝垵公众咨询会：在拟定初步方案主题后，规划团队与社区工作者共同邀请群众代表参加公众咨询会，介绍完初步拟定的主题及拟定的原因后，三方就此展开讨论。在讨论中，规划师、政府工作人员与群众均认为方案主题可行。在此基础上，三方共同拟定了主题之下更为细化的研究明细，群众针对自己最为关心的公共空间建设、卫生管理与客栈管理等内容，详细阐述了自己的想法与意见。在规划师的引导下，大家一同选取了此次规划场所营造的具体空间点，为规划方案设计奠定了基础。

2014 年 4 月 16 日，曾厝垵工作坊成员与群众代表、滨海街道办主任、曾厝垵社区书记在思明区滨海街道二楼会议室就曾厝垵社区发展历程、现状问题和未来展望共同进行探讨。围绕“曾厝垵的梦想”“如何让客栈合法、合理地经营下去”“如何通过共同管理来解决卫生问题”等核心问题展开热烈讨论（图 4-20）。

图 4-20　曾厝垵共同缔造公众咨询会

经过公众咨询，大家共同总结了曾厝垵存在的问题：本地居民少，本地特色要素基本消失，乡愁的味道也随之消失；店铺同质性强；文艺创作的要素正逐渐消失；游客数量增多，但基础设施的承载力跟不上，包括消防设施、排污设施、保洁设施等；管线杂乱；公共空间缺乏。

4.2.4　规划方案的设计

2014 年 4 月 16 日工作坊团队讨论会：规划团队对公众咨询会的讨论结果进行总结，以此为依据，结合专业判断，从以下方面入手，进行规划方案的设计，在设计过程中，充分考虑群众意见与建议，力求方案既符合科学规范，又满足群众之需求（图 4-21）。

（1）环境整治：分区主题策划；巷道疏通；设施配套完善；街道整饰。

（2）场所营造：连接曾厝垵与海的渔桥；曾厝垵入口广场；曾氏宗祠门前广场；基督教堂雕塑广场；海螺公园 • 清吧；海之歌音乐广场；音乐符号广场。

（3）机制创新：创新公共事务管理模式；规划客栈管理制度、违建管理制度、卫生管理制度、社区规划师制度，成立社区公共资产管理公司。

2014 年 4 月 16 日，在厦门大学，中大与厦大交流会上，针对本次曾厝垵的规划内容以及任务安排进行协商讨论。厦大团队提出了打造两个示范区，分别通过自上而下和自下而上两种模式进行空间改造，作为正面引导的改造方式；中大团队提出了结合本轮规划周期短的特点，更多注重节点改造设计，在进行空间整治的同时，提出相关的制度方法，实现空间优化的目标。最终确立了阿川海鲜与拥湖宫之间的主入口空间，基督教堂铁门入口广场，关云长烧烤吧广场，梦旅人和水库，朵拉旅店前的三角绿化废弃地块，金门大赞对面巷道内的荒废绿地，中山街入口的榕树三角路口，教堂街上破旧的古民居以及旁边荒废的公共绿地，中山街入口与国办街入口之间大型公共绿地，入口处的人行天桥（在环岛路上架桥）。

在打造节点的时候，一方面是建设公共空间；另一方面是需要拆除部分，涉及利益平衡问题，要说明补偿办法，通过公共空间的治理来讲明拆迁补偿的事宜。

另外，在体制建设上，提出了关于基础设施、违章搭建改造方式与补偿问题、社会组织商会配套措施等，结合节点设计表达制度配套改造实施。

图 4-21　共同缔造方案设计

4.2.5　第二次公众征询会

2014 年 4 月 19 日公众意见征询会：在规划设计方案完成后，规划团队与社区工作者邀请群众参加公众意见征询会（图 4-22），将规划方案成果制成展板，在会前供到场群众浏览。团队向群众解说规划方案，回答群众所提问题。在此基础上，群众针对具体方案提出自己的想法，并与政府工作人员、规划师一起针对具体问题进行讨论，三方在讨论过程中达成了共识。

图 4-22　曾厝垵共同缔造公众咨询会

4 月 19 日，规划团队在初步规划方案完成后，在滨海街道二楼会议室召开公众意见征询会，与会人员包括滨海街道主任、曾厝垵社区书记、小白鹭艺术中心代表、工作坊团队成员、群众代表、曾厝垵文创会成员等。

公众意见征询会开始时，两家团队进行方案介绍，随后政府部门与群众代表针对方案与团队进行讨论与交流。主要参与者意见整理如下。

小白鹭艺术中心代表提出，作为一个最文艺的渔村，小白鹭可作为节点进行很好的提升。文艺爱好者可到小白鹭进行创作，随后在曾厝垵作为一种实践，让游客了解厦门古来的南音、地方戏，创造与游客互动及学生实践的机会。在此基础上，还可以整合厦门的五大乐团，整合资源在曾厝垵内做展示。所以此次规划中，希望曾厝垵可以与小白鹭加强合作。

在公共空间方面，文创代表认为人行天桥、曾氏宗祠、教堂广场、音乐广场、水库广场等节点的改造方案可行性很大，但执行力度较大，加之资金上存在难题，可选一两个成熟的先做。在公共资产运营方面，相关方案可行性强。在公共设施建设方面，垃圾桶、厕所、消防栓的建设势在必行。如何推动消防规划等，可进一步完善与深化。在公共环境建设方面，宣传环保、低碳出行可以深度发掘，把责任担当起来。在违章建设方面，应出台相关政策强化监督和管理。

4.2.6 方案修改与汇报

根据方案咨询会达成的共识，规划团队对规划方案进行了深化与修改。规划团队再一次向群众与政府部门汇报了规划方案（图 4-23）。自此，美丽曾厝垵规划工作坊工作落下帷幕。这份反映政府、规划师与群众广泛共识的规划方案，将共同参与家园建设的种子埋入了每一个曾厝垵人心中。它除了为曾厝垵未来发展提供了可参考的建议外，还为后续更为广泛的群众参与的美好环境共同缔造规划实践活动做了铺垫。

图 4-23　方案汇报

4 月 20 日上午，工作坊团队在思明区政府大楼召开工作坊方案汇报会，思明区书记游文昌，思明区副书记郑一琳，思明区缔造办主任李祖光，厦门市规划局局长赵燕菁，滨海街道党工委书记卢彬，曾厝垵社区书记黄清杰等参加了会议。会议由思明区副书记郑一琳主持。主要介绍了此次工作坊的全部过程与修改后的具体方案，随后对此次工作坊活动及相关方案进行了评议。汇报会得出的主要结论与思考如下。

1）曾厝垵模式是城中村改造的新模式——参与式社区规划工作坊

城中村的问题是城市化过程中一个重要的研究课题。作为学者，应长期探讨下去。另外由大学举办的参与式社区规划工作坊，与由政府部门举办的性质不同。当地的各种团体对曾厝垵社区已有很好的见解，这为曾厝垵未来长远发展奠定了坚实的基础。曾厝垵社区工作坊并不是一个最终成果，而仅是一个开始，主要目的是把公众参与热情调动起来。

在工作坊的过程中，发现曾厝垵有几位可成为社区规划师的人才，如朵拉客栈的吴老板、文创会的小纪这样的年轻人。因此，可以考虑请他们来做社区规划师，让他们自己来做对外宣传。

2）街道意见：肯定工作坊的成果，积极探讨工作坊的实施

工作坊汇报虽是初步的成果，但在曾厝垵需要解决的问题方面，做了系统、专业的梳理，对日后街道的工作起了很重要的指导作用。同时，工作坊的工作过程是曾厝垵弘扬正能量的一个过程，也是统一村民、经营者、干部的思想的一个教育的过程。共同缔造工作坊的机制，从街道层面希望工作坊团队在曾厝垵工作坊实施的后期能够做一些跟进的工作，特别是体制和机制层面。另外，社区自治管理模式的问题，也给了管理者很大的指导。

3）区委、区政府意见：推广曾厝垵工作坊的自治管理组织模式

一是把握曾厝垵的核心吸引力。曾厝垵的文艺需要文青创造，需要有衣食无忧的条件去支持文青。二是自我约束，这是最根本的，通过自我约束才有可能在商业中保持文艺与文化定力。三是管理提升，面对一些违章、违法、违规行为要站在政府的立场上，坚决反对，一定要留出公共空间。四是希望规划能够进一步推广，向周边延伸是不错的想法。

此次规划工作坊取得了一定的成果。一是对整个系统的提升很好，二是实现了两个突破，解决了违章问题和卫生保洁问题。三是在创新方面有新的亮点。从理论规划的角度怎样转化为行政管理的现实可行性的问题一直是政府探索的，这次工作坊正体现了这一点。如行政管理方面，团队提出成立资产管理公司和管理事务中心，很好地解决了依法行政管理方面的问题。

方案中对渔桥建设的意见是很好的。软件是曾厝垵最需要突破的地方。成功社区的营造需要三个方面，一是政府，二是社区自治组织，三是社区规划师要接地气。只要三方共同努力，曾厝垵成为全国的典范是有可能的。

工作坊的形式很好，很接地气。工作的内容很全面，能够把工作做细，能够提出很好的建议，能够对整个曾厝垵形成比较好的愿景和引导，对曾厝垵的店家传递正能量，起到很好的作用。曾厝垵工作坊提供了一种参考，可以复制到其他的社区中进行实践。

自治就是自己管理自己，自己提供公共服务，需要把自治的组织建立起来。自治组织一旦建立起来，将比政府部门干预更为有效。社区工作坊是一个非常有意义的项目，要继续推广下去。

工作坊的内容不仅包括与居民、店主的访谈以及不同时段对曾厝垵内部的调研，还包括与不同群体的利益相关者建立相互信任、相互有效沟通的平台，深入了解不同的店主的创业故事和他们面对的困境，帮助居民和商家积极寻找和探索曾厝垵社区建设的持久之路，促进居民、店主以及工作坊团队三方对曾厝垵未来发展达成共识：面朝大海，春暖花开，重塑曾厝垵文艺气息，使其成为真正的“中国最文艺渔村”。

4.3 共同缔造工作坊方案

4.3.1 发展愿景

海子的名篇《面朝大海，春暖花开》描绘了尘世的清新可爱，充满生机活力的幸福生活。而曾厝垵，正代表着这样一种生活方式。多少曾厝垵人，或是土生土长，或是怀揣梦想来到这里，或是到这里嬉戏游玩。

曾厝垵通过这几年的发展，知名度在国内乃至国际上大大提高，被称为“中国最文艺的渔村”。曾厝垵鳞次栉比的创意店铺，每一块招牌、每一个角落无不透露着文艺气息，全国各地的文青来到厦门，都要去曾厝垵“朝圣”。曾厝垵的文艺店主和全国各地来的文青，将曾厝垵的文艺氛围烘托得越来越浓厚。他们对曾厝垵的发展也秉持了自己的理想，希望曾厝垵可以成为自己生活的理想之地。

“我们需要商业，但不是商业化，需要更好的人文、文化，将理念照进现实中。我们也乐意做公益活动，从宏观方面引导曾厝垵走到春天。”——梦旅人音乐客栈 阿雷

“家庭旅馆是曾厝垵发展的发动机。为了曾厝垵的可持续发展，需要出台相应的指导法规，引导其健康发展，也希望有很多机会来跟大家一起讨论曾厝垵的健康发展”

——朵拉客栈老板

“我觉得对于曾厝垵来说，游客不该是过客，而是曾厝垵的村民。曾厝垵本该成为大家愿意安居乐业、具有安全保障意识的地方，应注重建设公共区域，为游客办理村民证，让游客也成为村民。”

——三年二班

“曾厝垵是个好地方，接近人们心里想要生活的地方，强化曾厝垵的文化，将曾厝垵的信仰发扬光大。”

——马克

对于曾厝垵的文青而言，曾厝垵是因海而生，是他们实现梦想的地方。曾厝垵背山面海的地理环境，使他们无不体验到山与海给他们创造的灵感，宜人的小巷和低矮的房屋，还有厦门四季常开的鲜花都给文青和居民带来无限的想象，他们不仅希望旅游业可

持续地发展下去，还希望曾厝垵时刻保持“家”的感觉，大家一致认为“面朝大海、春暖花开”充分表达了大家对曾厝垵未来的愿景。

4.3.2 工 作 思 路

1）营造有地方感的公共空间

明确曾厝垵作为厦门重要的闽南渔村文化体验、文艺产业集聚、客栈综合服务的功能定位，坚持延续历史文脉与鼓励文化创新相结合的设计理念，充分结合曾厝垵的文化底蕴与文创特色，强化基底、巷道及空间的相互关系，以群众参与为核心，规划师、政府与群众三方通过工作坊构筑的平台进行平等对话、交流与合作，共同建设美丽曾厝垵。

以公共空间建设为抓手，促进环境改造进程，倡导群众参与，为文艺青年、艺术家提供更为良好的创作条件，为游客提供更为舒适、宜人、具有吸引力的游览与休憩的空间场所。与此同时，引导曾厝垵商业与服务业的良性发展，破解过度商业化带来的环境问题与社会问题。

结合曾厝垵的渔村文化与文创文化，完善曾厝垵地面人行步道系统，建设跨越环岛路连通海滩的人行天桥，满足到曾厝垵旅游的游客“亲海”体验的需求，打破文创村与北面山体的隔绝，引导临山客栈开放内部庭院，方便游客上山进行山林体验，形成山-厝-海的联系，增加曾厝垵景观的丰富性。在确保游客安全、避免交通隐患的同时，强化曾厝垵标识性，提升其旅游品质。

2）完善市政设施、基础设施的配套和管理

基础设施建设不足而导致曾厝垵诸多环境问题与发展问题的产生，如因垃圾回收站建设不足或不合理而导致的垃圾乱堆现象、因消防设施建设不完善而导致客栈发展受阻等，而相应的管理缺位，亦导致这些问题进一步恶化，甚至激化社会矛盾，导致曾厝垵发展的不可持续。

因此，曾厝垵应当借助政府相关部门、社会组织与群众协商合作的力量，在基础设施建设与相应管理制度的建设方面实现突破，将曾厝垵引上良性的、合理的、可持续的发展道路。如增设垃圾桶，加强卫生整治力度；疏通路网，规范行车与停车等。

3）形成政府与社会组织新型的管理方式

在此次工作坊中，社区、规划师与群众针对曾厝垵发展存在的具体问题，整合辖内商家资源，构建较为完善的群众组织和挖掘潜在群众力量的管理组织架构，并结合相关的空间建设活动与具体管理事项，拟定相应的管理制度，在优化与提升曾厝垵环境风貌的同时，完善其管理制度，促进曾厝垵社区自治的发展，为更为广泛的群众参与奠定基础。

综上所述，曾厝垵未来发展应走自治的道路，即不能仅仅依靠政府的力量进行管理与推动。因此在管理方式创新的过程中，应进行针对具体的管理事务，建设具有针对性的专门的管理机构，使其在管理实践中，逐渐走向专业化，成为曾厝垵自治的重要力量。

4）建立社区规划师培训体系，培养曾厝垵自己的社区规划师

曾厝垵的社区营造需要可持续发展，在良好的组织与制度的支持下，可巩固现阶段缔造的成果。然而，如何保持曾厝垵通过自身力量及时解决发展中存在的问题，促进曾厝垵的不断发展，则需要培养一支具有规划素养的社区规划师团队。通过发动、组织与吸引有责任感的村民和店主进行社区规划相关培训，组成社区规划师团队，共同拟定社区规划师培训的多项管理制度，如社区规划师选拔机制、培训课程设置、社区规划师活动等。以此在进一步激发社区群众参与共同缔造的同时，为推动社区自治的不断发展奠定基础。

4.3.3 规划方案与行动计划

1. 曾厝垵功能分区方案

通过实地调研，在对曾厝垵各个片区文化、自然、创意资源详实了解的基础上，根据各片区具体资源的分布情况，结合对游客游览特征与人流集中区域的分析，在充分发挥各片区资源特征，凸显片区特色，带来各具魅力的游览体验的同时，整合区域资源，使曾厝垵围绕其历史文化与文创文化的特色，从整体上成为一个具有空间建设与产业发展秩序的景点。这些举措，可以从整体上优化曾厝垵的发展路径，提升曾厝垵的旅游品质，因而建议对曾厝垵进行功能片区的划分，并为每个发展区寻找适合的主题（图 4-24）。

具体功能片区划分的主题如下：

（1）A 区主题：海滨音乐文化。A 区临海，浪漫氛围浓郁，片区内有已建成的音乐广场，台湾地区音乐者牵头举办的音乐活动的开展，在音乐文化的发展方面拥有很好的基础。因此，A 区应结合现有的条件，打造滨海音乐文化区，增添曾厝垵的文艺气息与轻松愉悦的氛围。

（2）B 区主题：国办路历史文化。B 区内主要道路为国办路，其名称来自于华侨曾国办捐建的厦门第一条马路，这体现了其深厚的历史底蕴。该片区内还包括了具有丰富历史文化的拥湖宫与部分古厝，可在此打造体现曾厝垵发展之历程、文化之传承的时光长廊，集合群众力量构建承载曾厝垵记忆的博物馆。因此，B 区可结合资源现状，打造国办路历史文化区，唤回曾厝垵发展之记忆。

（3）C 区主题：文艺“小资”文化。C 区临街店铺数量较多，部分具有文艺气息与特色的店铺分布在这里，且由于位于曾厝垵的主入口处，汇集了大量的人流，作为曾厝垵最具吸引力的文化特征——文艺“小资”文化，应当在这一区域有所体现。因此，C 区可打造为文艺“小资”文化区。

（4）D 区主题：饮食娱乐文化。D 区内主要道路为文青街，文青街两边的临街店铺，大多经营餐饮业，包括销售手信、水果与小吃的摊点，成为曾厝垵餐饮娱乐集中分布的区域。因此，可以结合这一特点，将 D 区打造成为饮食娱乐文化区，在满足游客的就餐需求的同时，避免出现其他区域因餐饮业过度发展而遭遇的困境。

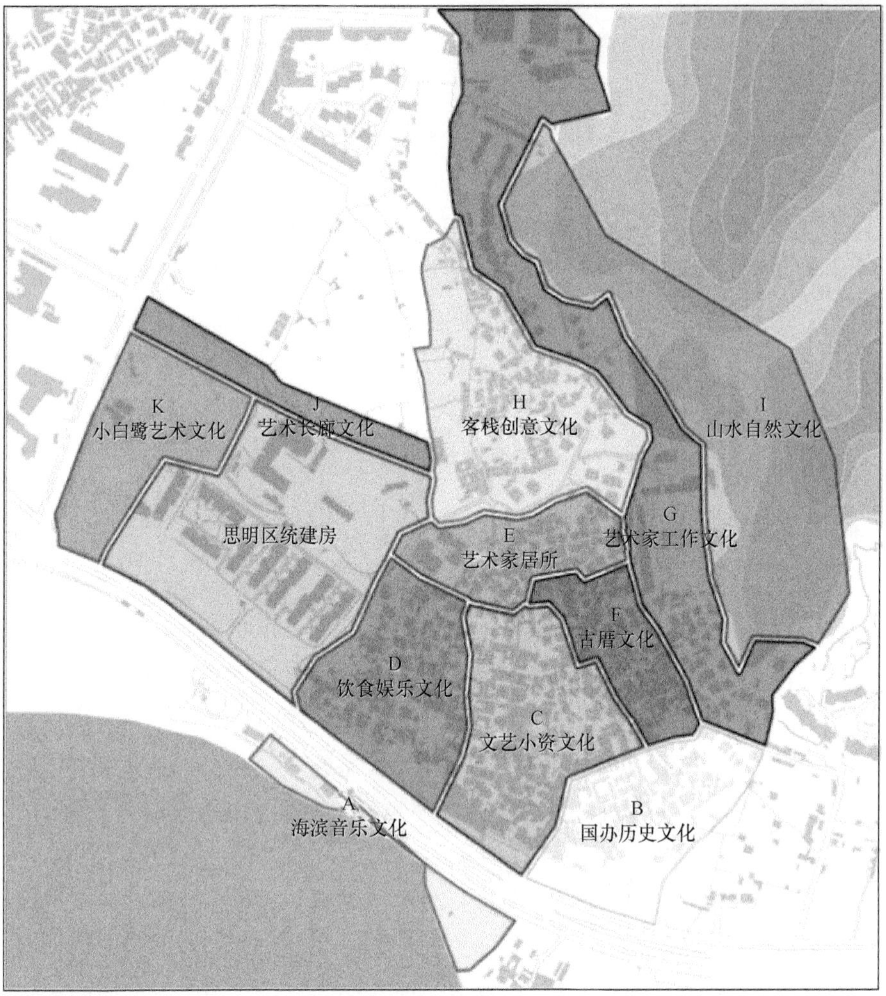

图 4-24　曾厝垵功能分区图

（5）E 区主题：艺术家居所。E 区的经营业态目前主要以客栈为主。由于位处曾厝垵中部，未受到商业化的严重影响，环境相对清幽，且临近古厝与教堂所在地，本就氤氲着厚重的文化氛围，因而，可作为艺术家居所，吸引有意愿来此工作与创作的文艺青年或艺术家在此居住，提升曾厝垵作为最文艺渔村的文艺气息与名气。

（6）F 区主题：古厝文化。F 区的主要道路为教堂路，在教堂路沿街集中分布着多所古厝，这些古厝维护与保存的质量较好，有摄影、雕塑等从业者入驻，古厝主人关心古厝文化的传承，因为在部分古厝内（主要是金门大赞），根据历史资料与考证资料，保留了其具有文化内涵的部分，部分还原了古厝建设时应有的摆设等。因此，F 区发展古厝文化具有得天独厚的条件，有助于向游客展示更为丰富的曾厝垵文化，与此同时，唤起村民对昔日渔村的回忆，增强地方感与归属感。

（7）G 区主题：艺术家工作文化。G 区目前主要经营的业态也以客栈为主，且由于位处曾厝垵的后侧，靠近山地，环境清幽且视野开阔，故适合于进行艺术创作活动，且这片区域与作为艺术家居所的E区相邻，故可发展为艺术家工作文化区，文艺青年或艺术家在此进行创作，进一步保留与深化曾厝垵的文艺氛围。

（8）H区主题：客栈创意文化。H区目前汇集了诸多具有文艺特色、整体环境良好的客栈，由于靠山，在拥有优美的自然环境的同时，也有适宜人们休憩过夜的静谧环境。与此同时，在这一片区中，有部分可建设利用的闲置或荒废的用地，从而拥有了进一步建设提升片区特色的空间，有助于打造具有创意的客栈区。因此，H区可作为客栈创意文化区来发展。

（9）I区主题：山水自然文化。I片区背靠植被葱郁的山丘，且已有延续到山上的通路，其前侧便是大海，成为曾厝垵内与山水联系最为紧密的片区。基于诸多游客来到曾厝垵体验其美好自然环境的需求，在I区建设山水自然文化区域，可增强曾厝垵旅游体验的多样性，建设更为美好的人居环境。

（10）J区主题：艺术长廊文化。J区也是曾厝垵内汇集大量人流的区域，可作为艺术长廊文化区。一方面，可以为在此进行创作的文艺青年与艺术家提供展示创作成果的平台，为其带来经济收益。另一方面，可更为直观地展现曾厝垵的文艺特质，一定程度上缓解过度商业化对曾厝垵文艺事业发展带来的冲击。

（11）K区主题：小白鹭艺术文化。K区靠近小白鹭艺术中心，在双方均有意愿的情况下展开合作，通过双方交流与沟通，建立起双方合作机制，一方面，拓宽曾厝垵的发展空间，为其进一步建设与发展创造新的契机；另一方面，通过合作实现双方互惠，整体提高曾厝垵周边片区的知名度与影响力，吸引更多的游客前来观光游玩、购物消费。因此，可以将K区建设为与小白鹭艺术中心合作的小白鹭艺术文化区。

2. 曾厝垵环境整治计划

1）交通疏导与巷道改造

此次曾厝垵交通疏通的主要目的在于打造通而不堵、富有趣味、各具特色的街巷空间，将游客从主干道引入到小巷中，将产业发展从曾厝垵主要街道临街店铺的“一张皮”上引入到小巷中，从而形成一个“面”，进一步带动曾厝垵各片区的整体发展，缓解临街店铺业主与后侧业主之间因利益不均而导致矛盾与摩擦。

在交通疏导方面，根据交通管理规则，规范曾厝垵内车辆行驶行为，避免车辆穿行带来的安全隐患与旅游体验品质降低等问题。

2）房前屋后改造与店面整饰

通过共同缔造工作坊的具体工作，鼓励商家通过自己动手或邀请专业设计人员参与等方式，进行店铺与房前屋后的自我美化与改造（图4-25~图4-27）。店铺整饰可涉及墙面、地面、墙柱、飘蓬、灯箱、广告牌、门窗等方面的修整与装饰。房前屋后改造则涉及庭院、围栏、花坛、绿地的修缮与美化，如可将房前屋后的空间死角利用起来，采用植物装饰或者定制景观小品的方式，化腐朽为神奇。以此更好地发挥曾厝垵文艺青年的创作能力，提升曾厝垵的文艺气质。在商家完成房前屋后改造与店面整饰后，社区、公共事务管理公司、文创会等可邀请业主、商家及游客代表对改造与整饰的成果进行评议，对评议好的商家通过“以奖代补”的方式予以适当的补贴。

图 4-25　木质阶梯

图 4-26　增加休闲设施

图 4-27　入口榕树整饰

3）街道整饰

曾厝垵内电线杂乱，如蜘蛛网般盘旋在空中，无论从景观角度还是安全角度来讲，均造成不良的影响。同时，由于缺乏良好的视觉引导体系，曾厝垵内游客经常找不到目的地。基于此，在街巷改造的过程中，也需要对街道进行整饰。首先，重新牵拉电线或将现有的电线线路用线管等包裹固定。其次，可结合片区功能划分的特征，将不同街道拟定为不同主题。如历史文化、创意文化、垂钓文化、本地文化、绿色生态文化等，可根据不同主题，通过铺设特色地砖或摆设特色装饰丰富街道空间，使其发挥视觉引导作用。

4）创新管理模式

曾厝垵发展至今之所以出现如此多的问题而迟迟未能得到有效解决，其中最为重要的原因是缺乏有效的管理架构与方式。因此，创新管理模式是进行环境整治多项活动的基础，对于促进曾厝垵的可持续发展具有重要意义。

（1）管理主体创新：推动曾厝垵的社区自治，业主委员会和文创会组建公共事务管理公司，统筹曾厝垵各类资源，并提供曾厝垵社区发展需要的各种公共服务。

（2）推进公共事务管理权的社会购买：业主委员会和文创会一起组建公共事务管理公司，提供客栈管理、垃圾管理等公共服务，由政府通过社会购买将公共服务职能转移到文创会与业主委员会，推动社区自我管理。

（3）建立商家发展评定打分机制：按照对社区发展贡献度、文化创意吸引度、商家经营时间、商家信誉度、顾客满意度、产品质量等方面建立商家可持续发展打分表，对曾厝垵社区内的商家发展进行评分，并划定星级，对获得高星级的商家给予贷款支持、优惠管理事务收费等鼓励。

（4）建设以奖代补制度：推行以奖代补制度，通过奖励上一年对曾厝垵共同缔造贡献较大，店铺评分较高的店铺，以激发店铺缔造活力和参与共同缔造的热情，从而推动曾厝垵共同缔造顺利进行。

（5）成立社区公共资产管理公司：文化创意是曾厝垵最大的竞争优势，但文化创意对租金有敏感性。而目前，曾厝垵商业发展加速，国办街、中山街等主要的街道空间均已被用作商业用途，该地段的文化创意功能已经难以承受高租金压力，许多文青不堪重负而纷纷离开。因此，需成立社区公共资产管理公司，依靠社区资产管理所得，以资产管理补贴文化创意活动的形式，为曾厝垵社区培育文化创意活动的举办提供资金保障，从而培育文化创意活动，保持曾厝垵的文艺氛围，增强曾厝垵文创发展的可持续性。

社区公共资产管理公司可通过以资产公司的名义，回租古厝等具有历史价值的建筑，将其建设成具有公共性的场馆。曾厝垵国办街、教堂街等街道分布有不少具有历史价值的建筑，目前大部分建筑被用于纯商业经营，缺少历史建筑与创意活动、公共功能的结合，可由此介入，在保障这些区域的公共性的同时，通过融入配套性的商业服务，如纪念品售卖等，获取一定的收益，作为文化创意活动的储备资金。

5）环境卫生改善

通过创新管理组织的建设，结合相关环卫设施的建设与相关管理制度的制定，破解曾厝垵目前存在的垃圾成堆、环境脏乱的难题。

将环境卫生设施分为 3 种类型（垃圾桶、垃圾回收点、废品回收站）进行建设，具体措施如下：

（1）增设室外垃圾桶：结合街道的整体氛围，设计独具特色的垃圾桶，使垃圾桶变为有趣的小品建筑。与此同时，定期收集桶里垃圾，保持良好的卫生环境。

（2）增设店内个性化垃圾桶：商店内设有垃圾桶，鼓励“垃圾不出店铺”，并由文创会确定名单（餐饮业店铺必须设有垃圾桶），引导商家以轮值的方式来提供服务。

（3）增设垃圾回收站：公共事务管理公司按照一定标准向商家与摊贩收取卫生管理费用，由公司雇佣保洁人员，定时定点收集与清理路面的垃圾，将其运输到垃圾回收站内。同时，保洁人员在回收垃圾时要注意垃圾的分类，整理出可回收物品，作为废品卖给回收站，获得一部分资金，由公司决定，将其作为公司的储备资金或保洁人员的额外收入。

（4）规范垃圾收集与清理工作：设施建设成果也需要特定的管理规则予以支持，方可具有长效性，在环境卫生改善方面，可采取以下措施保障垃圾收集与处理工作的顺利进行：垃圾采用机动三轮车或专门的垃圾车进行收集，每辆车应配备垃圾清扫设备。垃圾收集频次可根据实际需要设定，如下午时段垃圾收集的频次可增多，旅游旺季也应适当增加频次。垃圾收集时间应避开人流高峰时段。垃圾运输过程中应保持封闭或覆盖，避免遗撒，并且选择游客较少的路段行驶，一定程度上避免垃圾回收对游客游览的影响。在非垃圾收集时间，应禁止商家将垃圾投入公共垃圾箱。

（5）开展绿色宣传活动：在设施增设的基础上，开展诸如分发绿色旅游宣传小册子，文创会组织商家参加垃圾分类活动等，通过活动增强客栈、店铺等商家绿色旅游与垃圾分类观念，从商家做起，对垃圾进行分类处理，对可再利用的物品进行回收。从而提升曾厝垵景区在资源再利用方面的能力，共同建设绿色而环保的曾厝垵。

（6）建立卫生管理制度：通过文创会建立轮值共管制度，首先界定店铺范围，要求店铺周围的卫生环境由各店铺负责，公共空间如小花园、休息平台等，由周围共享空间的店铺进行维护。与此同时，应当增加摊贩卫生管理制度，要求流动摊贩产生的垃圾由摊主自行清理，保持摊铺周围环境干净卫生。

6）成立自治管理组织

公共事务管理公司引导曾厝垵摊贩成立自治管理组织，对其进行指导与监督，协助自治组织与摊贩间达成共识，协商制定相关的管理规定。摊贩自治组织负责人依照相关管理规定监督与规范摊贩的经营行为。

（1）成立自治管理组织：公共事务管理公司引导曾厝垵摊贩成立自治管理组织，对其进行指导与监督，协助自治组织与摊贩间达成共识，协商制定相关的管理规定。摊贩自治组织负责人依照相关管理规定监督与规范摊贩的经营行为，要求摊贩摆放的设备和贩卖的物品排列整齐，保持环境整洁（图 4-28）。

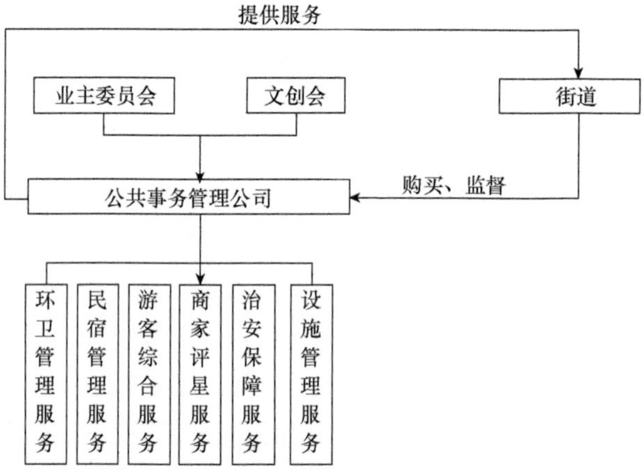

图 4-28　曾厝垵公共事务管理模式

（2）划定管理范围：摊贩认管各自营业所占用的空间范围，及时清除在该范围内的垃圾和废弃物，随时保持营业场所的整洁。

（3）依法规范经营：经营饮食类的摊贩，应严格遵守食品卫生管理法、废弃物清理法及其他有关法规规定，规范经营行为。当摊贩不按相关规定进行管理时，则由摊贩自治组织依照相关规定对其进行惩戒，若交涉与管理无效，则可上报给公共事务管理公司，由其出面进行交涉。对屡次不改的摊贩，依规进行取缔。

这些举措在解决或缓解曾厝垵垃圾成堆、环境卫生差问题的同时，可在一定程度上缓解由于餐饮业带来大量的垃圾而导致其他经营者与餐饮业经营者之间的矛盾，促进各类经营者之间关系的改善。

3. 曾厝垵设施完善计划

1）增设公厕

根据实地调查所获取的信息可知，曾厝垵内部部分厕所具备对外开放的条件，将这些厕所开放给游客使用，是在充分利用已有资源的基础上，满足游客需求的一项举措。可开放的洗手间主要是街道办、基督教堂、警务室等处的厕所。此外，根据日益增加的游客所形成的人流特征，结合现有公厕分布的状况，建议新增公厕。

在此基础上，鼓励商家适当开放店内洗手间供游客使用，一方面满足游客需求，另一方面也可为店内带来人气，增加客流。店家在开放洗手间的店铺、房屋等外面可悬挂“厕所开放”的牌子引导游客使用。

公厕管理制度可通过采用以下多种方法得以实现：

（1）公司管理：公厕管理事务交由公共事务管理公司负责，由其雇佣专门人员进行定时的卫生打扫与费用的收取。

（2）自愿轮值：文创会发动商家参与共建美丽曾厝垵行动，以自愿为原则，引导商家通过轮值的方式，开放店内厕所给游客使用。

（3）评奖补贴：公共事务管理公司制定相应的评奖补贴制度，如对参与公厕轮值的商家在评选十佳店铺等方面优先考虑，并且适当予以奖励补贴等，对相关商家进行表彰与奖励。

2）增设消防设施

根据实地调研的具体情况，参考消防设施的服务半径等标准，增设消防设施，特别是在人口密集、客栈集中的区域，应格外重视消防栓的设置，消除火灾隐患。

3）消防安全教育、管理制度

在增设消防设施的基础上，通过加强消防安全教育及管理制度的落实，达到较好的防火防灾的效果。制定消防安全守则，要求客栈与店铺内部放置灭火器，邀请消防队就灭火器的使用方法与防火、灭火的注意事项向曾厝垵群众，特别是客栈与店铺经营者进行讲解与示范。并请客栈与店铺经营者作为消防教师，对顾客进行消防教育。与此同时，业委会可定期组织村民、志愿者对检查店铺防火设施配置情况进行检查，看是否存在未配置灭火器与灭火器过期等问题。并且定期巡查街道、巷道，看是否存在巷道不通而导致的生命通道受阻的情况。

4. 曾厝垵场所营造计划

本次工作坊共进行了10处公共空间的规划设计，这里主要介绍渔桥和曾氏宗祠广场。

1）渔桥

曾厝垵位于厦门岛东南部，邻近厦门大学，距离鼓浪屿仅5.5km。渔桥桥址位于曾厝垵圣妈宫路口处，横跨环岛路。天桥上部采用异形钢桁架结构，桥长84.6m。

曾厝垵本是一个百年渔村，但随着曾厝垵的发展，渔村的气息被商业所侵蚀，与大海和捕鱼的相关历史记忆逐渐被遗忘。同时，曾厝垵紧靠海边，但环岛路对人流造成了严重分割，环岛路快速的车流阻挡了一部分游客前往海边；而且，随着游客量激增，环岛路两侧交通成为影响曾厝垵发展的重大问题，曾厝垵缺乏停靠旅游大巴的停车场，旅游大巴多停在曾厝垵入口处，对曾厝垵入口的人流疏导产生一定影响。

希望通过建设渔桥，以更加便捷的方式连接曾厝垵和大海，使得更多的游客走出村庄后能够有新的景点可以游玩。渔桥的建设不仅能够增加吸引力，还可以唤起村民们对过去历史的记忆（图 4-29，图 4-30，彩图 4-29，彩图 4-30）。

图 4-29　渔桥设计效果图（一）

图 4-30　渔桥设计效果图（二）

渔桥采用鱼骨架结构造型。独特造型的灵感来自传统渔桥的木质框架结构，跟传统捕鱼船的木板鱼骨架构一样，渔桥以一系列鱼骨支架形成骨干，支撑起桥的整体结构。并借助于传统渔船构造的灵感，巧用渔船的外观造型，利用渔网、鱼骨等渔村元素辅助渔桥的构造元素，不仅能形成交通功能，而且可以延续曾厝垵百年的历史，同时还可以形成新的景观，作为标志性的入口供游客拍照留念，形成环岛路上的一个景点。

在渔桥的两侧皆引入现代设计、装置艺术及设备，形成公共广场。公共广场的增加，为原本缺少公共空间的曾厝垵村增添了休憩的地方，既方便了游客，也为曾厝垵节庆活动提供了场地。

渔桥造型流线受鱼身流线弧度的启发，中段利用丰满的“鱼肚”勾勒出瞭望台的空间，形成鱼儿弯—瞭望台。通过结构加固巩固渔桥的核心结构，提高瞭望台安全性，保障瞭望台空间足够用。这样可以朝向西面海域，在欣赏曾厝垵村的同时，游客也能够俯瞰海边夕阳景色（图 4-31）。

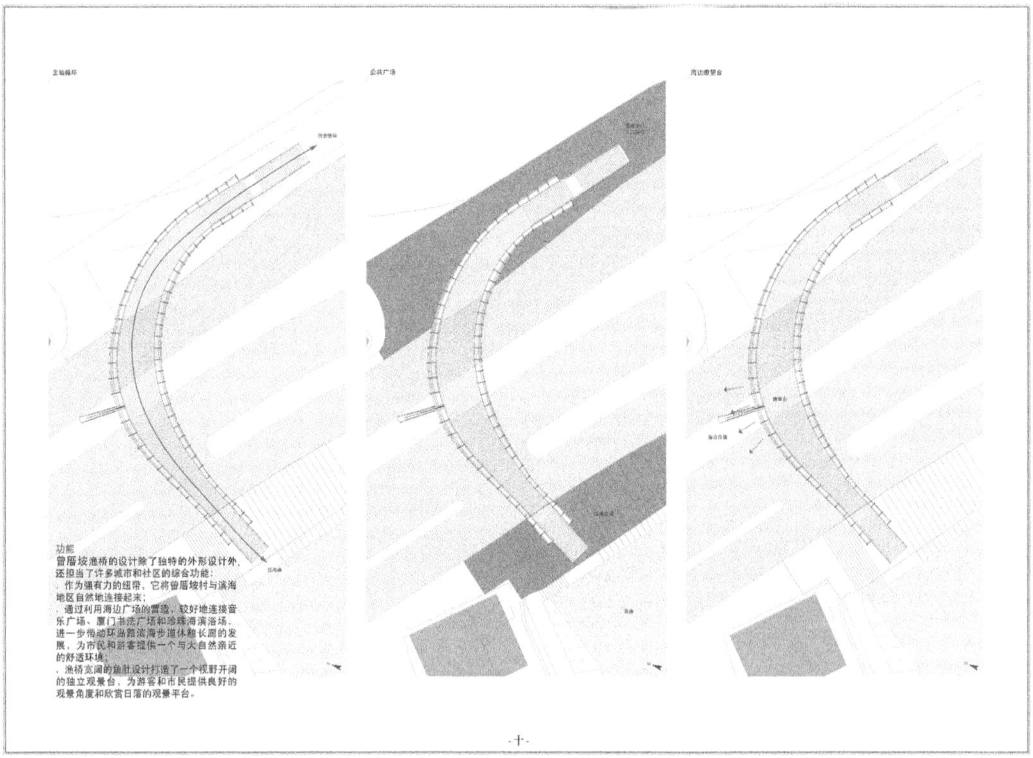

图 4-31 渔桥主轴公共空间观光瞭望台

2）曾氏宗祠门前广场

它位于曾厝垵文青街曾氏祠堂门前。曾氏宗祠作为曾厝垵内装饰最为精美华丽的古厝，常常吸引游客来此游览。

曾氏祠堂门前的空间是游客经常来往之地，本应是一片很好的公共空间，却被各类小摊小贩占据，乱摆摊位售卖水果与小吃，造成油烟、垃圾污染。从宗祠所处文青街、教堂街 T 形交汇区域来看，此区域缺乏停留空间以及可视、可玩的景点：北侧为农商银行，西侧为围墙，与曾厝垵整体“文化创意”的氛围格格不入，游客不愿久留。摊贩在此摆摊，此区域越发成为通道，无法集聚人群。

针对上述问题，规划设想将曾氏宗祠门前空间建设成为文创广场，使其承载新的功能，创造公共活动空间，如文艺活动的举办点，以此来置换先前的占道经营的摊贩，下面从建筑要素、功能布局、功能价值和社会意义几方面介绍。

使用具有曾厝垵本地古厝风格的建筑构件。该广场作为曾厝垵西侧的主要入口，应当展现曾厝垵良好的特征。结合曾氏宗祠，规划以红砖绿瓦作为主要建筑要素，与曾氏宗祠相互呼应、融为一体（图 4-32，图 4-33，彩图 4-32，彩图 4-33）。

图 4-32　曾氏宗祠门前广场透视图

图 4-33　曾氏宗祠留言墙示意图

为了避免广场再次沦为水果、烧烤等摊贩集中地，首先将位于文青街北侧（通往东北方向）地段规划为创意市集，主要为文艺青年创作提供展示平台；其次是留言墙，门前广场既是主入口，也是主要出口，人流量巨大，希望通过留言墙的设置，一方面让人有地方驻足留影纪念，另一方面让游客记录下对曾厝垵未来发展的心声。此外还有水池、休息凳椅等，为游客提供交流、休息的空间，集聚人气，从而营造有生机、活力的广场。

在功能上，变单一的流动摊贩区为多样的广场活动区，为曾厝垵提供一处珍贵的文化空间，即营造具有文艺气息、创意十足的公共空间，也为文艺青年提供一个宝贵的展示空间。

在社会意义上，寻求商业与文艺的平衡点，希望能够增强曾厝垵的文艺气息，而不是让商业氛围过度膨胀，导致曾厝垵商业发展失控。从历史角度看，曾氏宗祠门前广场采用的风格，有助于维持传统古厝的建筑特征，彰显曾厝垵的历史底蕴，从而营造更加独特的曾厝垵风貌。

5. 曾厝垵文化传承计划

1）历史长廊的建设

结合曾厝垵现状资源，建议可发挥青门烧烤吧位于人流来往频繁的国办街，且是保存较好的闽南古厝的优势。以渔村时光空间为主题，建设曾厝垵历史长廊，展示曾厝垵从渔村发展至今的各类照片与影像资料。其摆设是向当地群众筹集或群众自愿捐赠的，能够代表曾厝垵渔村发展记忆的各类器具，生动而形象地展示出曾厝垵的发展历程。一方面，可引发当地群众的共鸣，有助于形成地方感与归属感；另一方面，可作为旅游景点向游客开放，让游客更加了解曾厝垵的底蕴与魅力。

2）古厝的开发与保护

曾厝垵的闽南古厝见证着其从古至今的发展历程，是不可多得的历史资源。因而，这些古厝的开发与保护，对进一步丰富曾厝垵文化特质，创造新亮点、提升吸引力而言，有着重要的意义。

在规划指导下，建议根据古厝所在片区功能划分的特征，秉承保护与开发并行的原则，在保护古厝整体完整的情况下，对古厝进行适度的开发。如可将古厝打造成为渔村文化馆、闽台文化馆等，使其承载曾厝垵闽台文化，传承曾厝垵历史情怀。与此同时，结合古厝开发的实际需求，可适当在其中增添如纪念品出售等商业空间，创造一定的收益。

在实地调研中可见，部分古厝现状已由从事摄影、雕刻等行业的经营者租赁，根据实地调查反馈可知，这些古厝得到了良好的保护，其内在的文化底蕴也被较好地挖掘、显现出来。因此，这部分古厝可保持目前的开发与保护模式。

3）民俗活动的举办

充分挖掘曾厝垵尚可追寻或现在仍在举办的民俗活动，如神将表演等，结合可展现曾厝垵民俗文化的新的表演形式，如渔村生活话剧等，通过丰富的艺术载体展现曾厝垵的文化内涵，让更多人接触并了解其承载的历史文化。

民俗活动的开展，一方面，可以将曾厝垵所承载的文化更好地传承下去，作为中国传统文化的一个特殊案例，向人们传达中国文化的讯息；另一方面，则可以进一步提升曾厝垵的吸引力，为曾厝垵增加游览人气，提升曾厝垵整体的文化氛围。

4）特色节日的设立

一年一度的“曾厝垵文青节”，经过几年的举办，在较好地调动曾厝垵文艺青年参与热情，体现曾厝垵文艺氛围的同时，也吸引了越来越多游客的目光，甚至成为部分游客来此观光旅游的主要原因。因此，在未来的发展过程中，曾厝垵应坚持文青节的举办，并结合文创发展与时事变化调整与改变文青节的具体项目，如进一步丰富文青节晚会表演形式，增加多种形式的活动等，使文青节成为曾厝垵的另一张名片，提升曾厝垵的影响力。在此基础上，曾厝垵可结合发展的实际状况，开展其他丰富的节日活动，如原创音乐节、闽台美食节等，进一步展现曾厝垵的发展活力。

6. 曾厝垵综合提升计划

1）与小白鹭、集盒艺术营的合作

曾厝垵与小白鹭艺术中心以及集盒艺术营空间距离较近，其建设与发展的主要内容既相互联系又各有特色。因而，曾厝垵可与小白鹭艺术中心、集盒艺术营开展合作，通过三方交流与沟通，建立起三方合作机制。一方面，拓宽曾厝垵的发展空间，为其进一步建设与发展创造新的契机；另一方面，通过合作实现三方互惠，整体提高曾厝垵周边片区的知名度与影响力，吸引更多的游客前来观光游玩、购物消费。在协商达成共识的基础上，根据三方合作反馈意见，制订三方合作方案。具体的方案可包括：

（1）合作的基础条件：如修整联系三方的道路，保障三方交通联系的便利；三方就合作提出的诉求等。探索解决片区交通联系不畅等造成合作障碍问题的方法，构筑三方合作的基础条件。

（2）合作的具体内容：如三方空间的联系、合作的主要事项、产业与经济的联系、举办的活动等。在尽可能充分发挥三方发展潜力的基础上，探求三方互惠、互补、合理、畅通的合作路径，明确三方在合作发展过程中所扮演的角色和承担的职能等。

（3）合作的机制体制：如制定三方定期的联席会议制度，促进三方商讨发展新问题、把握新契机；拟定三方合作公约，明确三方、政府相关部门、基层自治组织在合作过程中应发挥的作用，在其中明确当三方合作出现矛盾或违约行为时，应如何处理等内容。为三方合作建立相应的长效机制，促进片区良性、可持续发展奠定基础。

2）客栈管理制度的建设

曾厝垵客栈是以乡村建筑为基础而自发形成的家庭旅馆，其条件难以达到消防、卫生、酒店管理的标准，客栈无法满足法定条件。因此需对客栈管理制度进行创新。

可由曾厝垵公共事务管理公司与文创会牵头，组织客栈经营者召开会议，制定客栈管理制度，以保障作为曾厝垵得以迅速发展的主要动力之一的客栈产业得到良好发展。具体实施过程可参考以下措施：

（1）上层的制度支持：上层政府部门依据客栈发展的实际情况，制定规范客栈经营的各项管理制度，填补客栈管理制度的空白，使得客栈经营与管理有法规依据。

（2）客栈经营管理：鼓励拥有完善产权（产权面积不小于实际经营面积）、符合家庭旅馆管理办法的客栈经营者向相关部门提出申请，由第三方对经营用房消防安全、房屋质量等进行检测，获取相应的检测报告。从而以此为依据，对完整产权者认定并发放客栈经营许可证。建议参与客栈经营管理的政府职能部门及其承担的相应工作内容如图 4-34 所示。

（3）客栈卫生管理：客栈内部卫生由客栈经营者负责，客栈卫生严格按照上级制定的卫生管理制度执行，杜绝因不符合规范而导致查处与取缔，损害客栈名誉的行为。

（4）客栈消防管理：客栈人口密度较高，消防等级却较低。故针对客栈的特殊情况，需要制定客栈消防设施配置标准，如要求在客栈一楼公共空间设置消防栓等。在此基础上，对店家和店员进行定期消防培训，增强店家消防意识，提高消防应急能力。与此同时，在店内做好消防知识的相关宣传，保障游客人身安全。

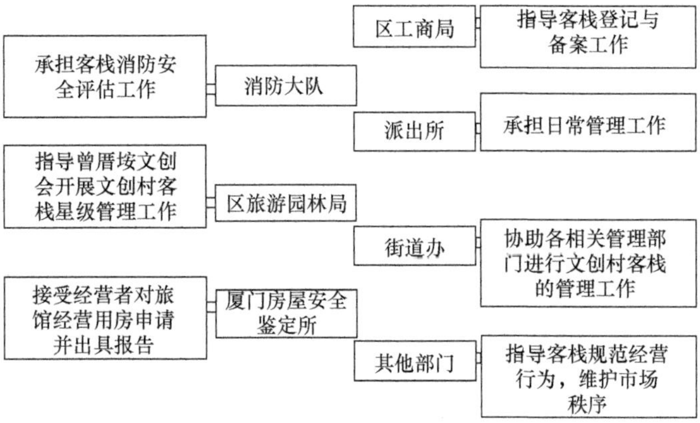

图 4-34 曾厝垵客栈经营管理主体框图

3）社区规划师制度

社区规划师作为兼具社区居民与规划师两种身份的人，既充分了解社区发展各方面的实情，同时又具备规划建设的基本知识与技能，在共同缔造过程中可发挥重要的作用，是群众参与社区建设的“领头羊”。在曾厝垵推进社区规划师培训工作，将为曾厝垵未来发展储备人才、积蓄力量，具体工作内容如下：

（1）借助网络、宣传栏、纸质表格等宣传媒介，采取自愿报名与社区、居民推荐两种方式，招募并组建曾厝垵社区规划师团队。

（2）制订社区规划师培训计划，规划团队以讲座课程的形式对社区规划师成员进行首次培训，让大家明白社区规划师的概念、应具备的能力、应承担的职责、培训的流程等内容，为社区规划师一系列的培训活动奠定基础。

（3）在讲座课程的基础上，专家或社会工作者与社区规划师一起，进行一次完整的空间环境整治项目，社区规划师将所学的基础知识与基本技能运用到实践中，提高处理实际问题的能力。

（4）拟定社区规划师管理公约，明确社区规划师团队成员选择、组织架构、所承担的职责、监督约束等内容，建立起社区规划师团队的行为规范。

4.4 工作坊成果

4.4.1 渔 桥

曾厝垵入口人行天桥（渔桥）是“美丽厦门•共同缔造曾厝垵社区工作坊”的一项成果，也是当地村民、村集体与社区规划师共同创造的代表作，它代表村民、市民、游客等公众参与社区规划取得的阶段性成果。

“渔桥”的主体桥身设计融入了渔网、渔船、鱼骨等渔村要素，通过其修建，重塑和延续了曾厝垵渔村历史，并扩展渔村的休闲旅游。“渔桥”主梁采用异形钢结构，平面线形为三角圆曲线，天桥宽度沿桥梁轴线方向变宽。桥墩承台采用混凝土，全长 82.73m（图 4-35，彩图 4-35）。

图 4-35 渔桥设计效果图（三）

2014 年 10 月初，“渔桥”正式开始施工，是环岛路上的第二座人行天桥。主要目的是从游客和市民的安全角度出发。曾厝垵附近虽然有两条斑马线，但没有设置红绿灯，车流量大，行人通行不畅，安全受到威胁。随着曾厝垵文创村的提升改造，每年来文创村休闲旅游的游客数量已超过 400 万人，众多游客横穿环岛路造成该路段拥堵（图 4-36，图 4-37，彩图 4-36，彩图 4-37）。

图 4-36 渔桥完工图（一）

图 4-37 渔桥完工图（二）

4.4.2 社区规划师行动

社区规划师逐步形成共同讨论的机制，参与到各项涉及未来发展的事务之中。朵拉客栈吴老板对文青街曾厝垵 478 号、480 号海岸朵拉旅馆和曾厝垵 470 号城果客栈相邻周边道路两侧空地及小三角地（菜地）进行现状摸查，设法改造地块目前常被堆放建筑垃圾、分季节种菜所造成的脏乱差现象。吴老板联系曾厝垵 478 号业主、470 号业主、城果客栈经营者等利益关联方，通过业主、商家的共同缔造，商讨整治改造方案，为文青街增添一处新景观。方案提议将菜地改造为一个半封闭的船形街心小花园，将旁边海岸朵拉的灯塔改造为一个落地的灯塔，改造实施和日常管理由海岸朵拉旅馆负责；将 478 号围墙外侧改造为绿篱，改造实施和日常管理由海岸朵拉旅馆负责；470 号城果客栈围墙外侧，改造为多肉植物绿化区，改造实施和日常管理由海岸朵拉和城果客栈负责；对 478 号灯塔、围墙及围墙立面进行改造。

4.4.3 社区管理制度的构建

受工作坊规划团队拟定方案的启发，曾厝垵在工作坊活动后，积极推进社区管理制度的构建，以期深化曾厝垵社区管理体系，尽早梳理曾厝垵发展秩序。

在此过程中，曾厝垵尝试通过创新公共事务管理模式、完善社会治理架构，提升社会共治水平，实现社区社会治理创新；通过议事原则、内容、程序的拟定，规范公共议事理事会议事规则；从入驻前提、装修施工规定、诚信经营管理、消防安全管理、环境卫生管理、扶持政策等方面探讨渔村商业店面管理办法；通过协会主要职能、会员、组织机构、资产管理的协定，规范曾厝垵业主协会；通过业务范围、会员、组织机构与负责人的产生及罢免，资产管理与使用原则的拟定，进一步明确曾厝垵文化创意产业协会的职能与作用。

这一系列制度建设的探索，是曾厝垵完善制度建设迈出的坚实的第一步，将为曾厝垵未来发展奠定扎实的机制体制的支撑基础。

此次曾厝垵美好环境共同缔造，通过环境整治计划、基础设施完善计划、场所营造计划、文化传承计划、综合提升计划等五方面计划内容，进行相关的空间建设方案的设计。通过相关的空间建设方案与计划，结合空间的改造和建设，解决一系列曾厝垵社会问题，整体提升曾厝垵的空间品质与管理体制，进一步促进曾厝垵更大范围内的良性发展，缓解租金不断上涨的趋势，从而一定程度上缓解村民与商家之间的矛盾，也一定程度上化解了不同业态经营者之间的冲突。

积极总结曾厝垵“五位一体”发展模式，理清居委会、工作站与集体资产管理公司的关系，从“规划先行、环境提升、经济发展、文化延续、多元共治”等五个方面，以共同缔造的方法推动“城中村”转型升级，探索“城市有机更新、经济产业链发展、管理制度规范、社会多元共治、历史文化传承”的社区治理模式。

5 莲花香墅共同缔造工作坊

伴随着我国 20 世纪八九十年代的城市化进程，一批位于城市中心区的初期商品房街区得以兴建。此类街区多具有开放性街区的性质。在空间特征上，此类城市老住宅街区多伴随有社区公园绿地、首层沿街商业铺位、与城市路网连通的开放式支路网系统。在街区管理上，大多没有设置专门的物业管理公司，仅于楼栋设置门禁，环卫由城市环卫市政系统负责。随着城市的发展，此类原本设计精良的老住宅街区不符合新的时代发展需求，以及原物业主的住房需求，从而显现出老住宅街区、空间、社会、管理等方面问题。

在空间方面，由于商住空间混合，相互间存在功能上的互扰，如餐饮业发展产生的噪声和油烟对住户造成影响，住户对停车空间的占用侵占商铺可能的经营空间等。此外，社区公园由于早期设计时缺乏相关考虑，后期缺乏系统管理，会存在社区公园出入口少、开放度较低、内部景观缺乏维护、文体设施缺乏等问题，使其作为绿色公共空间的正外部性大大降低。另外，开放性的道路系统及早期停车系统规划的空缺，使得城市老住宅街区内部动态及静态交通系统不能满足当代汽车出行的需求，外来车辆进入并占用街区内停车空间会引起街区内住户的不满。

在社会方面，由于老住宅街区的住房变得衰败，不能满足原物业主维持或提升居住环境的需求，原物业主多迁出此类老住宅街区，同时外来租客逐渐迁入。基于这种趋势，城市老住宅街区的社会结构变得复杂，在街区内居住的租客群体由于后期进入街区，不掌握物业所有权，且为相对短期的居住逗留，由此难以形成社区共同的归属感。过去在老住宅街区形成的“熟人”社会逐渐向多元化群体形成的“生人”社区转变，居民相互之间的陌生感切断了情感交流与社会关系基础。

在管理方面，伴随着原物业主迁出以及外来租客迁入，物业的所有权人与使用权人分离，人员构成变得多元复杂，管理难度加大。此外，街区建成初期未成立相应物业管理公司，居委会未能进行相关专业化管理，物业委员会不存在或组织关系松散，各相关组织管理权责不清，更让城市老旧街区陷入无序发展和衰败的过程。

然而以上空间、社会、管理方面存在的问题，并非相互割裂，而是均附着于旧商品房社区空间之上的问题。其一，空间功能的混乱会带来社会问题。空间上商住功能的混乱，会造成商户与住客、住客与住客之间的矛盾。因此，使物业价值的下降，造成使用者与物业所有者之间的矛盾。其二，社区公共空间与公共环境的衰退，进一步造成社区社会关系与社区认同感的衰退。商品房小区内公共空间的侵占，使得居民在公共空间中停留活动的意愿减少，从而使社区从以往的“熟人”社区向“生人”社区发展。社区景观环境的衰退，因无法对住客及商户形成精神上的愉悦感，而不利于住客及商户构建社区认同感，更无法使他们形成共同维护社区环境的意识。景观环境衰败的旧商品房社区，对于住客来说仅仅承担了在私人租住空间居住的功能，对于商家而言仅仅是经营自身生意的空间而已。其三，社区物业管理组织的混乱与松散无法有效阻止社区空间的衰败，从而使社区的环境问题、社会问题更为严重。

为防止城市老住宅街区进一步衰败，并重构其和谐的社会关系，一方面，需要规划部门积极介入，借空间梳理的契机，解决社会问题与管理体系的重构。另一方面，城市老商品房社区问题多，但也未达到需要整体推倒重建的阶段。基于对空间社会属性的认识，共同缔造工作坊以公共空间、景观体系、交通体系三类主要空间为主作为共同参与式规划为切入点，意图重塑城市旧商品房街区中商户与住客、物业主与住客，以及住客与住客之间的社会关系。

商品房社区的公共空间，是居民共享的活动空间，是居民之间相互结成社会关系纽带的社会空间，由此商品房社区公共空间是否能满足居民们的活动及休憩需求，是否能够成为让居民愉悦的、乐意在此停留活动的空间，对商品房社区和谐社区关系纽带的塑造具有重要意义。商品房社区的景观识别体系，是构成商品房社区有别于其他社区可识别性的重要因素，是商品房社区环境美化的重要环节。同时，商品房社区优美景观识别的体系的构建，有助于居民与商家对社区认可度的提升，从而提升居民与商家的社区认同感，使大家更愿意为维持社区的优美清洁而努力。旧商品房社区交通体系是社区功能及社会关系矛盾的症结所在，疏通社区交通体系，有助于厘清商户、住客、外来消费者等各主体空间使用之间的关系，从而消解相互之间因此而产生的社会矛盾。

由于公共空间、景观体系、交通体系等的使用和受益均涉及社区内商户、住客、物业主等多元主体，多方的共同参与是这些空间体系平衡并满足各方需求的基础。同时，对各类空间管理主体的权责厘清，是保持社区空间活力可持续的组织机制保障。共同缔造工作坊的规划形式，因搭建专业人士与空间所有权人、使用权人及管理者的沟通平台，以社区公共空间、景观体系、交通体系等为空间切入点，提出全面优化提升策略，引导空间管理主体权责梳理与新型管理组织机构及机制形成，从而塑造城市旧商品房社区可持续活力的形成。

2013 年“美丽厦门共同缔造”活动开展以来，以群众参与为核心，以“共谋、共建、共管、共评、共享”为路径，通过空间环境的改造、项目活动的举办等方式，为厦门社区建设指引方向，提供了发展契机。在“美丽厦门共同缔造”理念的指导下，两岸三地，包括中山大学、香港理工大学、台湾逢甲大学、厦门市城市规划设计研究院四家院校（单位），与当地居民、商家等主体在内的莲花香墅美好环境共同缔造工作坊，对莲花香墅片区发展做进一步探索，希望借此改善莲花香墅的邻里环境，重焕社区发展活力。下面以厦门莲花香墅共同缔造工作坊为例，讲述城市老住宅街区共同缔造工作坊的开展过程及实施方案，以期为我国城市老住宅街区的公众参与提供有价值的启发和借鉴。

5.1 工作坊背景

莲花香墅位于厦门思明区的中心，其距离高崎机场 6.5km、高铁站厦门北站 21.9km、高崎火车站 7.5km、厦门火车站 3.1km，交通联系便捷。莲花香墅由莲花北路、菡青路、香莲路和嘉莲路围合而成，内部道路有嘉莲里和凌香路，围绕莲花公园分布 76 幢精致的别墅（图 5-1）。

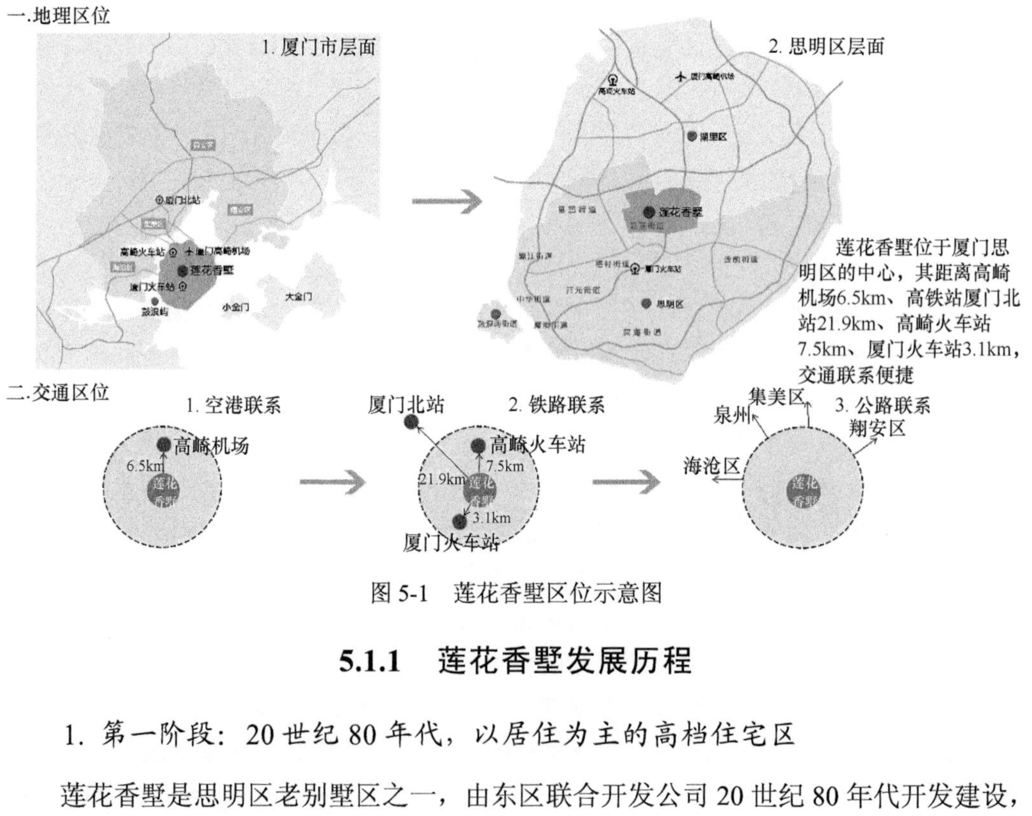

图 5-1 莲花香墅区位示意图

5.1.1 莲花香墅发展历程

1. 第一阶段：20 世纪 80 年代，以居住为主的高档住宅区

莲花香墅是思明区老别墅区之一，由东区联合开发公司 20 世纪 80 年代开发建设，是较早开发的高档住宅区，占地 $16hm^2$。莲花香墅隶属莲秀社区，是以居住为主的高档住宅区，始建时即以规划合理、设计新颖、配套完善、环境优美、城市化功能齐全而受到社会各界的好评（图 5-2，图 5-3，彩图 5-2）。

2. 第二阶段：20 世纪 90 年代，以“煎蟹一条街”为首的莲花美食区

20 世纪 90 年代以来，以“煎蟹一条街”为首的莲花美食区在厦门全市负有盛名，成为厦门市民喜爱的美食区，因此汇聚了越来越多的特色餐饮和休闲品牌。陆陆续续有商家将食肆开设于别墅中。莲花香墅的名声因此打响，吸引越来越多游客前来。

图 5-2　莲花香墅现状鸟瞰图

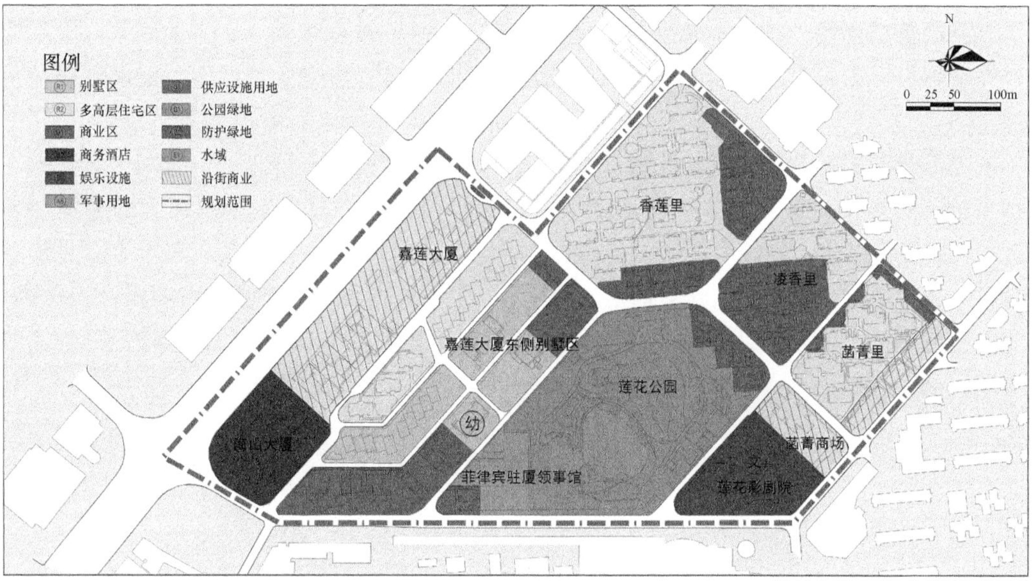

图 5-3　莲花香墅土地利用现状图

3. 第三阶段：21 世纪初，社区发展遭遇瓶颈，政府介入但成效不佳

经过 20 多年的发展，社区人口日益增长，存在公共配套设施不足，部分小区因缺乏物业维护而破旧，车辆快速增加导致停车难、交通拥堵等问题，这些问题在本岛相对成熟社区中具有普遍性。2009 年 8 月，厦门市委提出“提升岛内、拓展岛外、一体发展”，嘉莲街道面临提升。2010 年 4 月 26 日，福厦高铁开通运营，莲花香墅改造正式启动。2010 年 9 月 9 日，作为思明区“九·八”开工开业项目的重头戏之一，莲花香墅休闲餐饮区正式开街，目标是将其打造成厦门“兰桂坊”，但并未解决社区存在的问题。

5.1.2　莲花香墅早期之美

莲花香墅由东区联合开发公司 20 世纪 80 年代开发建设，属莲花新村（现莲秀社区）的一部分。早期的莲花香墅鸟语花香，是都市人向往的世外桃源。

（1）规划美：莲花香墅的规划受到当时苏联规划思维的影响，规划比较合理，配套完善，环境优美，城市化功能齐全。从图中可看出规划围绕莲花公园布局别墅群、多层住宅、高层住宅等，在居住小区中留有社区公园，多层住宅一层为车库，高层住宅底下建有双层地下停车场。新颖、科学的规划给当地居民带来很大便利。截至 1990 年年底，莲花香墅已建成 2 幢高层，多幢高级别墅，莲花幼儿园、影剧院、公园等。这里也成为全市最早使用管道煤气的居住区。

（2）四季美：莲花新村（现莲秀社区）内种植各类花灌木 36000 多株、乔木 3000 多株、行道树 1800 多株、绿篱 28980m、草地 82956m^2，绿化覆盖率达 35.6%，整个新村像花园，常年绿树葱郁，四季鲜花飘香，居民生活、小憩有了良好环境。

在厦门，莲花香墅已是一张美食与情调有效融合的名片，来自各地的人们可以在这里找到最值得停留的地方，享受最心爱的美食，绿色的枝蔓爬满老别墅的院落，火红的凤凰花盛开，为香墅增添了一份美感。清凉的夏夜，走在幽静的小路上，便可闻到花香清幽。

（3）产业美：莲花香墅作为厦门岛内最早、最传统的别墅群之一，有别于鼓浪屿老别墅的历史积淀，莲花的别墅群所给予人们更多的是闹中取静，尘世净土的感觉。20 世纪 90 年代以来，莲花香墅美食区便因为“煎蟹一条街”享有盛名，近年来更是华丽转身，以莲花公园为中心，以老别墅区为依托，汇聚了泰国顶上鱼翅、台湾汉宫姜母鸭、香墅花园餐厅、哈瓦那西餐厅、圣雅罗酒窖、古翰森、城里乡下等 38 家特色美食，形成了极具特色的休闲餐饮区，成为厦门美食的“新天地”、厦门版的“兰桂坊”。

5.1.3 莲花香墅的发展问题

莲花香墅的“美景”持续不长。历经 30 年发展后，莲花香墅小区老化，邻里关系下降，并且出现车库违法出租、大排档扰民、无序停车等问题。居民从前以莲花香墅为豪，而现在却不得不正视并解决小区存在的一系列难题。

1. 边界空间问题

莲花香墅现状用地基本饱和，以商业服务业设施用地与居住用地为主，分别占近 40%、17%，其中部分街道两侧为商住结合（图 5-4）。不同类型的边界空间均有待提升。商业空间沿街公共空间应加强管理，商住空间界限管理须增强，莲花香墅公园的视觉开放性与可进入性须提高，以有效发挥环境优美的公共空间的正外部效应。

通过实地调研与分析，团队在莲花香墅总结出五种边界空间样式及各自需改善的问题：

（1）类型 A（如图中 1、3、4），沿街面旁的商业空间：这种类型的空间容易集聚相同性质的商业机构（如商店街）。其缺点是为维持商店有效的商业效益，空间很容易被外围停车空间或行人道包围，并形成一个封闭的内部营运空间。这种空间可为商店街带来短期可观的获利效应，但当空间外围形成另一批商业群体时（如商场、百货），商店街空间原有的经济效应会被周边更强大的商业体稀释。外围强大的商业体产生经济磁吸效应，最后导致商店街经济破败不振。经过访谈及观察，莲花香墅内部的餐饮街已经出现经济衰退的现象。

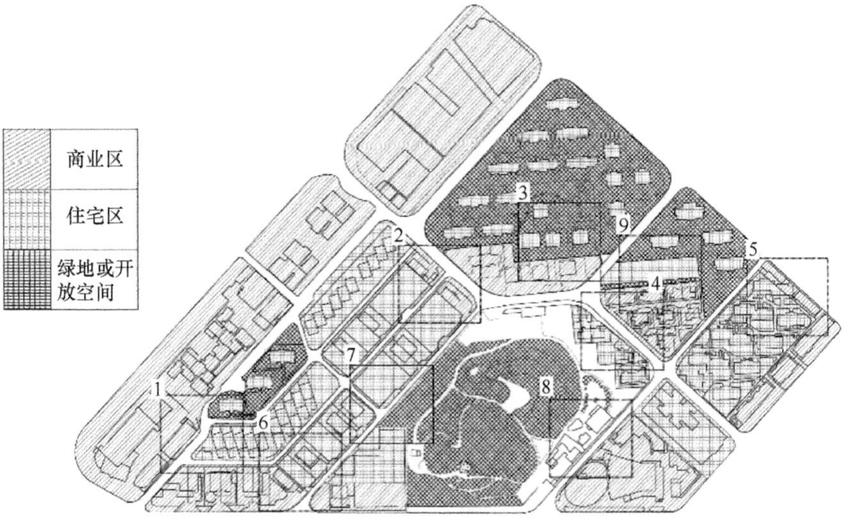

图 5-4　莲花香墅空间片区图

（2）类型 B（如图中 5、6、9），住宅空间与商业空间无明显分界：这种空间形式是莲花香墅中最常见的空间类型。在莲花香墅中，既有商业行为违法侵占；同时，也有居民违法侵占公共空间的痕迹。双方彼此的侵占，造成居住与商业空间没有足够的缓冲公共空间，进而造成现在商业空间侵占住宅空间的高度混杂状态。

（3）类型 C（如图中 2），住宅空间与商业空间中有可被强化的通道：这是复合使用功能社区中最好的空间典型，目前只有内街通往香莲里小区的节点一处（内街与嘉莲路、酩鼎酒庄旁）拥有这种空间。此处通道充分利用住宅空间与商业空间的边界，且没有侵占公共空间。

（4）类型 D（如图中 7），住宅空间面对公园的街面：在莲花香墅中，绝大多数的住宅空间并没有直接面对公园，居民主要依赖自己小区的开放空间，其最主要的原因是住宅空间通常都被商业空间、公园边缘其他游憩设施和公园中的建筑物所阻隔，视觉及居民活动难以触及公园空间。

（5）类型 E（如图中 8），商业空间面对公园的街面：就商业空间来说，开放空间的营造绝对能为商业空间带来更好的经济效益。然而，在莲花香墅中这种状况并没有看到，其最主要的原因是商家和公园间的视觉一直被熙攘的车流阻断。一般情况下，临近的开放空间可以为商业空间提供优质的视觉环境，而这在莲花香墅中是不存在的。除了车流之外，公园长时间被跳舞和运动的社区群众所占据，人们也无法再很好地欣赏到莲花公园的美。

2. 公共绿地问题

（1）莲花公园环境质量下降。莲花香墅内主要绿地空间为莲花公园，是居民重要的休闲活动场所，老人和小孩是公园的主要活动对象，公园利用率高，园内活动丰富，空间略显拥挤。另外，公园周边是餐饮一条街，油烟等餐饮废气、垃圾污染了公园的整体环境，居民对此有较大意见。宅间绿地荒废，缺乏管理。

（2）社区内宅间绿地缺乏管理，荒废严重。甚至有居民在其上进行违章搭建，绿地不仅没有达到美化环境的效果，反而成为废弃地，影响社区环境。社区围栏破损严重，难以保障社区安全。

3. 交通问题

莲花香墅主要由莲花北路（9m）、菡菁路（7m）、香莲路（9m）和嘉莲路（9m）围合而成，内部道路有嘉莲里（4m）和凌香路（4m）。有 7 条公交线路在莲花北路运行，调研范围内有一个公交站点——莲花中学站，城市主干道嘉禾路位于莲花香墅西北边，有两个公交站可便捷到达社区，嘉禾路在建地铁线路在莲花香墅附近设有两个站点。莲花香墅存在的交通问题如下：

（1）外来车辆多，交通混乱。小区内部白天车流量正常，嘉莲路车流较多，多为小区外部的过境车辆。由于嘉禾路修建地铁站，小区东边的过境车辆较多，加之嘉莲路存在多个 T 形交叉路口，增加了嘉莲路的负荷。嘉莲里道路宽仅 4m，导致相向车辆交汇时，需要避让，通行不畅。上下班高峰期，小区内道路较为拥堵。此外，晚上就餐时段有更多的外来车辆进入，道路拥堵严重。

（2）停车混乱。小区内部停车位远远无法满足居民的需求。小区内没有为居民设置的固定停车场。小区周边有嘉莲大厦停车场、嘉益大厦停车场、菡菁大厦停车场和盈翠嘉园停车场，均为地下收费停车场。嘉莲街道南部设有一个露天收费停车场，约有 50 个停车位，但与居住区有一定距离。目前，居民主要靠路边泊车解决停车难题，设置的收费泊位集中在香莲路一侧，约 25 个，其他道路侧均没有设置停车位，依然无法满足停车的需求。白天小区内部宅间路也停满了车，住宅底层的车库没有起到停车的作用，而更多被作为店面出租。因此，莲花香墅便成为周边地区的大型免费停车场。

（3）缺乏步行空间。小区内步行空间不完善，小区内部分路段设有人行道，但缺少连通性。嘉莲里靠莲花公园一侧设的人行道狭窄，被行道树阻隔，不能提供连贯的步行空间。凌里路因路面狭窄并未设人行道。菡菁路仅在靠凌香里居住组团住宅一侧设有人行道。因此，整个小区在部分路段属于人车混行的状态。晚上小区车辆无处停放甚至挤占人行道作为停车场，原本不完善的步行空间被占据。

4. 产业发展问题

在 21 世纪初，小区的餐饮业是作为一个特色产业被鼓励发展的。经过 10 年的发展，业态越来越单一化，位于公园东侧及北侧餐饮店环境卫生状况堪忧。嘉莲里别墅区内部也有一些商业，其业态分布（图 5-5）有健身房、咖啡厅、婚纱店和水疗中心，针对中高收入的消费人群。由于别墅区是门禁小区，环境幽静，目前利用率较低，无法集聚人气，但是消费的目标人群明确，存在较大的发展潜力。

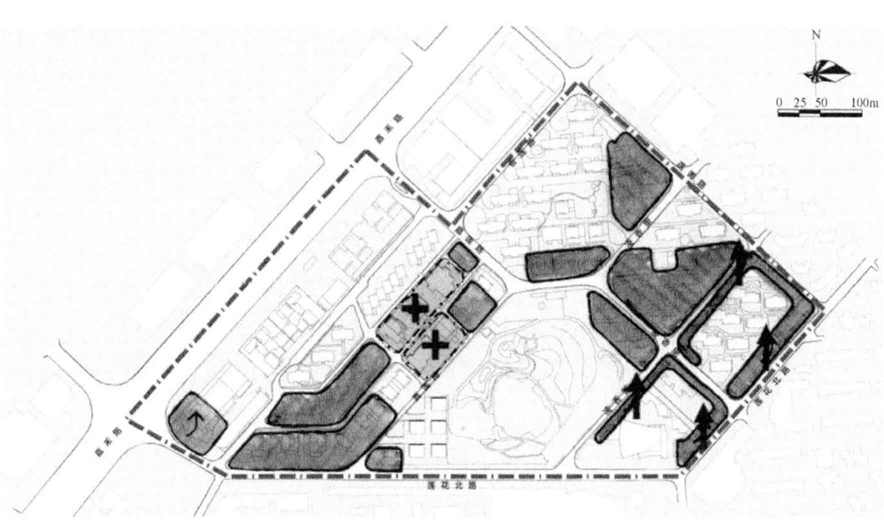

图 5-5 莲花香墅商业空间分布图

（1）餐饮设施不完善，商业扰民。由于商家的不断进驻，又缺乏管理，造成了不少扰民问题，包括油烟、噪声扰民、卫生环境的恶化以及食客进入与停车造成的交通拥堵等，商业问题亟待解决。

（2）商业业态下滑，片区知名度有待提高。曾经引以为傲的“煎蟹一条街”逐渐败落，除餐饮外，其他商业业态较少，丰富性不足。虽然不断有餐馆进驻，但目前沿街许多餐饮为大排档、烧烤等。餐饮带来人流与利润的同时，也加大了莲花香墅片区交通与公共空间使用的压力；且旧别墅改变使用功能或者拆除重建，无具体政策与规范实施。与厦门其他餐饮和商业服务片区相比，莲花香墅尚无突出特征，在来厦游客中的知名度不高。

5. 邻里问题

社区管理缺失，违法出租、违建情况严重。小区建设年代较久，未成立业主委员会与缺乏物业管理等，基础与公服设施配套不完善。片区内绿地缺乏利用，绿地与道路甚至被停车占用，使得居民使用公共空间受阻。大部分多层住宅底层的车库也被当作店面出租，卫生环境极差。在小区内随处可见违章搭建，更是无人管理，导致居住环境恶化。

住宅破旧，存在安全隐患。莲花香墅建于 20 世纪 80 年代，除嘉莲里外，凌香里等居住组团住宅楼外立面、楼道间大多严重破旧，没有单元防盗门，存在安全隐患。部分住宅楼地下室出租给租户居住，存在消防隐患，住宅楼顶违章搭建进行出租，毫无安全保障可言。

缺乏社区归宿感，商住关系恶化。小区内的居民多为租户，租户对小区没有归属感。片区面临较为严重的治安、环境等问题，餐饮商业对于居民生活环境影响较大，导致居民与商家关系恶化。

5.2 共同缔造工作坊的过程

在“美丽厦门共同缔造”理念的指导下，共同缔造工作坊，对莲花香墅片区发展进一步探索，希望借此改善莲花香墅的邻里环境，重焕社区发展活力。本次莲花香墅美好环境共同缔造工作坊团队成员来自两岸三地，包括中山大学、香港理工大学、台湾逢甲大学、厦门市城市规划设计研究院四家院校（单位），与当地居民、商家一起集思广益，共谋发展之路。

5.2.1 前期调研

工作坊团队在 6 月 8~10 日、19~20 日两次前往莲花香墅开展驻地工作，通过实地调研、讨论会、入户访谈等方式，了解居民、商家、政府眼中的莲花香墅。实地考察的目的是使规划师亲身经历周边环境和加深对社区的了解，使参加者熟悉其地理和环境的特征、社区文化、研究地点及周边环境的情况。透过对周边环境及状况的掌握，团队拟定了前期调研和讨论会的主要讨论题目，包括：居民心中的莲花香墅；莲花香墅的特色，与“莲花”的关系；莲花香墅存在什么问题，与商家的矛盾；商家的经营目的、面临的挑战和困境等。

第一次调研：6 月 8 日，团队对实地进行详细的第一次调研，了解片区主要资源特色、存在问题，并于当晚进行总结。6 月 9 日，召开了有工作坊团队与居民、商家、台胞以及嘉莲街道管理部门人员参与的座谈会。

第一场座谈会（图 5-6）：团队主要通过 PPT 引导各商家就交通问题、卫生与环境问

图 5-6　2014 年 6 月 8~9 日工作坊第一场座谈会现场

题、餐饮文化发展问题等多方面进行了热烈的讨论，切实了解商家眼中的莲花香墅，并共同谋划社区发展远景。

第二场座谈会（图 5-7）：第二场座谈会是与嘉莲台胞的讨论会。团队从台湾地区元素在厦门的发展与应用导入，就厦门与台湾地区“共同家园”话题启发台胞们积极发言，帮助大家认识社区资源与存在问题，以此了解台胞眼中的莲花香墅。

图 5-7 2014 年 6 月 8~9 日工作坊第二场座谈会现场

通过这两场座谈会，得出初步的共识：莲花香墅现有环境优雅，不适宜做街的概念，适宜走高端路线。莲花香墅的业态必须提升，要打造成有文化特色、主题特色的地块。解决停车问题的方向一是设地下停车场，二是提倡绿色、慢行生活理念。

第三场座谈会（图 5-8）：这是与嘉莲街道管理部门的讨论会。管理部门人员针对目前莲花香墅亟待解决交通停车与交通疏导问题提出多角度看法。同时，反映目前社区台胞数量递减现象，指出打造两岸融合社区存在一定的难度。认为当前莲花香墅的交通问题需要从两方面解决，一是解决停车问题，二是解决交通疏导问题，要有交通管制。通过讨论，团队深刻了解政府管理部门眼中的莲花香墅。

通过 6 月 9 日的三场座谈会，工作坊团队引导居民、商家、台胞与政府管理部门人员积极讨论，以此切实了解居民、商家、政府管理部门眼中的莲花香墅。

第二次调研：6 月 18~19 日，团队进行第二次调研（图 5-9，图 5-10）。在社区居委会工作人员带领下，团队分成四组前往各片区入户派发问卷，指导居民填写，并且与居民进行深入交谈。通过问卷、入户访谈，团队进一步了解到不同片区存在的不同问题。

通过本次深入调研，工作坊团队进一步了解到莲花香墅社区居民的看法与诉求，共同谋划社区未来发展前景，对方案形成与改善提出了宝贵的意见。

5.2.2 问卷调查

社区工作坊展开了问卷调查和上门访谈，收集区内超过 100 位居民的意见和期望。问卷调查于 2014 年 6 月 18~20 日期间进行。此次调研收集了居民对莲花香墅片区的评价和满意度情况，以及居民想要怎样的莲花香墅。

图 5-8　2014 年 6 月 8~9 日工作坊第三场座谈会现场

图 5-9　2014 年 6 月 18 日居民讲述“我眼中的莲花香墅”

图 5-10　2014 年 6 月 19 日入户访谈现场

问卷调查员于晚上 6：30~9：30 时段，分别到片区每一栋居民楼，抽样调查访问区的居民。问卷调查员访问了不同年龄、性别和不同年份居住在此地的居民，务求结果能够如实反映各方意见。研究小组共访问了 50 多位居民，收集了 42 份有效样本，其余样本因为填写不完整或资料有误而被排除。问卷的范本请参考附录。

经调研，七成以上的受访者为 30~49 岁，近八成受访者受教育水平为高中或中专以上，受访者的家庭结构多为三口之家。受访者中九成以上的家庭有车，其中两成以上的家庭拥有一辆车以上。近九成受访者在社区外工作，其中以商业零售贸易与批发、金融保险业以及建筑业等居多（图 5-11）。

超过八成的受访者不在社区内工作，由此可见，社区内的商业发展除了能提供便捷的商业设施外，无法为他们带来工作机会和收入的增加，这也降低了他们对商业发展的负面影响的容忍度。尽管有五成受访者表示如果莲花香墅社区能够提供相关的工作岗位，他们愿意接受，但对于事业已迈入稳定期、人际网络日趋固定的大部分居民来说，跳槽对于他们来说可能不是一件轻而易举的事情。

1. 社区的满意度

社区的满意度调查帮助规划师了解现时居民使用社区设施的情况和居民对社区的满意程度，从而调整社区的发展方向。结果显示，超过五成居民认为搬进该社区后，社区内的教育、体育、文娱和商业设施改善，但在邻里交往和生活成本、物业管理、交通条件、医疗卫生和环境治安等方面有所恶化（图 5-12）。居民认为尽管社区的公共设施不断地改善和日益多样化，满足居民的不同需求，但随着这几年周边商业发展人口流入，公共设施负荷过度使得公共设施和社区管理却日渐衰败。

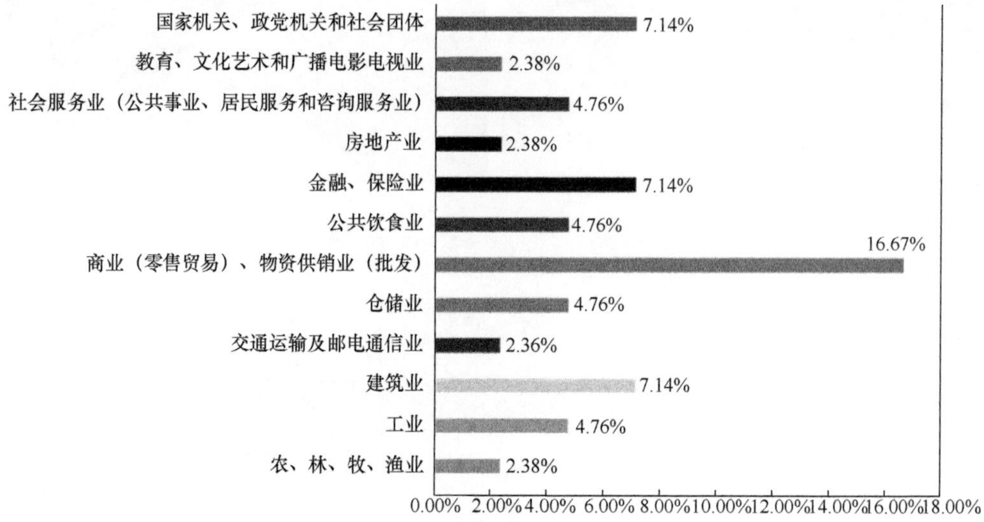

图 5-11 问卷调查结果统计

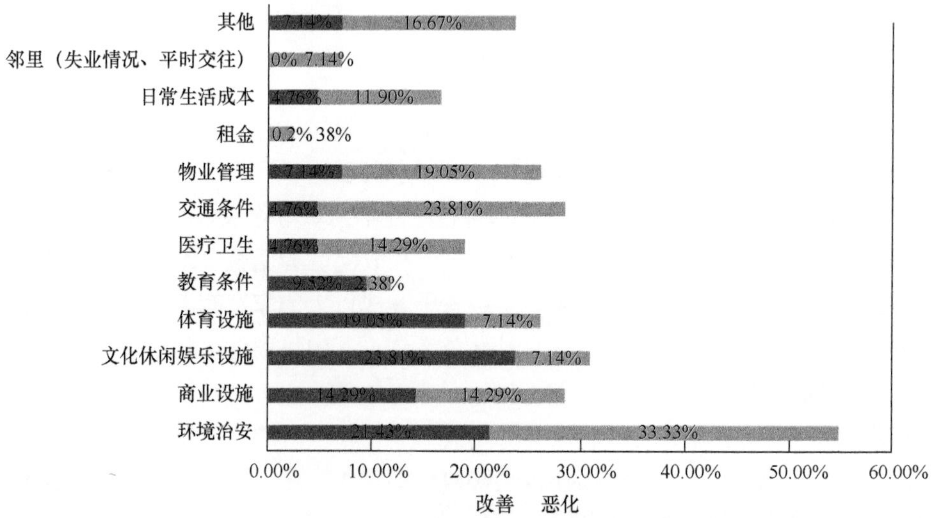

图 5-12 社区改善与恶化情况比较

2. 邻里关系

社区目前邻里关系，一成受访者与邻居零交流，九成居民主要通过日常生活接触和认识周围邻居，社区机构（如街道、居委、物业管理公司等）对邻里关系的作用几乎为零。

据居民反映，20 世纪 80 年代的莲花香墅社区属中高档小区，原居民多为单位同事，居民素质水平相当，邻里关系较和谐和融洽。而随着原住民逐渐搬离该社区之后，外来人口流入，使得居住人口增多，公共设施使用者增多，公共服务设施使用者荷载超标，造成资源短缺，难以满足居民需求，从而加剧了邻里关系恶化。加之，外来人口情况较为复杂，文化、背景、生活习惯上的差异，导致社区居民与租户之间的交流和沟通缺乏，对社区的关注度和认同感下降，这是相互间关系恶化的根本缘由。

3. 社区参与

在社区参与方面，居民参与社区活动的整体活跃程度不高，仅有不到一成的居民经常参与社区活动，且主要以老年人为主；约六成的居民有时参与或很少参与。但在询问“居民是否有兴趣参加社区共建”的问题时，近一半的居民表示非常有兴趣，并认为应增加社区活动的类型，为居民参与社区共建创造多元化的机会。居民希望多增加文艺类活动的社区活动类型，例如亲子活动、文艺活动、体育活动、书法绘画展览、夜市、跳蚤市场和街头表演等。可见，居民对莲花香墅社区发展为文化创意汇聚点有一定期望。

4. 居民与商家关系

七成受访者会去周边餐饮店用餐，他们认为餐饮店商家若能打造出干净卫生的店家形象，发展更多的特色餐饮，将会更好地吸引周边居民用餐。超过七成受访者表示周边餐饮店对居住环境有负面影响，主要体现在卫生环境、交通拥堵、停车位告急、噪声太大、破坏公共绿化空间、行人过马路存在安全隐患等。由此可见，居民与商家的关系有待改善。

5. 居民对未来的发展的设想

在探讨居民对未来发展的意见问题中，整合居民意见后，最需改善的方面依次是物业维护、交通条件和医疗卫生。近九成的受访者表示对社区组织的迫切需求。居民提出划分居民和商家的具体停车位、增加停车场布置、停车规范化管理等意见。

居民对居住环境、商业文体设施和教育条件提出了改善的要求。绝大多数居民提出应增加开放空间和增加座椅，如阅览区、交流区、棋牌区、运动区等，以满足居民的日常需求，提供居民日常交流空间，改善邻里关系。另外，儿童设施优化和增加路标和指引是莲花公园首要改善的地方。

希望新成立的商家协会能做到真正意义上的组织和管理，拟定公约，诚信经营，接受居民、城管、工商部门的监督，营造一个卫生、安全、舒适的商业环境和维护莲花香墅片区的居住环境。

5.2.3 初步方案评议

针对不同人认为莲花香墅存在的问题以及对莲花香墅的不同愿景，团队提出共同缔造莲花香墅大公园的思路，让居民有良好的居住环境、商家有和谐的经营氛围、游客有优美的步行体验；并提出以下六大计划与社区代表们探讨其可行性：交通改善计划；产业提升计划；空间美化计划；和睦邻里计划；友善商家计划；社区规划师培训计划。

8 月 5 日，在思明区嘉莲街道二楼会议室，召开了莲花香墅美好环境共同缔造工作坊会议，这是继曾厝垵工作坊后再一次新的尝试。团队分别与莲花香墅片区的居民、商家针对莲花香墅的未来发展的相关议题展开热烈讨论（图 5-13）。

图 5-13　2014 年 8 月 5 日初步方案评议现场

首先，与居民共同探讨了方案的可行性。工作坊团队给大家介绍了和睦邻里计划，通过半封闭式小区管理，重新组织小区内部的交通流线；对社区里的违法出租进行整顿，改善社区绿化环境；并提出解决小区问题的当务之急是清理车库以及组建业主委员会。居民们赞同把现有的车库恢复为原来车库的面貌和用途（即传统的车库）。但由于初步方案中的步行系统对居民带来一定影响，因此建议规划师适当调整方案。

下午三点钟，工作坊团队邀请了莲花香墅片区的商家参加了第二场讨论会。会上，工作坊团队向大家介绍了产业发展的设想，并提出了友善商家行动计划，组建商家协会，开展店铺美化、回馈社区等一系列活动，提升片区知名度，改善邻里关系。与此同时，商家也提出了停车难、租金上升幅度太大、经营成本高等问题。

5.2.4　公 众 咨 询

8 月 30 日下午三点半，在思明区嘉莲街道莲花香墅片区内莲花公园北门广场，召开了莲花香墅美好环境共同缔造工作坊室外公众咨询会。本次咨询会采取全开放的形式，户外会议的形式更加促进了居民、工作坊成员、政府管理者之间直接与透明的交流，也加大了宣传的力度，让每个人都能了解到片区发展的美好愿景。通过展板的方式向居民、商家与政府管理者展示了莲花香墅片区未来的几大发展计划。大家针对莲花香墅的未来发展展开热烈讨论，居民们对于方案提出的“大公园”理念表示很大的认同，同时也对方案提出了许多宝贵意见，最终大家对小区未来的发展达成了共识。

本次咨询会采取户外会议的特殊形式，让居民们畅所欲言，透明与直接的交流方式也打消了居民的顾虑。公众直接参与规划，并且推动规划实施，使他们迸发出极高的热情，也是对美丽厦门共同缔造方法的进一步探索与实践（图 5-14）。

图 5-14 2014 年 8 月 30 日室外公众方案咨询会现场

5.3 共同缔造工作坊方案

经过共同缔造工作坊的相互沟通，居民对莲花香墅社区未来发展的态度发生了改变。他们逐渐意识到个人在社区担当着举足轻重的角色。社区是自己的社区，居民很乐意参加莲花香墅美好环境共同缔造。原有的居民与商家之间存在的停车矛盾、商业扰民、卫生环境恶化等问题，也在面对面的交流中不断地得到初步的化解。

本次工作坊提出了六大行动计划，涉及了交通、产业、物质空间、邻里关系、商家联盟、社区规划师等六个方面。居民、商家对本次工作坊提出的“和睦邻里计划”、“友善商家计划”表示非常认可与支持；而政府管理部门也针对“交通改善计划”“空间美化计划”等开展了系列活动，包括莲花公园的步道建设、游乐园的改造等。

5.3.1 美好愿景

因为位于莲花公园周边分布着精致、高档的别墅群，这一片区得名“莲花香墅”。但莲花香墅不见“莲花”，片区缺乏识别性，很多人置身莲花香墅片区，却不知自己身在何处。对此，团队打造以“莲花”作为主题，以“香”“墅”作为体验对象，凝聚居民、商家、游客各方力量，共同营造莲花香墅大公园；让每个进入莲花香墅的人，都能感受到这是带有“莲花”价值符号的、别具特色的、轻松愉悦的体验空间（图 5-15~图 5-17，彩图 5-15，彩图 5-16）。

莲花：象征着纯洁、静谧、高尚、健康、绿色。在喧嚣的城市中，莲花香墅应该成为闹中取静的一片绿洲，让人留“莲”忘返。

香：包括味香——提倡健康饮食；茶香——茶道与茶文化体验馆；花香——莲花公园、邻里公园等；书香——书香社区、艺术墟等；禅香——养身会所。

墅：古有两个含义，一是“田庐、村舍”，来源于曹植的“剧哉边海民，寄身于草墅。”二是指“在本宅之外营建的田庄园林”，来源于《晋书·谢安传》。在这里引申为物质环境，包括别墅、小区、公园等。对于居民而言，“墅”体现为书香社区，是美好的家园。对于商家而言，“墅”体现为文创街区、健康饮食区等，让人安居乐业。对于游客而言，“墅”体现为莲花香墅大公园，让游客一进来就置身于美好的公园环境当中。

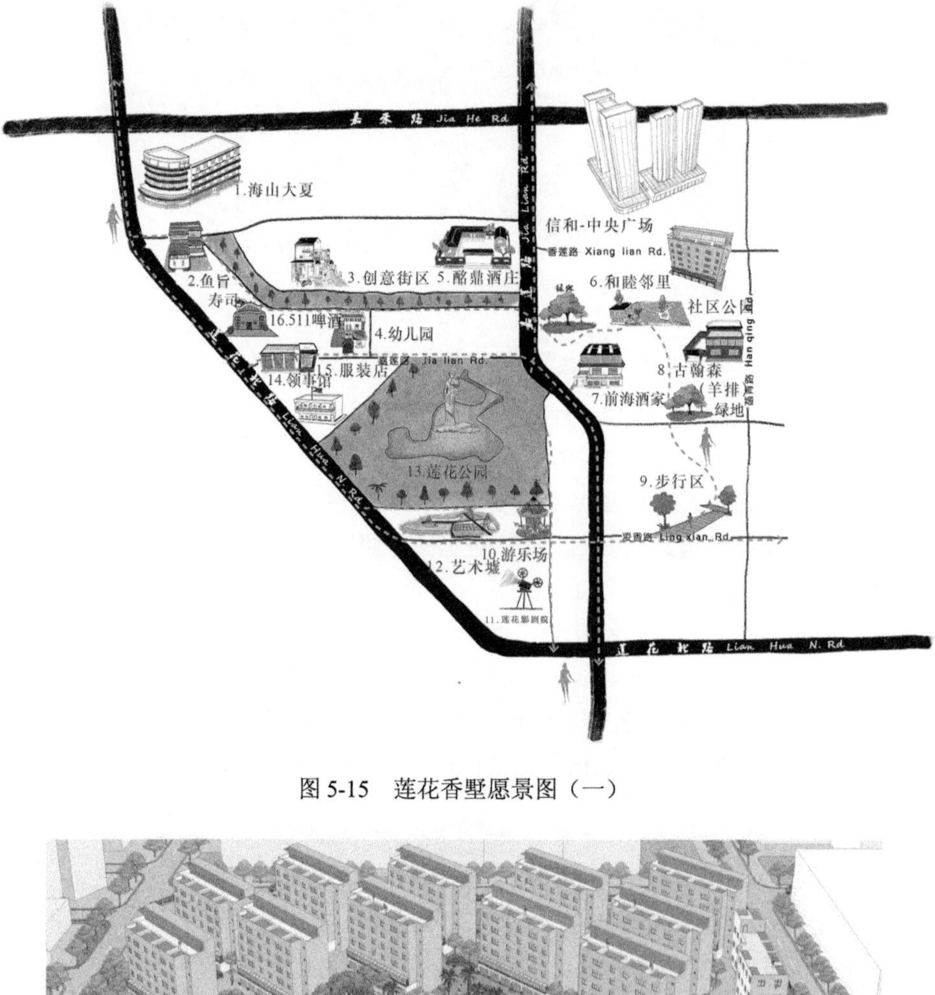

图 5-15 莲花香墅愿景图（一）

图 5-16 莲花香墅愿景图（二）

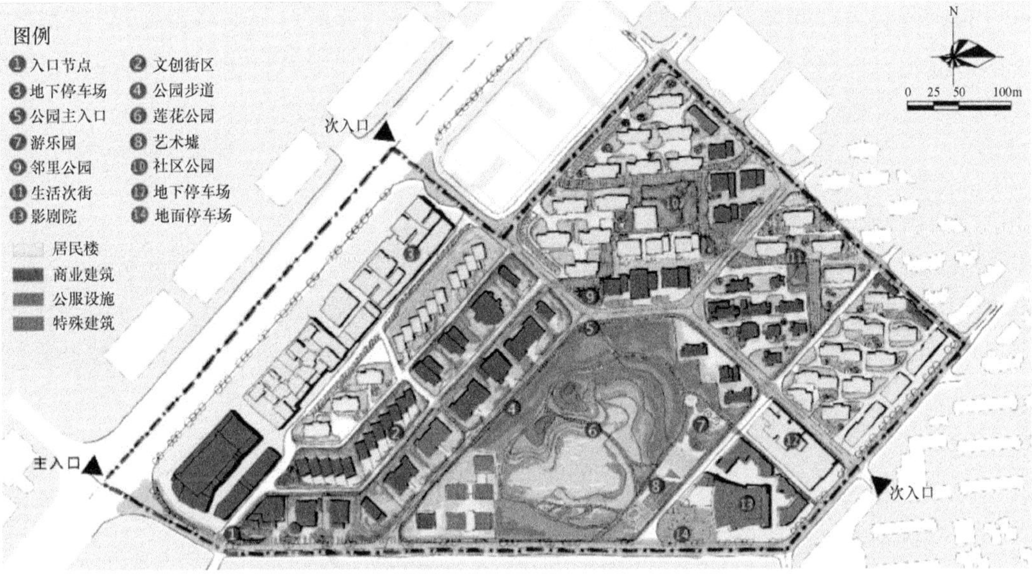

图 5-17 规划平面图

5.3.2 行 动 策 略

策略一：以公共空间带动环境治理与群众参与，完善地面人行步道系统，串联片区主要节点，营造莲花香墅大公园，让莲花香墅在城市化中彰显“地方特色”。

策略二：通过社区治理改善社区形象，营造具有认同感的社区，重焕和睦邻里，提升社区品味。

策略三：丰富莲花香墅产业业态，提升产业竞争力；通过友善商家计划促进商家与居民之间交流，共同营造美好家园。

在此基础上，拟定了交通改善计划、产业提升计划、空间美化计划、和睦邻里计划、友善商家计划、社区规划师培训计划等，通过行动计划推动莲花香墅美好环境与和谐社会的建设。

5.3.3 行 动 计 划

1. 交通改善计划

1）改善思路

绿色低碳，公交出行；良好步道，行人优先；减速慢行，汽车共生；软硬兼施，车适其位。

2）绿色低碳，公交出行

本次工作坊对莲花香墅的定位：未来其将成为厦门市区的一片绿洲，富有情调与生活气息，成为厦门的第三张名片。当前，莲花香墅片区周边分布多个公交站点，片区内到达最近公交站点步行距离不到 300m，公交便利。同时嘉禾路与湖滨北路有一在建地铁站，未来出行便利。因此，鼓励绿色低碳，公交出行，可以让居民、游客认识到，莲花香墅不是餐饮一条街，而是充满趣味的体验空间。如此一来，居民、游客会自觉放弃自驾车，选择绿色出行，慢步享受莲花香墅的花香、书香、味香、茶香、禅香等。

3）良好步道，行人优先

莲花香墅片区内分布有别墅群、菲律宾领事馆、红酒窖、影剧院、莲花公园等丰富资源，街巷尺度宜人，具有良好的步行空间。本次工作坊规划构建连贯、完善的步行体系，串联主要公共空间，结合环境提升，营造莲花香墅大公园。打开以往为方便小区管理封锁的铁门，重新规划步道，提供一个舒适、安全的步行环境（图 5-18）。

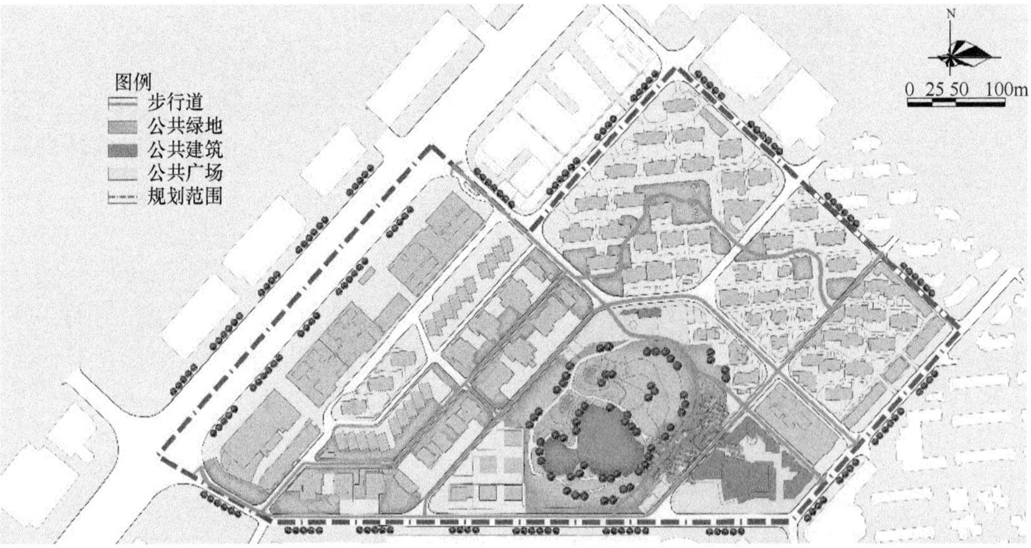

图 5-18　步行体系图

4）减速慢行，汽车共生

除了提倡绿色出行外，针对目前莲花香墅片区交通混乱情况，工作坊团队还对其交通进行梳理，提出保持现状通行能力，并设法让进莲花香墅片区的汽车减速，培养礼让行人的思路。这一思路得到了居民、商家的认可，即把莲花香墅打造成以人为本、汽车共生的良好街区亦成为大家的共识。规划在莲花香墅内的主要道路，包括嘉莲路、香莲路、凌香路等按照 30~50m 间距设置减速带。通过减速带减缓车速，一方面减少为走捷径穿行莲花香墅的车辆；另一方面为行人营造安全的氛围。

5）软硬兼施，车适其位

莲花香墅之所以“停车难”，主要是其成为周边地区“共享”的“免费停车场”，导致居民进出不便。对此，本次工作坊提出几个策略，以期改善莲花香墅混乱无序的停车状况。

（1）划定停车位：目前莲花香墅的公共空间、房前屋后都被车辆占用。改善停车状况第一步是界定公共空间与停车空间边界，划定停车位，规范停车；腾出公共空间为莲花香墅增加活动场所。

目前莲花香墅有嘉莲大厦、菡菁大厦两个地下停车场，分别可提供 126 个、25 个停车位；影剧院入口广场有 26 个停车位，街道办事处入口广场可停放 25 辆车，街道南侧原中药厂停车场可容纳 50 辆车。此外，本次工作坊在莲花公园东南侧，设计艺术墟空间方案。艺术墟周末作为创意市集，吸引文创爱好者前来交流；平时则作为停车场，可以提供 18 个停车位，方便居民、顾客使用。目前小区路面违章停车现象严重，根据实地调研，香莲路、菡菁路、莲花北路部分路段可设置平行式停车位，共可提供约 104 个车位。

（2）发放小区车辆准停卡：小区出入口设置升降杆，对小区居民发放车辆准停卡，禁止外来车辆停车。小区停车位布局方式可参考和睦邻里计划中香莲里小区的布局方式，并收取适当停车费，作为小区管理经费。

（3）规范路面停车，收费管理：划定路面停车位，对车位进行统一收费与管理。路面停车对外来车辆开放，通过入口 LED 显示器提示车位剩余数，前来消费的顾客停车需要服从统一管理、安排，规范停车。

2. 产业提升计划

1）提升思路

针对莲花香墅的优势资源与优美环境，围绕莲花香墅的味香、茶香、花香、书香、禅香，向存量餐饮产业中植入健康、创意元素，引入和培育增量创意产业，增加其他商业业态；从空间上将各产业活动串联，围绕“大公园”布局，从创意到观光，满足客人吃、住、娱、购各类需求，打造一体化互动体验场所。具体包括：

（1）挖掘健康时尚要素，发展健康餐饮业；

（2）注入文化创意元素，打造厦门新名片。

2）发展健康餐饮业

餐饮业的提升既要迎合健康时尚的潮流，同时又要体现莲花香墅“香”的特质，需要注入体验餐饮的理念，从味觉和视觉两方面，使餐饮店铺成为莲花香墅体验空间的有机组成部分。

（1）餐饮高档化：素食产品。天然的素食已经成为健康、时尚、品味的标志，更是高档餐饮的象征。首先营造素食的氛围，从素食文化与健康时尚的宣传入手，提高素食餐厅的识别度及以素食为主题装修内部空间，体现清淡养生的氛围，进而培育素食餐厅。原产地食材。健康饮食来源于食材的品质，餐饮业可从食材的来源地做文章，让食材“开口”讲原产地故事，讲述食材是如何种植、收获、运送到消费者的餐桌上，甚至把原产地的人、环境和故事描述给消费者，成为打造健康与体验餐饮的手段。特色餐饮。围绕闽南及台湾地区的饮食文化，对特色的饮食产品予以重点培养。将特色食品的来源、发展及影响带给消费者，注重品牌的打造。

（2）餐饮建筑创意化：可结合不同饮食类别设计餐厅的建筑形态，设计主题餐厅，营造个性餐饮空间；运用高科技手段，使餐饮建筑和餐饮过程新奇、刺激，满足年轻人猎奇的心理。

3）注入文化创意元素，打造厦门新名片

（1）发展文创内街（嘉莲里别墅群）：聚集文艺气息，以单栋建筑为单元，以点带线的方式活化整个内街。借助优质的环境要素，利用莲花香墅与台湾地区的侨胞联系，不断吸收高层次的文青进驻街区，开办工作室，举办艺术展等，增强莲花香墅的文化创意气息。

（2）引入时装设计室：与艺术院校或创意培训机构联合开展活动。在莲花香墅设立固定工作室作为据点，不定期举办设计人员、居民与游客之间互动的活动。依托婚纱摄影的现状，拓展礼服定制、服装设计等创意产业，开发创意服装卖场、摄影基地。

（3）营造“艺术墟”公共空间：定期举办艺术墟文化嘉年华、艺术卖场。给设计人员提供展示创意作品的平台，同时还可以借助群众剧院，促进设计人员与群众的互动，创意产品作为设计人员与群众的桥梁，创造体验式的互动空间。

4）产业布局

莲花香墅以“莲花”象征的高雅、健康为主题，围绕“打造体验式的互动空间”的理念，划分为以下几大主题功能区：

（1）健康饮食区：充分利用现有高档餐饮店，发展健康饮食（比如素食等），提高餐饮店准入门槛，逐步淘汰大排档、烧烤等污染严重的店铺，形成四个片区：饮食区一依托日本鱼旨寿司、邵公馆、香墅西餐厅等；饮食区二依托前海酒家等；饮食区三依托城里乡下、古翰森等；饮食区四依托草根堂等。

（2）文创街区：创意区一存在较多可利用建筑，产业发展空间大，结合嘉莲里香墅群优美空间环境，以陶瓷工作坊、婚纱摄影店、绿冷工程公司总部等为依托，吸引文艺青年、艺校毕业生等前来开办工作室、举办作品展等。创意区二主要为保留现状已有的服装设计店等。创意区三则为艺术墟，为文创青年提供展示作品的平台，周末举办的艺术活动促进居民、商家、游客进一步交流。

（3）养生区：依托现有 SPA 会所，以消费体验为主打，积极发展健康养生产业。

3. 空间美化计划

1）总设计理念：台湾地区元素的融入及社区形象重塑

在挖掘莲花香墅社区中存在五种迫切需要提升和改善的空间类型，包括①入口及沿街面旁商业空间；②住宅空间与商业空间无明显分界；③住宅空间与商业空间中有可被强化的分界；④住宅空间面对公园的街面；⑤商业空间面对公园的街面。其中还有一个大的问题就是“社区中的各小区缺乏足够的识别性”，在识别性和个性不足的情况下，居民对“家园”的认知性和归属感是无法被凝聚的，包括影响对日常生活环境的品质、价值观等的认知。

为了强化“家园”在居民意识上的认同感，各小区的形象塑造和社区品质的提升是必需的。因此，规划师借鉴了台湾地区的社区改造的经验并提取了闽南空间元素，揉合出专属于莲花香墅社区的空间形象系统，该系统分为三个部分。

（1）闽南建筑元素。厦门和台湾地区的生活习性、饮食和空间型态均受到闽南文化的影响，故以台北剥皮寮社区作为案例。为了强化社区闽南生活的风貌和文创游憩的目的，利用红砖砌墙、木门、抿石工法和街道灯具的选择应用，打造台湾地区文化、生活意象。另外，因应片区的未来方向以游憩为目的，在社区的地图绘制和指引系统的设计和布置方面也须考虑其布置的地点和模式。

（2）文创商品包装的意象。成功的社区营造与成功的商业经营模式是无法切割的，因此，莲花香墅片区的商业提升必须透过文创包装，将人文和地方特色带到商品中，并把商业包装成为地方的“特产”。经由“特产”传达出地方性、人文性与限定性等三种特质，吸引人潮对该社区的回顾率。通过艺术家联名绘本、市花、文史地图和生态设计独特的包装风格，来展现一个社区鲜活的风格特质，借由这种模式来凸显创造社区意象的想法。

（3）小区识别砖与道路指引系统。莲花香墅社区是一个大型的住商混合社区，各小区目前没有任何的指引和识别系统，这是造成社区特色无法彰显的主要原因之一。为了解决这个问题，针对各小区利用中国吉祥元素（如铜钱、如意、葫芦和莲花等）制作小区识别砖，并将其镶嵌在地面上形成小区的道路指引系统（图 5-19）。

图 5-19 片区识别系统

2）莲花香墅入口设计

目前，莲花香墅片区入口处的标志性建筑不显眼，没有明显的入口标示，不仅空间辨识度不强，入口的正确位置也不清晰，街道识别性较弱，且没有特色性区分，即使进入该片区也仍不知身处其中（图 5-20，彩图 5-20）。

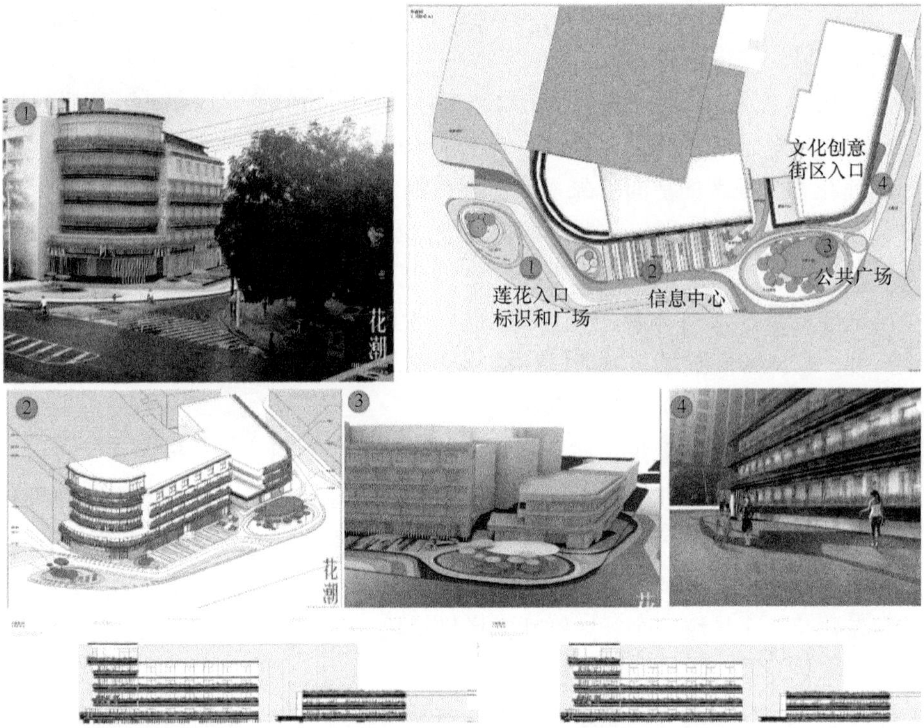

图 5-20　入口广场平面图

（1）方案理念。莲花之美除了花本身的美态之外，更重要的是需荷花绿叶包围衬托出花的美态。其中，绿叶即为入口广场，而荷花为莲花公园，入口广场的设计让人能快速识别莲花香墅的范围，衬托莲花公园这朵“荷花”，吸引途人停留，并带领他们到莲花大公园及区内其他景点。

运用荷叶的概念打造不同尺寸、形式和材质的景观小品，这些景观小品可根据需要或使用者布置在莲花片区不同的位置满足不同的功能，可用作休息座椅、儿童游戏平台、凉亭、广场水池和街灯等。

（2）平面功能分析。入口处设计主要分为四个功能区，即入口广场区、公共停车区、信息中心及公共广场、嘉莲里文化创意街区入口处。首先，对整个入口处建筑立面风格的整饰和招牌风格进行统一设计。建筑的立面通过垂直绿化的手段，把现有的空调外部装置做隐蔽处理，形成条状的绿化风格，与莲花北路上的建筑风格和绿化处理保持一致。一层的立面，透过局部增加木条装饰作为不同功能区的分割。其次，信息中心的增设和下沉广场的设计，使得入口处的功能更加丰富，有利于人流的集散，并为居民和游客增加了公共交流空间。最后，嘉莲里文创街区入口处，借助墙面设计的独特性，文创街区的商家可在此处墙面绘制自己的主题作品，吸引游客进入嘉莲里文创街区。

3）嘉莲里文创街区营造

（1）设计理念。以“莲花 1980”为题打造创意文化产业街区，注入文创经营业态，从文化、创意、人文艺术、品味与生活的概念出发，经营竹工艺品、瓷器、茶具、创意产品、诚品书店等。为文创青年提供交互式交流空间，对消费者而言，不仅是一间简单的买书卖书、品茶卖茶的商店，更多的是关注品牌背后所代表的态度与认同。

（2）台湾地区风格的庭院设计营造。利用“台湾产红砖”作为内街的透水性铺面，路缘辅以抿石工法做街面排水设计，街面嵌入识别砖作为导引系统，大大提升了小区的识别度。

为了清楚打造内街作为住宅区和商业区的区隔，重塑内街围墙作为徒步休憩的景观墙。以一系列台湾产红砖砌成拱墙，打开围墙的封闭性，在拱墙中置入休憩坐椅，拱墙顶盖及坐椅背墙利用铝格栅增强拱墙的穿透性，还可种植爬藤植物（如三角梅）来强化内街既作为边界又是公共空间的特色（图 5-21，图 5-22，彩图 5-21，彩图 5-22）。

图 5-21　文创街区平面图及立面图

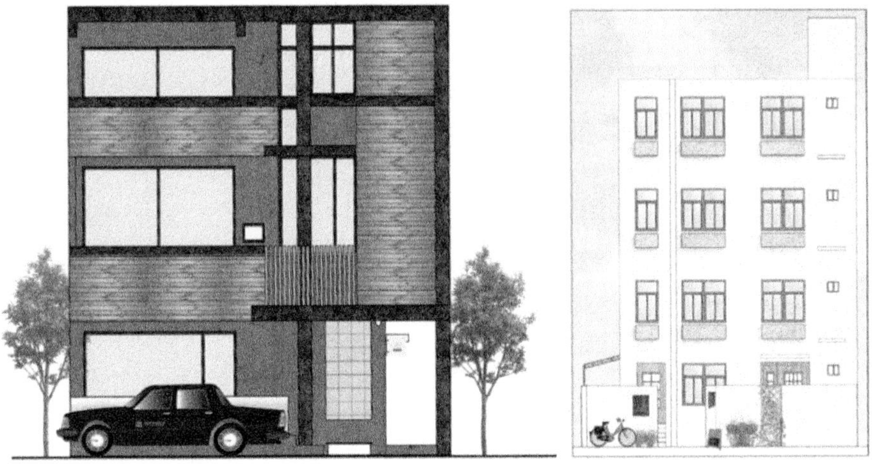

图 5-22　文创商家建筑改造示意图

4）艺术墟方案设计

因莲花香墅内部较为混乱的交通，莲花公园被车行道路切割，地块内部各片区分割明显。为了实现方案中大公园体系，在莲花公园东南与影剧院相邻地区建设可由停车场与艺术墟互相转换的空间，希望通过艺术墟的建设并解决莲花公园部分对外停车问题，使得莲花公园与影剧院产生联动，将其打造成具有艺术特色的市民性区域（图 5-23，彩图 5-23）。

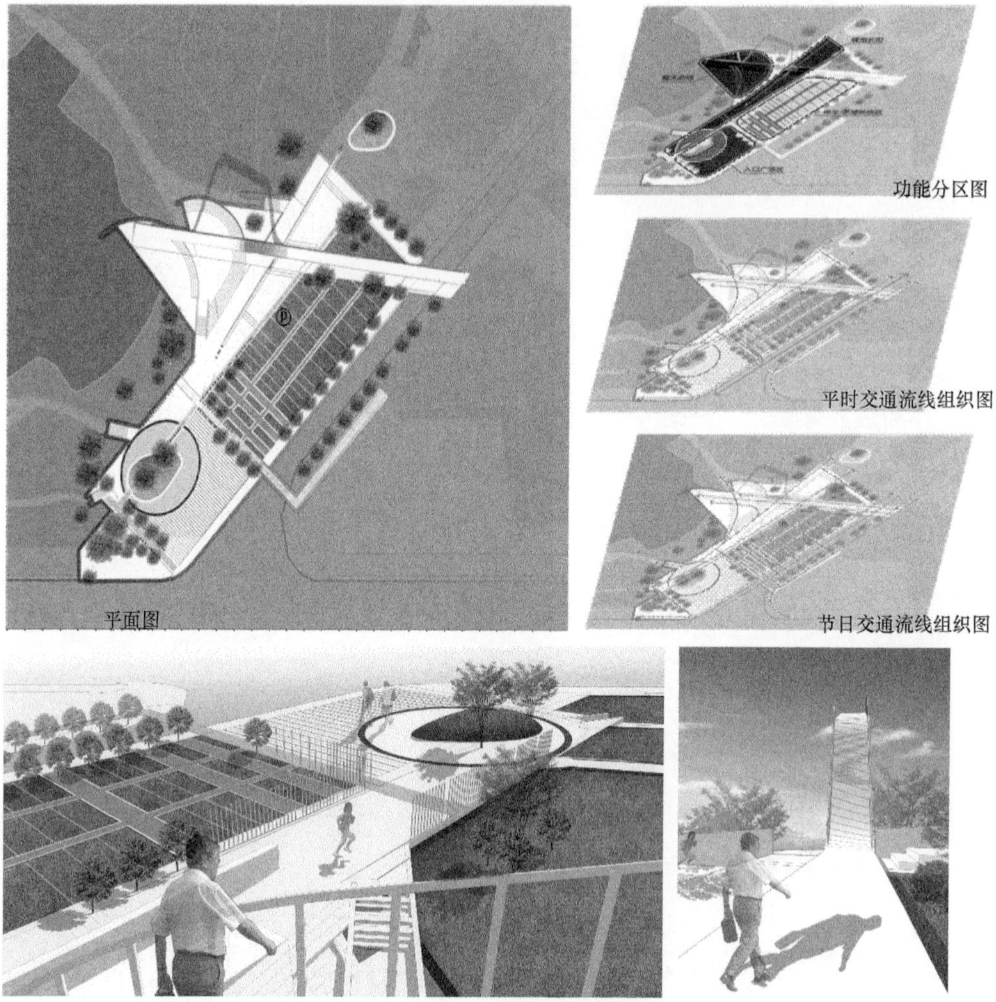

图 5-23　艺术墟平面图

（1）方案理念：充分利用现状地势高差，以简练的圆、椭圆、线、方、点等几何图形构建极简形式，并在沿湖边形成景观制高点。打破局促，将该地区打造为一个开阔舒适而可供自由转换功能的室外空间。

（2）平面功能分析：方案平面以两个 L 型与一条笔直的直线构成主要道路；以两个椭圆构成主要活动空间；以渐变的线条构成停车与艺术墟转化空间；以两个圆弧构成露天剧场。直线代表莲花的柄，剧场的圆弧代表莲花的花托，而湖则代表莲花。

方案被分为停车-艺术墟转换区、入口广场区、蜂炮长廊与露天剧场四个功能分区。停车艺术墟转换区可以在现状基础上划分 3m×5m 的停车网格，绿色为可以随意走动的透水砖；入口广场区同样以条状肌理作为铺装，并保留现存的广场舞空间，并在与蜂炮长廊交界处行车草丘起到休闲与分割空间的作用；蜂炮长廊是连接西南与东北的主要道路，道路以缓坡由南向北爬升 2m，并在路旁设置 2m 高白色长杆，夜晚发出白光，形成台湾蜂炮景观；顺应下沉地势形成剧场，主要直线道路在这一片区抬升，形成飘带状景观，并起到眺望台作用。

5）游乐园改造

（1）设计理念：对现有的儿童游乐场进行改造提升，拆除或提升一些老旧儿童娱乐设施，增加休息空间，使其成为亲子交流互动的重要场所。注重与莲花公园空间上的过渡，保持与周边环境的协调，将其改造成为一个现代化、多功能的游乐场。

（2）平面设计：游乐场分入口广场、游乐设施区、亲子活动区、休息区等功能区。主要游乐设施包括旋转木马、组合滑梯等，增设一个沙池游乐设施，儿童娱乐更加丰富。为了增进亲子关系，增加亲子交流的时间和场所，还布置亲子花圃，既可以学习花卉知识，也可定期举办社区花卉培育比赛，成功栽培的花卉植物添设在社区的每个绿化角落，增加居民和儿童对社区的归属感和认知感。场内不建设永久性建筑，只配套休闲、娱乐、观赏、体验等游乐设施（图 5-24，彩图 5-24）。

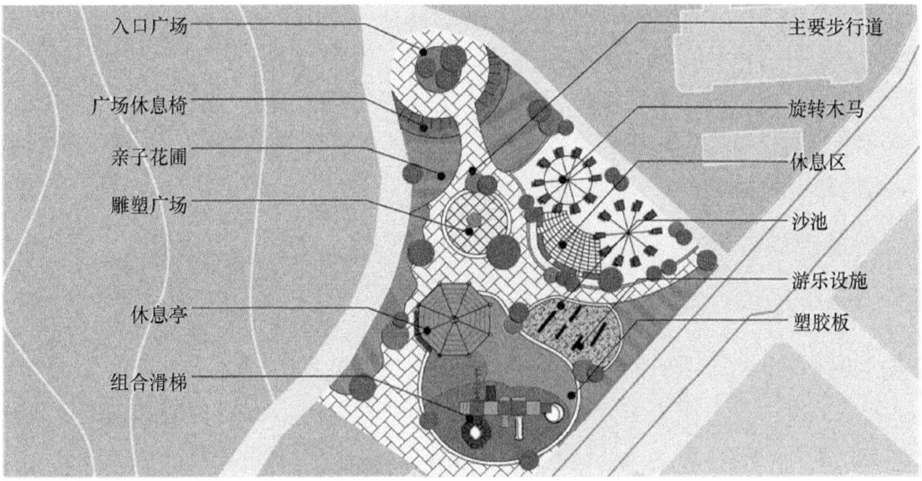

图 5-24　儿童游乐园平面图

为了使游乐场成为莲花公园的一个部分，拆除原有的铁栏杆，变成开放式的游乐场，以绿化带作为分割，增加休息坐椅。

6）社区邻里公园

（1）设计理念：社区邻里公园与社区居民日常生活起居密切联系，承担社区绿化及社区活动等功能，为居民提供优质的休憩场所和居民互相交流情感或联谊的公共场所。邻里公园改造以静态休憩为主，加强绿化植栽和景观美化，适度增加健身设施，在节日或定期举办社区居民多元化活动，成为社区居民的生活和休憩中心（图 5-25，彩图 5-25）。

（2）平面设计：增设两处社区邻里公园，即分别位于香莲里社区的西侧（邻里公园①）和南侧出入口（邻里公园②）。在邻里公园①，改善现有绿化空地废弃，保留大面积绿化培植作为主体景观，以小型灌木为造景景观。为进一步提升公园本身的附加价值和增加居民交流的公共空间，增加小型广场、步道等硬铺面设计，以满足举办社区活动

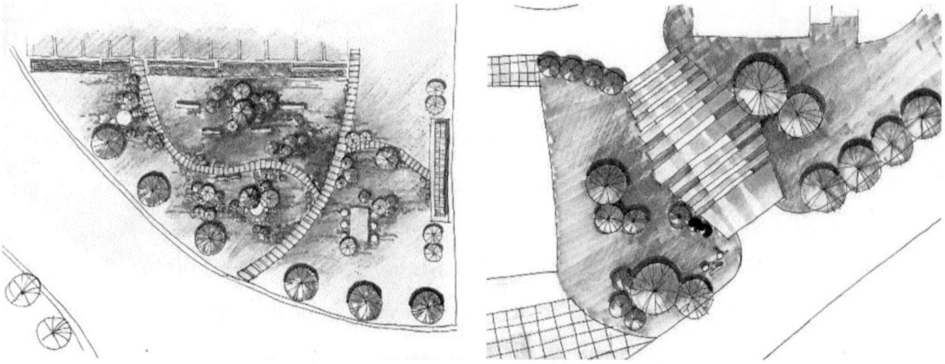

图 5-25　邻里公园平面图

需求。在功能上，除了增加休憩空间，例如设休息坐椅、下棋桌椅等，增加介绍莲花小区和莲花片区的宣传栏，便于居民持续地沟通交流，提升社区居民生活品质。增加亲子花圃培育基地，既可作为绿化隔离，同时又增进本社区居民间、家庭亲子间、不同社区居民间的交流和沟通，增强居民对社区的认同感。

在邻里公园②，增设个性化入口设计为主要的步行出入口，配合香莲里片区的专属砖作地面铺装，提高社区的辨识度。注重沿街步道休憩空间的营造，增设坐椅和步道铺装，让人们在莲花香墅能感受到一种“慢活”的氛围。

4. 和睦邻里计划

1）改善思路

通过香莲里小区居民问卷、访谈及座谈会所反馈的问题与诉求信息可知，香莲里小区治理所需解决的核心问题主要在于非法出租、顶层违建、公共空间被占等管理缺位，以及小区设施老旧等。

因此，和睦邻里方案的思路为：以空间环境建设为载体，营造良好的社区环境；开展和睦活动，成立业主委员会等自治组织，融入制度建设，实现小区事务的管理。和睦邻里计划的主体在于居民、基层自治组织以及政府职能部门。

2）空间方案介绍

通过居民参与规划，根据居民的意见与反馈，本次工作坊多次调整香莲里小区的空间方案，形成居民较为满意的方案。

空间方案内容主要包括：重新界定小区出入口，建设步行道，连通组团与组团、组团与外界之间，严禁车辆占用步行道停车。建设以人为本的社区；建设绿地停车场与实施车辆准入制度，规范停车；营造半封闭型社区，梳理居民、商家的交通流线，减少两者之间相互影响与摩擦等（图 5-26）。

（1）界定小区主要出入口与小区围墙。从空间格局角度分析，香莲里小区居住空间与商业空间混杂，人流相互影响。小区居民需要封闭的出入口，实施门禁管理。通过多次居民座谈与现场观察，团队选在香莲路靠近信合广场的小区口为主入口，

图 5-26 和睦邻里平面图

居民车辆主要由此进出。对商家而言，其注重开放的空间与人气共享的氛围，因此面向莲花公园这侧的别墅群以开放为主，可从凌香路多处地方进出。在小区居民集中生活的区域——主要为 11 栋小高层集中的区域——设置半通透的围墙，禁止车辆随意进出小区。

实线表示设置实体的半通透围墙，避免路上车辆从其他地方随意进出小区内部，造成交通无序；通过小区主入口的拦车杆实施专门针对车辆的“门禁式管理”，小区居民车辆允许进入内部停车，禁止其他车辆进入（特殊情况除外，如消防车等）。在多次的讨论会上，居民均提出与商家相通的道路也必须设置车辆通行的门槛，避免消费者的车通过其他地方穿行到小区内部。因此，在社区公园周边和内部道路上，多设置了两个封闭式围墙，避免车辆通行。

在实线的围墙之间，即虚线圆点表示的区域，则通过绿化、台阶等方式，让车辆无法通行，行人可正常行走。通过“实线”“虚线”的交通管制，香莲里小区居民处于半封闭式管理，商家依旧处于开放的大环境之间，以此避免车辆的相互干扰（图 5-27）。

（2）重新组织香莲里交通流线。香莲里片区的交通流线分为人行和车行两种。通过步道设计、步行入口的开辟等方式，实现社区公园、街头绿地等对行人开放共享。规划香莲里小区鸟语花香是适宜步行的社区。

车行流线组织包括小区居民车行线、商家（包括消费者）车行线。小区车行线从香莲路的主入口进入，到达各楼层的停车库，部分车可停放到入口两侧的绿化停车区域(约可提供 44 个路面停车)。小区居民共有 110 户，按照 1∶1 户均比，刚好可以满足住户停车需求。考虑到小区居民亲友来访、消费者前来停车等问题，在香莲路、菡菁路设置平行式路边停车，约可提供 30 个临时车位。

图 5-27 香莲里小区围墙设置示意图

商家车行线主要通过凌香路进入到店铺，但需避免对小区居民的生活造成干扰。

（3）建设邻里公园。目前香莲里小区有很多街头绿地被荒置、被停车占用，除香莲路一侧的绿地整理为绿化停车外，其他绿地均需加强绿化种植，恢复应有的绿化空间。对此，工作坊选取了靠近酩酊酒庄处的绿地、城里乡下招牌附近的绿地为示范，建设邻里公园。

3）行动指引

（1）清理车库。区缔造办联合相关执法局等职能部门，与百联有限公司合作，对小区内部车库进行清理。同时邀请百联公司参与和睦邻里共建活动，共同营造良好的社区。

（2）规范停车与收费管理。实行车辆准入制度，只允许小区居民车辆进入社区停车。香莲里小区内约可提供 110 个停车位（包含车库停车与绿化停车，不包括路面停车），可以满足香莲里住户停车需求（根据居民楼宇设计，香莲里最大户数按照 110 户计算，停车位户均比按照 1∶1 计算）。小区外约可提供 54 个路面停车位；路面停车对社会开放，当小区内停车位无法满足居民需求时，优先保障居民的日常停车需要。

停车费用的收取按照厦门市相关规定执行，由街道或者居委先代管收费事项，之后成立业委会再交由业委会管理使用。

除收取停车费用外，生活在小区内的居民、商家均需缴纳物业管理费、卫生保洁费等，具体费用参照厦门市相关规定执行。该费用作为小区购买服务、维修设施的储备金，具体包括雇请员工进行治安巡逻、卫生保洁、停车登记管理等事项。

（3）成立业主委员会。动员每栋楼居民，选举产生楼长，楼长牵头业主（包括小区能人、积极分子）等筹建业主委员会。通过业主委员携手小区居民建立小区值班管理、停车收费、卫生保洁、费用使用公示、监督等机制，制定小区自治公约，完善小区自我服务。可参考学习思明区鹭江街道小学社区“我爱我家”、中华街道镇海社区“金色梦想小区”等改造项目。

对优先设立楼长的楼栋进行奖励，建议按照设立顺序分三批次实施奖励。对第一批设立楼长的居民减免当年50%的物业管理费用，第二批为40%，第三批为30%。

（4）聘请人员，加强小区管理。各楼栋的卫生、治安主要由该栋居民自己管理、维护，楼长负责统一管理；楼栋外的公共空间，通过向居民、商家收取物业管理费用、停车费用等，聘请专职员工进行管理。在员工聘请上优先雇请本小区下岗人员或者有劳动能力的需要帮助的群众。

（5）建设邻里公园。目前香莲里小区有很多街头绿地被荒置、被停车占用，除香莲路一侧的绿地整理为绿化停车外，其他绿地均需加强绿化种植，恢复应有的绿化空间。对此，工作坊选取了靠近酩酊酒庄处的绿地、城里乡下招牌附近的绿地为示范，建设邻里公园。邻里公园的建设建议申报以奖代补项目。

5. 友善商家行动计划

莲花香墅片区汇集众多商家和人气，然而一方面由于商家缺乏自我管理，带来污水、油烟、噪声等环境问题，给片区居民生活带来困扰；另一方面，片区如停车位等公共资源有限，商家对于停车位等空间的需求日益扩大，与居民争夺公共资源，导致双方心存怨怼。如何改善片区商家与居民间的关系，营造和谐美好的生活氛围，需要商家迈出“破冰”的步伐，即推进友善商家计划。

1）焕发商家协会活力，形成商家联盟自律组织

莲花香墅筹建商家协会后，缺乏实际活动，协会只是名义上的组织。因此，将鼓励商家协会拟定相关章程，作为开展友善商家行动计划的前提。

针对污水、油烟、噪声污染等扰民问题，商家协会需拟定自律联盟公约，诚信经营，自我约束，提升自我管理水平，并且接受居民、城管、工商等部门的监督。

为提高莲花香墅产业知名度，同时方便商家协会成员之间联络、活动信息共享等，建设莲花香墅商家协会的网站。通过网站发布莲花香墅友善活动信息，邀请居民、游客参与；同时作为内部平台，凝聚商家认同感。

2）商家环境改善计划

（1）改造店铺排污设施，减少环境污染。在街道和居委会牵头下，由商家协会组织开展商家环境改善计划，特别针对大排档、水果摊等店铺，开展排烟、排水等工程改造。在排水方面，严禁商家向沿街道路下水口倾倒废水；排烟方面，要求商家安装

烟气过滤装置，尽可能减少油烟的排放；烧烤与大排档等经营者，需要在结束每日经营后，打扫经营场所的卫生，特别要清理地面油渍。

改造后相关排污需要达到国家餐饮业污染防治的相关规定。经营餐饮业项目应根据污染防治需要设置餐饮业专用烟道、油烟净化装置、油水分离设施或处置装置和降噪减振设施，并按环保部门要求排污。油烟排放应符合《饮食业油烟排放标准》（GWPB5—2000），污水排放应符合《污水综合排放标准》（GB8978—1996）和《厦门市水污染物排放控制标准》（DB35/322—1999）。

对改造结果申请以奖代补，补贴改造费用。

（2）推进店铺与房前屋后的自我美化与改造，营造良好的街区环境。商家通过自己动手或邀请专业设计人员参与等方式，进行店铺与房前屋后的自我美化与改造。店铺整饰可涉及墙面、地面、墙柱、飘蓬、灯箱、广告牌、门窗等方面的修整与装饰。房前屋后改造则可涉及庭院、围栏、花坛、绿地的修缮与美化。将房前屋后的公共空间重新修建为居民日常交流的场所，营造有特色的庭院。对美化结果实施评比，并申请以奖代补，补贴改造费用。

（3）协商确定营业时间，杜绝扰民行为。在商家协会与业主委员会组织下，商家与居民共同协商确定商家的营业时间。可按照不同的经营业态或经营方式来确定。如经营行为完全在建筑内进行的商家，其营业时间较经营行为涉及露天空间的商家更长一些，在遇到特殊经营时期，如世界杯期间，酒吧等场所可适当延长营业时间等。

（4）推广垃圾分类处理，推动绿色发展。在网站上发布绿色健康的消费理念，通过商家协会号召、鼓励商家以身作则，进行店内垃圾分类处理，特别是厨余垃圾与普通垃圾的分类处理；同时向消费者推广绿色健康消费理念。

（5）开展“门前三包”活动，实行责任制管理。商家是莲花香墅重要的成员，营造莲花香墅的美好环境，需要商家充分发挥主人翁精神，划定责任区，对责任区内的环境卫生、环境秩序和绿化进行维护与管理。可参照执行《厦门市“门前三包”责任制管理办法》。

3）商家回馈社区活动

（1）主办或协办丰富多彩的社区活动，实现双方互利互惠。商家可根据兴趣爱好或经营所需向社区居委会申请举办社区活动。如餐饮店推出健康饮食活动，打造莲花香墅品质消费，对本地居民消费进行优惠打折；同时可举办美食品鉴活动，邀请片区居民参加。此外，社区居委会举办社区活动时，商家可与其积极展开合作，以资金、服务或人力等方式参与到社区活动的协办中，深化互动。

（2）开放活动空间，促进双方友好融合。商家可根据各自情况，开放自己店铺内或房前屋后的空间，如活动室、庭院等给片区群众，作为其聚会、活动与讨论场所。商家与业主委员会的联席会议便可在这些空间里开展，既达到会议目的，也营造出轻松和睦的氛围。

（3）建立商家“爱心联盟”，关怀需助群体。社区居委会与商会合作，共同号召与组织片区商家成立“爱心商家联盟”，社区居委会制作专门的爱心卡，发给片区内低保户、困难户等需要帮助的群体，拥有爱心卡的群众在“爱心商家联盟”成员店消费时，可享受最低折扣等特殊优惠待遇。同时，商家可以向顾客宣传“爱心待用餐”活动，即顾客在消费的时候，可支付最低的费用买下一份餐饭为“待用餐”，拥有“爱心卡”的成员可以免费享用待用餐。

（4）停车位分时公用活动。经商家协会与业主委员会联席会议讨论，拟定莲花香墅片区公共停车位管理办法，制定分时公用公约。约定片区停车位在协商经营的时段内，由来此消费的客群使用；在非经营时段内，由片区居民依据需求使用。由商会采取商会自收或雇人收取等方式，在经营时段内，对来此停车的客群按照标准收取费用，将费用按照一定比例，交由商会、业委会与社区居委会管理。如：每月收取的费用，其中50%交由商会管理，作为商会举办活动的资金；30%平分给各居民自治组织，作为进行小区改造与建设的辅助资金；20%由社区居委会管理，作为举办社区活动的辅助资金。

商会与居民自治组织每月定期召开联席会议，对于不遵守公约的商家（如在非经营时段将店铺附近的停车位通过链锁、路障等方式占用）与居民（如在经营时段长时间占用停车位）予以通报，分别由商会、业委会对其进行一定金额的处罚。

4）友善商家奖励计划

（1）举办公共空间评比活动。针对店铺与房前屋后的自我美化与改造活动，邀请商家、片区居民参与评比。获得前三名的予以奖励，并申报以奖代补。

（2）举办商家市政改造评比活动。对改造效果明显、居民满意的商家进行奖励，并申报以奖代补。

以奖代补申报流程、办法参照《思明区“美丽厦门共同缔造”试点工作“以奖代补”专项资金申报办法（试行）》。

6. 社区规划师培训计划

由街道办事处与社区居委会邀请拥有社区营造经验的人士，组织片区内商会成员与商家代表参加友善商家培训课程。培训课程的主要内容如表5-1所示。

表5-1 社区规划师培训课程表

活动编号	课程名称	主讲嘉宾	培训对象	主要内容
1	无物业小区自治共管	思明区小学社区负责人；思明区镇海社区负责人	业主委员会、楼长、居民等	老旧小区如何实现无物业自治，如何做好小区组织建设等；以小学社区“我爱我家”改造项目、镇海社区“金色梦想小区”为例
2	社区活动中心建设（老人友善型社区活动中心）	思明区前埔北社区负责人	业主委员会、楼长、居民等	以前埔北如何利用社区公共空间建设社区未成年服务中心为例
3	社区物业管理培训	物业公司	业主委员会、楼长、居民等	如何做好社区物业管理，包括环境卫生、治安等
4	商家协会组织建设	思明区曾厝垵文创会负责人	商家协会成员、商家代表等	以文创会为例，如何组建商家协会，如何扩大品牌影响，如何开展丰富多彩的活动等
5	商家房前屋后美化培训	日本鱼旨寿司负责人	商家协会成员、商家代表等	以鱼旨寿司为例，如何整理商家房前屋后的空地，改造为兼具实用与美观的特色庭院

5.4 工作坊成效

在街道、社区两委与当地商家、居民的广泛参与下，莲花香墅共同缔造工作坊对居民反馈的现状问题与诉求，从道路体系与重要节点的建设与改造入手，拟定美好人居环境建设的规划方案。在各主体的广泛参与和支持下，相关空间规划方案已投入实施并初步完成。

5.4.1 莲花香墅步行道

莲花香墅作为片区内环境优美、公共场所集聚的空间，是片区居民休闲健身的首选。但由于缺乏完整的步行道系统，给居民活动带来诸多不便。基于商家与居民的意见反馈，莲花香墅共同缔造工作坊团队在各主体共同讨论与协商下，拟定莲花香墅步行道改造与建设方案。在街道牵头，各主体协力推进下，片区步行道建设顺利完成，有效串联片区内主要公共空间与高品质店铺。这不仅满足片区内居民的活动诉求，更有利于提升莲花香墅知名度，在对外吸引客源方面有较大助益（图 5-28，图 5-29，彩图 5-28，彩图 5-29）。

图 5-28 莲花香墅步行道系统建设情况（一）

图 5-29 莲花香墅步行道系统建设情况（二）

5.4.2 莲花香墅标识系统

步行道系统的建设与标识系统的建设相辅相成，在完成步行道系统建设的同时，各主体采纳共同缔造工作坊中拟定的标识系统建设方案，基于工作坊团队结合多方意见绘制的莲花香墅发展愿景图，在进一步广泛征求意见的基础上，设计完成莲花香墅标识牌。基于此，结合步行道系统的建设，将标识牌树立于片区主要交通节点处。

莲花香墅标识系统的建设，进一步完善片区步行交通系统的建设，与此同时，使得片区内诸多鲜为人知却独具风情的高品质店铺得以为人所知，在打造具有广泛吸引力的商业节点方面有诸多助益（图 5-30，彩图 5-30）。

图 5-30 莲花香墅标识系统建设现状

5.4.3 莲花香墅小游园

莲花香墅内有片区重要的公共活动空间——莲花公园，其是片区内中老年人组织舞蹈、合奏等娱乐活动的重要场所。其原本有提供给儿童娱乐的设施，但由于年久失修，已不再具有使用价值。在工作坊活动过程中，有居民提出建议，希望能够在莲花公园内增加可供儿童游玩的设施。在工作坊团队的参与下，由街道牵头，莲花公园内已建设设施多样的小游园，除配备供给儿童游玩的设施外，还增设诸多健身器材，服务于片区居民（图 5-31，图 5-32，彩图 5-31，彩图 5-32）。

图 5-31 小游园现状（一）

目前，莲花公园小游园成为集聚人气的重要活动空间，在为居民生活增加便利与乐趣的同时，进一步拓展与丰富了莲花公园的功能，充分发挥其公共价值。

图 5-32　小游园现状（二）

6 东坪山共同缔造工作坊

根据区位的不同，一般将当前的农村分为远郊村、城边村、城中村三类。不同于远郊村，城边村与城中村都是城市快速发展的产物，具有农村与城市的双重特性。但是，位于城市建成区之外、城市近郊区范畴的城边村（赵建华，2010），在更大程度上保留了传统村落的特征，村内或多或少存在着农用地，村落中原住民比例也较高。受到来自城乡的双重影响，位于城乡之间的城边村，在空间形态上具有明显的过渡性，其社会关系、价值观及生活方式也由传统乡村模式逐渐走向城市化。夹在城乡之间的城边村，糅杂了现代与传统、外来与本地等元素，不同元素之间的冲突与矛盾，使其未来发展具有不确定性。

在城边村的发展过程中，存在两类需要解决的问题。其一是乡村社会的重构，其二是保护与发展的矛盾。

在社会方面，农业文明时期，受生产力水平的影响，人们必须依靠相互协作，共耕农事来完成农业生产，并以此应对自然灾害的影响，农地成为联系人与人关系的重要纽带。因而，传统乡土社会强调协作共赢，在传统乡土社会中，人与人之间社会关系网络稳定而密切。这种相互协作通常发生在同姓家族与邻近聚居的村落之中，促发象征集体的宗族文化与乡村文化的形成，即受血缘、地缘的影响，乡村社会实质是熟人社会。

在城市初始发展阶段，城边村的劳动力往往被城市吸收，同时村内并无现代产业发展以吸引外来人口进驻，村落走向产业及社会的空心化，发展渐趋停滞。乡村惯有的熟人社会解体，乡村空间不再是传统交往性的空间，人与人依靠空间互动而拥有的“黏性”逐渐消失，生产力水平提升等因素也导致相互协作逐渐淡化。在传统社会结构逐渐解体，新的社会结构尚未建立的分岔口，乡村发展陷入迷途。

关于保护与发展的问题，由于城边村在城市初始发展阶段渐趋停滞发展，村落的建筑等物质空间走向衰败。村民具有住房更新的需求，却无经济来源支撑更新。而随着城市的扩张，以及城市新型生态休闲消费观念的形成，位于城郊区位、并具备良好生态环境的城边村，开始具备发展的潜力。然而，城边村多位于城市的生态保护区，如何在满足生态保护条件的前提下进行有效的开发，并让所获效益回馈村民，以满足其物业更新的经济支持需求，且形成社会经济的可持续发展机制，是城边村取得保护与发展平衡的关键问题。

共同缔造工作坊，以其搭建各方沟通交流平台，通过参与式设计进行公共场所营造，以及进行相应组织机制设计的优势，作为解决城边村社会破碎化问题、保护与发展问题的方式，提供有价值的途径。搭建多方沟通交流平台的优势，体现在专业知识和本地经验的有效沟通。一方面，外来的规划师不了解当地的文化、资源，需要通过与本地村民进行平等有效的沟通以获取相关的信息。另一方面，本地村民不了解村落生态资源、文化资源等的经济社会价值，需要专业人士的敏锐触觉进行挖掘。工作坊提供的交流平台，恰好可以让专业人士更好地了解当地的资源，以针对性地进行策划。

此外，共同缔造工作坊致力于形成村落管理的有效组织及机制，以为村落发展提供可持续的动力及可维持的保障。在共同缔造工作坊的座谈过程中，往往能发现具有领导能力的乡贤、能人，通过工作坊平台，易于发挥他们为村落发展出谋划策的能动性及组织群众的号召能力，从而便于乡村组织与其他组织进行沟通，便于乡村社会发展规划的推动。同时，共同缔造工作坊致力于探索村落发展经济、社会、生态平衡的可持续机制，以期在村落发展中形成经济、社会、生态的和谐发展。

同时，共同缔造工作坊以村落公共空间的活化为切入，以此带动村落社会关系纽带的重塑。村落公共场所的再次营造，是重塑乡村和谐社会，重塑乡村集体归属感的重要切入点。这是因为特定社会塑造特定空间，在集体性的社会结构影响下，乡村空间也是集体的。在过去，以公共空间为代表的村落空间，具有强烈的集体性代表意涵。例如，我国乡村常见的祠堂建筑与风水塘，既是宗族血亲的象征，同时又是宗族议事、惩戒、嫁娶、丧葬、教育等公共活动开展的场所。再如，南方乡村村口的大榕树，除融合子嗣昌盛等风水之意外，也是村民纳凉、聊天、娱乐的热闹之地，在个别村落，还成为村民节庆祭祀路线的重要节点。而农业生产重要的灌溉水渠，其本身即由村民或村落间相互协商、共同建筑的集体性活动建成，其服务对象也是乡村集体。乡村公共空间的建设与维护行为需要集体行动同时需要共识支撑，因而更像是一种空间符号，成为乡村社会共识的代表。公共空间，特别是传统公共空间是村民认同感与归属感产生与延续的重要载体。在当代，生产力水平提升等因素导致相互协作逐渐淡化，乡村传统社会结构的破碎化，引致集体空间的破碎化。因此，以乡村公共空间为载体，重构社会关系，重塑社会结构在城边村的社会重塑方面具有重要意义。在充分发挥乡村传统组织凝聚民心民力的基础上，结合乡村社会经济发展实情建设新型乡村组织。依托组织发动的集体性活动，促发村民更深入的交流与沟通，重新联结破碎化的社会关系，找寻回归与创新的平衡点，从而在乡村社区内实现美好环境与和谐社会的共同发展。

厦门东坪山社共同缔造工作坊从 2014 年 7 月开始，在政府部门的积极推动下，规划师深入东坪山进行实地调查，用心倾听村委、村民、农家乐经营者和相关热心人士的发展意愿，并多次同当地政府和村民交换意见和想法，并获得了良好的规划成果。下面以厦门东坪山共同缔造工作坊为例，讲述城边村共同缔造工作坊的开展过程及实施方案，以期为我国城市老住宅街区的公众参与提供有价值的启发和借鉴。

6.1 工作坊背景

6.1.1 东坪山的发展概况

东坪山位于厦门岛云顶岩山脉西北麓，坐落在5A级鼓浪屿—万石山风景名胜区，位于思明区的中心地带，交通十分便利，距离厦门高崎国际机场仅10.7km 。长期以来都是厦门本岛市民周末休闲度假的旅游胜地。

东坪山行政归属思明区莲前街道西林社区（原西林村）。原西林公社于1955年农业合作化时归属和平高级农业合作社，1958年公社化时属公社农牧场，1984年改为西林村委会，1987年划归开元区莲前街道办事处，2003年5月划归思明区莲前街道办事处，2003年6月实行村改居后，并更名为西林社区居委会。

东坪山社过去称东拜山（音），曾是18个社，后来聚集发展成一个大村。据当地村民说，东坪山傅氏祖宗是跟随郑和下西洋时，遇台风到此地定居繁衍后代，现2/3的村民都是傅氏子孙，其他大多是后来迁入的。

解放前东坪山人口有140人，农民以农耕为主，村里唯有一条曲折的小山路，交通极不方便。在改革开放前，村民主要种植水稻、花生、大豆、蔬菜等，收入很低，每月只有3元左右的收入，民风淳朴。20世纪70年代以采石为主要经济收入来源，1980年封山禁止采石，继而开始分田到户。村民此时也开创了一种以运输作为经济创收的发展模式，在这一阶段，村民的收入得到了提高，一直发展到1985年、1986年。

2003年6月实行村改居后，东坪山社现有108户，389人。年轻人普遍下山打工，年均收入在4万元左右。老年人收入主要依靠社保维持生活。

东坪山村庄规划范围46.8hm^2，住宅用地9.46hm^2，耕地11.38hm^2，林地14.82hm^2，水域5.49hm^2，道路用地2.63hm^2，军事用地5.49hm^2。常住人口达114户，总人口422人；2014年统计，房屋总建筑面积约42442.5m^2，人均住房面积约100.6m^2/人。

东山规划范围33.95hm^2，现常住人口167户，总人口473人。房屋总建筑面积约26143.1m^2，人均住房面积约55.3 m^2/人。

6.1.2 东坪山的丰富资源

东坪山社位于环境优美、风景秀丽的东坪山山脉，被东坪山、大东山、坑仔山所包围，具有丰富的自然资源，包括东坪山山林、水库水塘、奇山怪石等。东坪山社历史悠久，经过几百年的沉淀，东坪山、东山现有许多丰富的人文资源，包括特色的闽南古厝、街巷空间、农田资源等。

1. 自然生态资源

1）山林资源

东坪山社依山望海，从东坪山燕新谷可以望到碧海蓝天。

东坪山社位于一个山谷中，该山谷被东坪山、大东山、梅海岭、坑仔山、大厝山、云顶山等山体所包围。山上树种丰富，除了传统的山林树木外，东坪山社周围的山上还有当时“造果林运动”留下的大片的龙眼树。丰富的山林资源使东坪山社空气清新，环境优美，称得上是厦门的“天然氧吧”。

2）水库水塘

东坪山有丰富的水域资源，包括山顶的水库以及村庄内部的几处水塘等，水域错落有致，丰富了村庄的景观，为游客的旅行提供不同的旅游体验。

东坪山社村庄北部山上有一个水库，起到蓄洪泄洪的作用，水库堤岸已做硬化处理，新建的护栏提高了游览的安全性，为将来开展东坪山旅游活动奠定了基础。

东坪山村庄内部有3处水塘，两块靠近军区，其中一块为农家乐私有，供垂钓使用，另一块军区已在水塘内进行建设活动。还有一处水塘位于东坪山洗衣池对面，周围被农田所包围，主要用于灌溉。

东坪山最大的水面是东坪山水库，水面广阔，水质清澈，鱼虾等水生动物在其中游曳，是周末和假期市民垂钓休闲的好去处。水库周边已经做了木栈道，计划连接水库两岸，将水库打造成步行休闲的场所。

3）奇石景观

东坪山社早期以运输起家，主要运输山上的石头到山下，用于建筑行业。东坪山社周围的山头上，现在还有当时的采石遗迹。虽然现在已经限制了石料的开采，但当时采石运石留下的遗迹也成为东坪山特色的景观。

4）古树

村内有多株年代较久远的龙眼树，古树不仅是个遮阳避雨、休憩交流的场所，同时见证了东坪山发展的历史。东坪山以龙眼起步，如今的龙眼树代表了20世纪80年代村民的拼搏努力；小孩子从小在树底下嬉戏玩耍，古树陪伴儿童走过美好的童年。树荫底下一直是村民日常活动的地方，这些地方都是以人尺度为导向的，是村民对家的延伸。古树代表了村庄的活力与象征，是村民对村庄产生认同感并感受到愉悦生活品质的源头。

5）农田资源

东坪山社耕地资源丰富，但部分已出租给农家乐经营管理，剩余的农田种植着多种多样的瓜果蔬菜，一般是农户自家用，多余的提供给农家乐作为做菜的原料，农家乐内一般亦保留了少许的菜地作为其食材的原料来源。

值得一提的是，1982年实行以果代林的政策，东坪山村民掀起广泛种植龙眼的热潮。村里成立了龙眼科技协会，会员免费入会，有100多位会员。协会组织会员到湖里区等地考察，学习嫁接技术。村里统一买苗，村民自己尝试嫁接。科技协会曾提议成立收购-加工小组，打造龙眼产业链，将龙眼整合收购，制成桂圆。但当时村民的积极性不高，又因投入资金较高，收益无法保证，最终计划落空。如今东坪山遍布龙眼树，龙眼质量也较好。尽管近年来龙眼的价格不高，但东山社居民热情仍然较高，收成后将龙眼运到西林农贸市场销售；相比之下，东坪山社居民普遍收入较高，对果树疏于照料，且雇人采摘成本较高，任由龙眼树自生自灭，造成资源浪费。2006 年会长退休后，协会就没有继续运营。

除了丰富的农田，在村庄内部，动植物种类较多，资源丰富。果树包括香蕉、木瓜等，植物包括竹子、仙人掌、马尾松等，蔬菜包括地瓜、玉米、丝瓜等。位于观音山路的蝴蝶谷，是厦门市台湾蝴蝶馆利用东坪山良好的自然环境在此地开办的蝴蝶观赏养育园，并以此为基础吸引人流，附加了餐饮等服务设施，增加产值，获得利益保障。蝴蝶谷内蝴蝶品种单一，但设立了蝴蝶观察园，蝴蝶孵化观察箱等，是进行亲子教育的好去处。

丰富多样的生态资源应如何利用，如何让这些宝贵的自然资源成为东坪山发展的动力并激发它的活力，从而引导更进一步的社区发展，如何在繁华沿海大城市的中心区地带营造一片别样的自然空间，这些问题和关系值得工作坊团队和村民认真讨论和深思。

2. 人文资源

东坪山社历史悠久，村内保留有部分的闽南古厝，由石头建成。这些石头都是取自村庄周围的山体，村民居住在自己的房子里就像和周围的山在对话。东坪山社村庄建筑一层多为石头构造，粗糙的石头质感使街巷具有与众不同的美感，石头建筑与现代混凝土建筑的对比也形成了多样的街巷空间，每条街巷都不尽相同，行走其中，获得不同感受。

另外，还有少数村民的祖屋建筑保存状况较为良好，完美的展示了东坪山古厝的风采。东坪山社内有一处傅氏宗祠，以及一处庙宇，庙宇香火鼎盛，每年 8 月 15 日还有庙会举办，东坪山的宗教信仰与祖先祭拜就沉淀在这两栋建筑中。

东坪山小学也是古厝中的一个，保留得较为完整，教室的分隔保留着几十年前的样子，是东坪山上一代人的纯真记忆。一处为东坪山小学门前的广场，周围还有晒谷场。这里地面平整，是晚上大妈们跳舞的好去处。东坪山小学及其门前广场，是东坪山人集体记忆的承载空间。此空间的活化，将会勾起村民们的集体回忆，并由此重塑东坪山人对乡村建设的共同热情。以此类空间为切入，是带动村庄优化复兴的有力切入点。

3. 产业资源

东坪山、东山具有丰富的文创资源，包括山茶花，三无寨等文化主题的客栈，以及一批新东山人——山茶花客栈老板、东山之森李高雄老师、贝壳客栈老板等。

燕新谷是位于东坪山入村道路边的一处农家乐，木质结构建筑，内部空间结构包括会议室、餐厅、休息间、观景平台、水池等，在观景平台上，如果天气好的话，可以看到远处碧蓝的海面。目前燕新谷作为工作坊驻点使用，平时很少接待客人，但其幽静的环境及充足的空间值得体验。李香兰会所位于观音山路，仅接受预约，内部装修精美，并为内部空间划分了区域，满足不同消费者的不同需求。三无寨位于山顶，紧靠山顶水库，不对外开放，仅作为业主休闲聚会的地方，三无寨处于东坪山制高点，景观优美。九布谷是位于东坪山庙宇旁的会所，提供休闲、餐饮、住宿等服务，内部装修精美，有自己的菜园和花园，植物种类众多，并设有许多景观小品供游客休憩使用，空间资源丰富。

这批富有创意的文化主题客栈的注入，不仅为东坪山带来经济发展的活力和造出新鲜血液，同时这批新的东坪山人带来的文创意识和积极发奋的思潮，促使社区邻里关系和社区结构无形地发生了微妙的变化。

6.1.3 东坪山的发展问题

随着东坪山城市化进程在快速发展，欠缺整体发展规划，产业空心化，加上随着各地对乡村旅游景区的美化改造，东坪山的旅游特色俨然失色，主题不突出。建筑日久失修，存在很大的安全隐患，村民的生活质量下降，交通、卫生、排污等市政设施配套不足，跟不上快速发展的节奏，无法拥有良好的发展空间。具体来说，体现为以下几方面。

1. 产业发展失去活力

由于东坪山处于生态保护区范围，村庄旅游发展建设受到限制，村庄发展失去动力。东坪山目前以土地出租与发展农家乐为主。农地出租给外来人口租种，农产品质量参差不齐。部分土地租给外来农家乐经营者，利益分配中，居民所占比例较少。山上缺乏就业岗位，年轻人下山打工，留下老人和妇女在山上。因此，东坪山遭遇村庄产业发展空心化的困境。

2. 建筑存在安全隐患

东山、东坪山特色建筑大多为 20 世纪六七十年代所建石板住宅，在山上采石建造而成。如今多年过去，东坪山房屋破败，少部分房屋已倒塌荒废。

石板房的主要特征包括横向机理的条石墙面和具有时代特征的水刷石墙面（图 6-1）、镂空花格栏杆等。但石板房的抗震能力弱，安全隐患严重。根据现场调研，目前东坪山存在的石板房约有 53 栋（包括一层为石板房、二层为其他结构的房屋），接近东坪山房屋总数的一半，户均建筑面积 293m^2。

人们对建筑的直观感受来源于建筑风格、材料、色彩、装饰等风貌要素。在传统建筑改造中，提取这些元素，结合现代材料、施工技术和实用性进行重新塑造是保留地方印象行之有效的方法。

3. 基础设施匮乏

东坪山具有良好的村庄环境，街巷尺度宜人，理应形成一个舒适的步行体验空间。但目前东坪山基础设施缺乏，公共空间少，导致村庄的人居环境质量较差。目前村内仅有一个篮球场及一个老人活动中心，且利用率不高。停车空间缺乏，没有规划公共停车场，主要占据篮球场停车，部分居民在门前自建个人停车场，整体缺乏合理规划。此外，

图 6-1 条石、水刷石组合墙面

村里没有小学，小孩必须到西林小学上学。尽管村里自己花钱安排小车接送，但限于西林小学指标问题，无法保证每年村里都有指标，很多小孩上学难。

4. 山城交通不便

村庄现状以东坪山路和观音山路作为其对外联系的主要通道。主要有 4 个车行上山入口，分别在曾厝垵龙虎山路口、文灶文屏路口、洪文金鸡南路口及火车站南广场。东坪山社道路硬底化情况较好，但村内现有道路较为紊乱，断头路多；道路较为狭窄，道路宽度基本在 3m 以下，主要为生活型道路；车行道路通行能力较弱，人车混行，仅东坪山路部分路段一侧有人行道；步行道路地面状况较东山社好，但部分步行道宽度不足 2m，过于狭窄。

目前东坪山路和观音山路道路宽度均为 6m，可基本满足平时交通需求，但周末和节假日的时候，上山游客较多，交通拥堵严重。道路最早是在新中国成立后由于战略需要而盘山建设，后期按原线形修整，无法达到公交安全通行的标准。考虑到安全，目前没有开通公交线路，村民上下山只能步行或乘摩的、小面包车。

6.2 共同缔造工作坊的过程

东坪山社共同缔造工作坊从 2014 年 7 月开始，在政府部门的积极推动下，规划师深入东坪山进行实地调查，用心倾听村委、村民、农家乐经营者和相关热心人士的发展意愿，并多次同当地政府和村民交换意见和想法，并获得了良好的规划成果。在这个过程当中，政府和规划师始终坚持自下而上的共同缔造工作方法和规划思想，并由此设计了涵盖现状走访调查、召开座谈会、组织村民参观学习、举办社区规划师培训讲座、方案协调和方案汇报与讨论交流等工作坊系列活动。

具体地，归纳本次工作坊开展的活动，主要分为五部分。

6.2.1 前期调研

从了解东坪山社的基本状况，到深入了解建筑状况、村社资源、发展问题和村民意愿，规划师前后5次走访东坪山，意图全面了解村社发展状况，同时更好地让村民参与到工作坊当中来。2014年7月30日，规划师团队首次踏入东坪山，通过逐家逐户走访、沿途询问随行部门工作人员和当地村民等方式，针对房屋现状、村社用地、村民的生活生产问题等方面进行详细调研，目的是要从走访观察和与村民交流中详细了解东坪山现状问题和村民发展的基本愿景。

通过调研发现了东坪山社在建设方面存在房屋破败，公共服务设施缺乏，环卫系统、排污系统、道路交通系统、公共空间占用等问题；在社会方面存在年轻人下山，村内多为老人和妇女，以及村内中年人因文化水平较低、缺乏就业渠道而面临就业困难等问题。在农业发展方面，农田大部分出租，经济效益有限，果林荒废；“农家乐”经营布局混乱，缺乏特色。

8月1日上午，召开了有政府相关部门、规划师与村民代表、农家乐经营者代表等参加的座谈会，围绕产业发展、生活、村资源、现状问题、发展意愿等方面进行交流讨论。

第一场座谈会：与东坪山村民代表，包括村长和主要的理事会成员进行座谈。座谈会上，首先让理事会成员了解开展东坪山共同缔造工作坊的缘由，让村民代表对工作坊背景有所了解。工作坊的目的是，希望尽量听到村民、村集体的意见，采取共同缔造方法来实现多元价值的平衡，其中主要是让村民能够参与进来，主导这个规划和建设过程。在这一点上，政府部门、规划师和村民代表达成了共识。

村社发展和建设的问题是村民最为关心的，也是讨论最为热烈的话题。归结为一点，这也是规划师调查中发现的基本问题：目前山里没有排污系统，村民的家庭污水只能够通过以前遗留下来的明暗渠排到河流和水塘，行人在路上行走时也会时不时闻到一股异味。第二个问题，道路堵塞，村庄道路车过不去，加上公交不通，上下山十分麻烦，连买菜也要走路下山；另外，电力不足，用空调都跳闸。除此之外，村民均提出，目前比较迫切的问题是危房问题。

村民还向规划师细细盘点东坪山丰富的自然和人文资源，希望规划师团队从东坪山的独特优势入手，利用优势资源，振兴当地经济发展。规划师提出了东坪山未来的发展方向，即“生态美，百姓富”的方向，得到了大家的认可。

经过热烈的讨论后，最后提出了几个关乎共同缔造工作坊的问题。首先，要有可持续发展的远见，要为子孙后代着想，不能贪图目前的个人利益，抢建、占地、要价等个人行为最终都会导致共同缔造失败；其次，集体的经营方法很重要，要通过建立公司、合作社等方式，让大家都参与社区发展和社区管理，共同完成社区事宜。

最后，大家共同探讨了接下来的工作。包括：明确各组织角色和决策机制，如乡贤理事会、村委会、村民代表大会等需要协调好；寻找愿意参加的农家乐经营者为试点对象；让村里的积极分子参与，并把他们组织建立起来；邀请厦门共同缔造工作坊的社区分享成功经验，做社区规划师培训；明确管理方法。

第二场座谈会：主要针对农家乐经营者，探讨了土地出租和回收的问题，经营者指出，租期较长，投入成本较高，现在收回去恐怕不好经营，应当给予适当补偿。

8月17日下午，规划师再度走进东坪山，再次组织村代表在村民家门前空地展开交流。目的在于深入了解东坪山的发展历史、优势资源和发展意愿，以求更深入和全面地了解村历史和村民想法。

东坪山的历史和村里的自然和文化特色是东坪山村民最自豪的宝贵财富。尽管东坪山社历史积淀较少、人口也较少，活动的组织较难进行，但是正月十五及八月十五的庙会，七月十九的普渡都是他们一直延续并积极参与的文化活动。特色的景观资源有离村社半小时路程的半岭山，其香火鼎盛，香客较多，目前由社内的庙宇理事会进行管理。

6.2.2 参访学习

榜样的力量是无穷的。在规划师深入东坪山调研的同时，村民和相关负责人也积极走访深圳、海沧等各大村社，以了解共同缔造、村经济发展、环境改善、自治组织的机制体制特色及其发展经验。

8月13日，规划师协同村民代表、相关部门干部驱车前往深圳大鹏街道较场尾。考察团队了解到，较场尾作为城中村，通过利用其沙滩和海岸线资源，以及靠近大鹏所城的优势，率先发展起民宿业，但由于一开始缺乏相关机制体制的介入，导致民宿粗放发展，环境污染、房屋安全隐患、商贩随街摆摊等问题较为严重。传统的治理模式已经显露出一定的弊端。

在意识到该问题之后，在政府推动下成立了专门的项目领导小组，主持通过面向社会招募综合整治建筑师顾问团成员进行一对一指导房屋设计的方式来将民宿管理和设计规范化。此外，政府还推动成立了城市促进中心，利用网站建立了一个平台，给每一栋民宿建筑建立了信息档案，以促进民宿拓展销售渠道。另外，较场尾治理模式主要显示出以下特点：

（1）创新旧村改造工作模式：突出规划引领，并以建筑物保护而非拆除为原则进行环境整治，分期进行基础设施建设，以滚动发展的方式改善硬件。

（2）创新基层管理思路：通过签订一承诺两协议，摸清了土地权益信息、建筑物权属、经营权等各方面信息，以便统一管理。其中包括《鹏城社区承诺书》《较场尾宅基地管理协议》《较场尾物业租赁协议》。

（3）创新社区帮扶制度：引入社区规划师制度，并通过公开招募建筑师“结对子”，试点民宿设计竞赛，对民宿更新进行设计和施工指导。

在走访过程中，部分村民代表表示虽然东坪山并没有发展到相应的程度，但这是一个很好的规划和发展方向，要规划先行，统筹发展，齐心协力，从每个细节（如权属）

抓起，一步一步地使工作坊稳步推进。

实地走访后，还专门召开了一次深入而详细的交流座谈会，围绕较场尾整治经验，双方交换了想法。

10 月 30 日，莲前街道进一步组织村民前往海沧学习，在较场尾经验的基础上，继续了解在美丽厦门共同缔造的同一背景下的山后社、院前社的发展经验。

6.2.3 规划培训

单纯地走访学习有助于直观地了解他人的改造经验，但还需要有相应的科学理论和技术指导来提高村民的整体意识和实操能力。规划师特地组织举办了一次社区规划师培训讲座，向村民代表们讲解社区营造的经验和具体做法。

培训讲座中，工作坊团队以农村社区发展案例分享为主题，详细讲述了台湾东山乡岭南社区、后壁土沟艺术村、厦门海沧区院前社三个案例，并从整体环境改造方法、公共设施建设手段、宅院房屋整理技巧、生态保育理念、产业发展愿景等多个方面入手，将丰富而具体的例子呈现在村民面前，以促使大家针对东坪山特有的问题来规划自己的愿景。培训讲座最后，村民代表们针对东坪山自身存在的问题展开了热烈的讨论，对未来的发展有了较为详细的愿景和清晰的发展方向。

6.2.4 方案讨论

规划师在持续的补充调研和走访过程中，结合东坪山自身存在的问题和资源优势，逐渐形成了清晰的产业发展思路和共同缔造方向，在 2014 年 9 月份，规划师围绕产业发展、道路环境整治、房屋设计等多个方面展开了规划工作，并将具体的想法表达在了文本和图片上，以准备再赴东坪山与政府部门、村民代表讨论，听取大家的意见。

9 月 20 日，政府有关部门、规划师、乡贤理事会、村民代表等齐聚一堂，召开了东坪山协调会议，以在规划方案初稿确定之前协调各方最近工作进展。会议指出乡贤理事会成立后，组织到多个地方学习考察，邀请工作坊团队开办社区规划师培训讲座；通过广泛宣传，调动村民积极性，基本形成共识；给每家每户发了一封信，大家也很认同理事会工作，并积极配合；三个社都成立了老人协会，下一步要成立三个社的老人总会；聘请了五个人，整理村容村貌。清除工作很顺利，而且没有花钱，很出乎意料。宅基地摸底，对房子进行摸查，分为四类：一是政府已经批准的宅基地产权；二是“人民公社”时期政府批的；三是一二十年前开始使用、不知道时间的、遗漏的；四是违章搭建的，历史遗留问题的。加强了对东坪山违建的控制。

会议还讨论了工作坊要进一步推进的事情。主要包括成立指挥小组、物质建设与产业发展相结合、危房改造、市政道路基础设施建设、环境提升、发动村民参与工作坊等方面内容。

9 月 29 日上午，在东坪山燕新谷（即规划工作坊驻地），工作坊团队的代表从各自的立场和见解出发交换了意见。在会议之后，规划师还进一步实地考察，沿着规划道路的线路调研，进一步实地确定环村道走向和线路。

9 月 29 日下午，各相关部门、村民和规划师齐聚一堂，在厦门市莲前街道办召开了东坪山共同缔造讨论会，工作坊团队向村民介绍东坪山共同缔造的初步方案，方案内容包括东坪山产业发展和东坪山提升整治规划。

首先，从分析东坪山的建设变化、现状问题、现状资源和山水格局等入手，详细阐述产业的发展思路、策略和可行性问题，提出六大产业类型（都市农场、龙眼树认养、农业教育基地、观光科普、文创展示以及民宿等）。并设想通过线上线下平台的构建，从信息化、互联网、有机种植、教育先导、农耕文化等方面建立起完整的发展愿景和策略支撑，以推动东坪山产业的快速可持续发展。

在项目策划方面，主要介绍了村庄首期项目策划，包括寺庙空间节点整治、村庄启动区整治（启动区包括小学、农家乐等）、环村道路选线等；还介绍了村庄道路整治的内容，提出将村内道路按照不同现状分类分段整治的策略，并提出改造示意图；最后介绍了东坪山伴山道路拓宽规划，提出了设置观景驿站的设想。

汇报之后，各个部门的领导展开了热烈的讨论，并落实了下阶段的工作计划内容，包括落实房屋改造政策、村民住房测量、村民进一步培训、启动项目确定等。

6.2.5 方 案 评 议

在交换意见、方案修改后，于 10 月 16~17 日，东坪山居民代表、理事会、中山大学李郇教授、厦门市规划院何子张所长以及莲前街道工作人员一同参加东坪山美好环境共同缔造意见征询会。会上主要围绕东坪山产业发展的初步方向、东坪山的上下山步道、环村路以及村内道路的初步构思进行讨论，对未来发展的展望有了更深一步的规划。理事会也向专家介绍他们结合现状所划定的环村道路选线。村民基本上认同产业发展的方案，并支持进一步深化规划方案。

这次会议上对东坪山初步方案进行了首次交流讨论，为村民和政府、规划师架设了公众参与的桥梁，通过简单易懂的图纸，使得村民的公众参与成为了现实可操作的步骤。只有当空间真正的使用者——村民参与到规划方案的讨论中，提高他们的认识，与政府、规划师形成共识，才有可能使得规划成为满足当地人需求、真正能够落实的发展蓝图。因此这次征询会不仅仅是方案的介绍，而是一个多方互动的过程，真正在践行专家引导、自下而上、村民参与的共谋共建的初衷，以求缔造一个属于东坪山村民、属于整个厦门的“生态美、百姓富”的东坪山。

6.3 共同缔造工作坊方案

6.3.1 愿景与定位

1. 愿景：厦门自然教育体验公园

东坪山社位于东坪山风景区，拥有良好的自然条件（图 6-2，图 6-3），龙眼树随处可见，其中夹杂着番石榴、香蕉、杨桃树，整齐的田垄上种植着村民们自己培育的有机蔬菜。这里远离都市的喧嚣，这里有着山村的寂静，美丽的田园风光、静谧的村庄生活是厦门不可多得的休闲体验去处，人们的心情随着东坪山不同角落的景观和东坪山人的故事沉浮而得到放松。

图 6-2　东坪山理想空间形态（一）

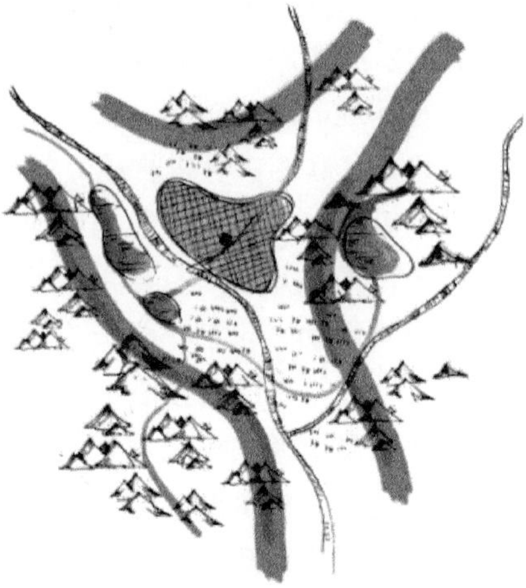

图 6-3　东坪山理想空间形态（二）

在这种环境下，东坪山既不能效仿曾厝垵模式——游客众多，过度商业化，隐藏可持续发展危机，也不能效仿西溪湿地模式——从自然湿地变为次生湿地，极大地破坏生态系统，且游客少，经济效益不好。自然教育体验公园模式，符合万石山自然保护区的生态承受力，有利于生态、社会、经济的可持续发展。通过保护生态、发展自然教育产业、优化空间的方法，整合社区资源、村民生活、游客体验。优势区位的利用，可最大化地发挥社区资源优势，促进本地人和外地人生产生活的集合。在不破坏自然环境的前提下，结合东坪山、东山基地特色发展适当的游憩活动，提供多样化的体验活动，从而达到自然教育公园保护、教育、生产、生活等的目的。同时带动村民致富，改善村庄环境。亦即“生态、空间、产业”协调发展，建设自然教育公园，最终实现“生态美，百姓富”。

基于自然教育公园的模式，以三大发展宗旨（图 6-4）为准则和四大意向（图 6-5）为出发点，仍有三个核心问题需工作坊团队和居民深入思考：①容量问题：根据自然教育公园的定位，合理评估人口容量和建筑容量；②交通问题：山城交通采取人车分离模式，独立上山步道，村内交通组织流线等；③产业发展问题：解决村民就业和经济利益问题，新东山人的融入带动社区发展，新的产业类型引入带动地方经济发展。

合理控制用地规模与人口容量，生态保护和产业提升并存。控制好公园总体规模，既需要适量游客、教育对象来支撑公园的良好运行，也需要控制公园的合理容量，避免游客过多破坏公园的生态。

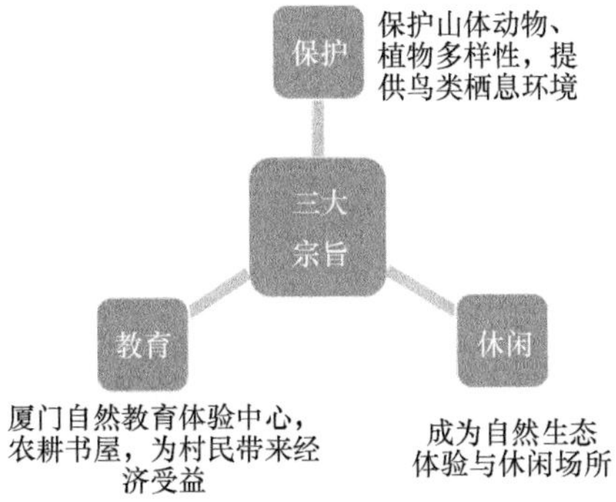

图 6-4 三大宗旨图

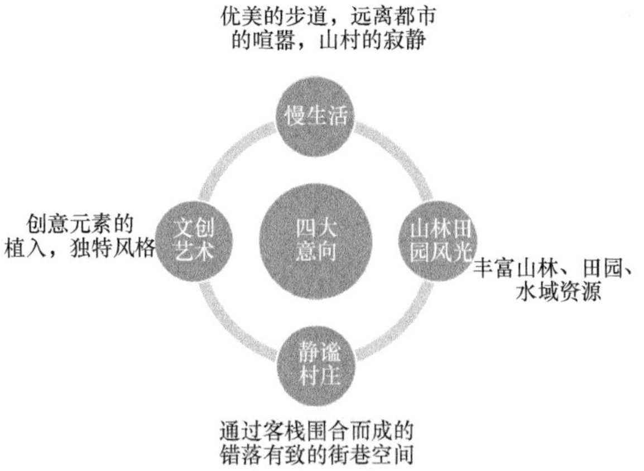

图 6-5 四大意向图

2. 发展定位

1）自然教育公园

多样原生态元素与环境（山林、农田、水库、植物资源、鸟类资源等）打造成为最丰富的“馆”藏资源与最佳展示空间。结合四季花径、上山步道、植物栽培等，搭配季节主题展示不同生态面貌，为游客提供丰富的空间体验。因此，把东坪山定位为厦门乃至国内难得一见、以探索自然环境、挖掘丰富生态资源、展示大自然奥妙为主要特色的自然生态型博物馆。强调外来游客与本地居民的互动，通过山林基地、农耕文化科普等进行劳动教育、健康教育、田园教育、泥土教育的推广，唤起本地村民对自然资源的引以为荣的自豪感。通过丰富有趣的环境教育活动，让游客（学生）认识大自然，唤起保护环境意识，普及自然知识，丰富课外体验（图 6-6，彩图 6-6）。

2）生活“博物馆”

营造能与自然结合的文化氛围，建构人与自然和谐共处的环境。将保护生态、发展农村经济与现代生活相融合，进行社区资源整合。以“社区参与（共同缔造）”和“自然教育”为主轴，通过社区参与共同缔造美好家园的窗口，成为“美丽厦门共同缔造”的示范点。

图 6-6　愿景图——自然教育公园

东坪山社是位于厦门市思明区万石山风景名胜保护区内的村庄（图 6-7），具有良好的生态环境，周围被山林所包围，村民安居乐业，但由于东坪山社位于万石山风景名胜保护区内，产业发展受到限制，美丽东坪山共同缔造提出以“生态美，百姓富”为工作目标，协调“生态、产业、空间”三者的关系，实现村庄地区“五位一体”的发展。

图 6-7　愿景图——寂静的山村

6.3.2　发展策略

以东坪山现状自然资源、人文资源的分析为基础，结合东坪山发展理念，充分发挥东坪山生态环境优势，充分利用东坪山闽南古厝等历史条件，发展绿色生态产业。

1. 保护环境，维持生态多样性

结合鼓浪屿—万石风景名胜区，自然教育公园的建设与发展应以生态保护为主，重点保护生物多样性和生态资源，尽量减少人为干预，促进生态环境的可持续利用与发展。

2. 寓教于乐，提升生态教育理念

充分利用自然教育公园这个大平台，将一些生态教育理念融入公园的建设中。让人们在体验公园的良好生态环境的同时，充分意识到生态环境保护与建设的重要性，从而进一步培养和加强人们的生态环保意识。

3. 社区参与，发挥新东山人核心优势

新东山人对东坪山、东山有全面、独到的认识，发挥其核心优势，共同建设自然教育公园。

4. 培育产业，增加居民收入

围绕自然教育公园的定位，开展系列活动，形成东坪山发展的新品牌，具体包括自然教育活动、山林认养活动、城市农场活动、民宿文化节日活动等，并通过移动互联网平台（手机 app）等进行村庄形象推广、产业服务推广等。

6.3.3 产业提升计划

1. 产业发展思路

迄今为止，东坪山社、东山社的产业发展先后经历了以家庭为主的传统农业、采石业、龙眼林种植合作社、大棚生产种植等多个阶段。随着时代的发展，传统农业耕种贯穿始终，虽然主导模式由原来村民自主耕种转变为以出租给外来人口为主，但以耕作、收成、菜市场售卖的直线模式基本没有发生变化。山上的蔬菜难以与市场上的农产品区别开来，销售价格也难以提高，对村民收入的提高很有限。近几年，逐渐兴起以本地家庭经营和外地人建设为经营模式的农家乐。但该模式受制于当地的交通瓶颈，无法带来大量客源。由此可见，原来单一、低附加值的模式是不可持续的。

然而，当地未来发展潜力和空间资源将远远超过其他正在快速发展的区域。传统农业和低强度的开发模式不仅维持多样的蔬果农业、山林水塘等生态资源，保护了传统的街巷空间、闽南建筑、历史文化等人文资源，而且两社可以合理开发利用这些资源，打造多元化、高附加值、绿色生态的产业体系。此外，产业的发展需要平衡经济发展、生态保育、文化传承和村民就业四者之间的关系，促使综合效益最大化。

工作坊团队设想通过合理保护与利用山林、水系，作为产业发展、空间改善的前提及支撑。根据村社资源禀赋，发展农业教育活动、重塑农耕文化、打造特色民宿生活体验等，作为生态保护与空间建设的深化提升。通过伴山步道、中心广场、房前屋后、街巷空间等的改善，带动村民参与，作为生态保护与产业发展的有效载体（图 6-8）。同时，依托当地人文风情资源，发展民宿、餐饮和文创等第三产业，来提高村庄的整体品位。

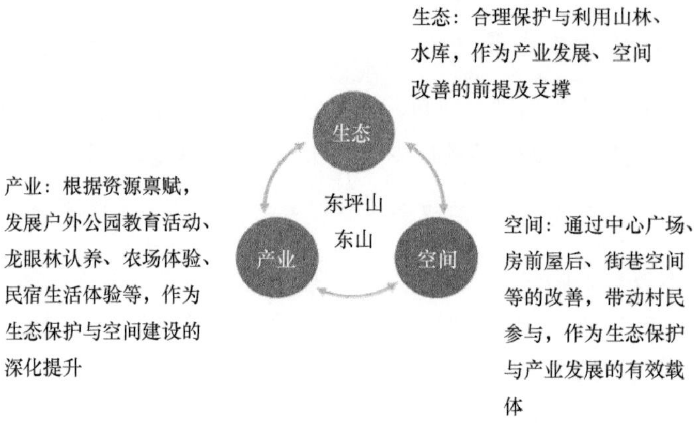

图 6-8 “生态、空间、产业”协调发展

根据这一思路，本次工作坊提出四大功能，即山林自然教育、龙眼认养体验、客栈体验和创意文化。通过打造山林教育课程，进行配套设施建设，构建电子商务和移动互联网平台，共同缔造将东坪山转变成为厦门当地人和旅厦人士接受自然教育、体验淳朴村居生活的自然山林教育公园。

依托东坪山丰富的农业资源和生态资源，提出四大功能，即文化教育、耕作体验、客栈体验和农业科普教育。通过打造农耕教育课程，进行配套设施建设，构建电子商务和移动互联网平台，共同将东坪山打造成为厦门当地人和旅厦人士学习耕种知识、进行亲子互动、体验农业文明的农耕文化教育公园。与新东坪山人共建，发动社区参与，构建村民参与产业共建模式。居委会与经济发展促进会组成经济合作社，与投资公司组建东坪山美丽提升项目运营公司。村民作为合作社股东是主要的参与主体，并结合新东坪山人等社会力量，通过合作开发/租赁农耕文化教育基地、城市菜地和特色客栈等形式，实现村民参与产业共建的目的。利用互联网实现线上线下平台互动，围绕自然教育公园，促进村民和城市居民的互动和交流，很好地实现城市与乡村的互动，形成城乡对接的新发展模式（图 6-9）。

2. 产业布局与发展指引

本次工作坊提出发展都市农庄、农教体验、龙眼认养、休闲山庄、特色民宿和文化创意等六大产业，结合东坪山已有资源的分布，将东坪山的东坪山社和东山社进行产业布局（图 6-10，图 6-11，彩图 6-10，彩图 6-11），划分为不同的产业区，充分活化东坪山现有产业资源，为村民带来可观效益。

1）特色民宿

东坪山村内及沿街有几栋特色民居，有钢筋混凝土结构、石板屋、混砖结构等，为 2~3 层，有较大的庭院空间。根据其或临水或近山的不同景观条件，赋予不同建筑不同功能特点，并依据功能特点为建筑赋予主题，根据主题进行室内外装修，体现建筑的特色，完美保留东坪山传统乡村生活，满足游客的不同需求。

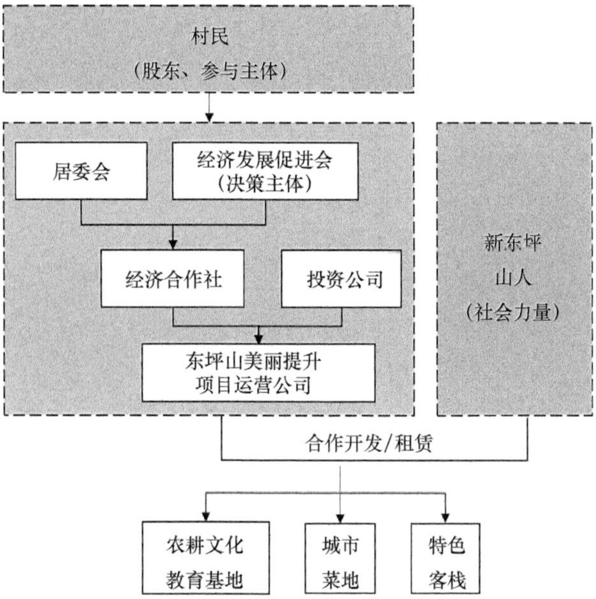

图 6-9　构建村民参与和产业共建模式

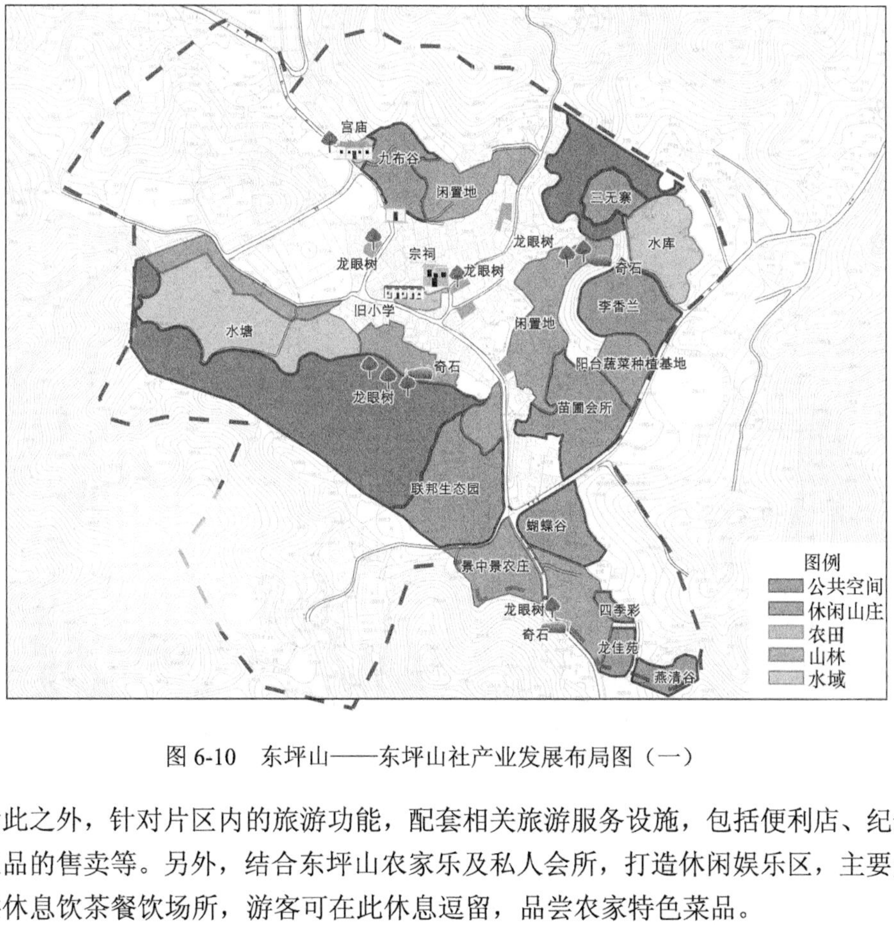

图 6-10　东坪山——东坪山社产业发展布局图（一）

除此之外，针对片区内的旅游功能，配套相关旅游服务设施，包括便利店、纪念品与手工品的售卖等。另外，结合东坪山农家乐及私人会所，打造休闲娱乐区，主要为游客提供休息饮茶餐饮场所，游客可在此休息逗留，品尝农家特色菜品。

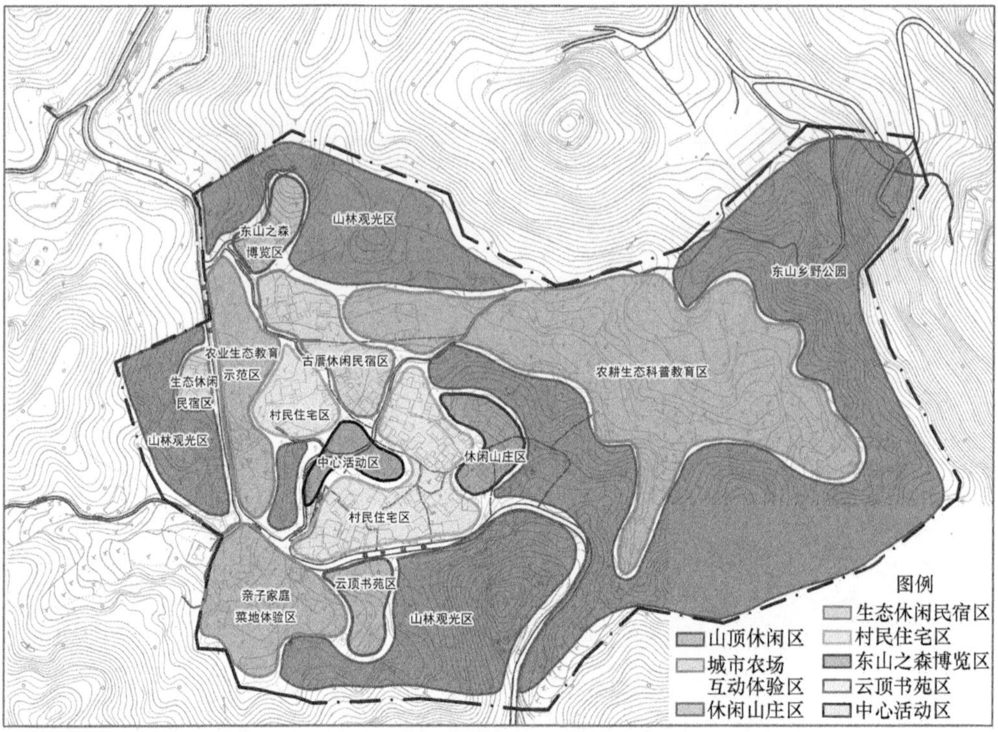

图 6-11　东坪山——东坪山社产业发展布局图（二）

李香兰、三无寨、九布谷皆为装修比较精良，景观条件比较优越的会所，其中三无寨不对外开放，李香兰仅预约开放，九布谷是开放的，可开放部分区域供游客参观游览，尽量不影响其原有的经营氛围等。

2）休闲农庄

这里土地没有经过整理，种植作物较为杂乱，交通条件一般，但地势较为平整，整理后结合片区内丰富农产品资源，打造东坪山休闲农庄，供城市居民体验农田劳作。

结合东坪山山林由树木组成的天然围合场地，建立放养场，主要放养鸡鸭鹅等家禽，并养殖牛羊等牲畜，一方面为居民提供健康肉食，另一方面为城市居民提供亲近家禽家畜的场所，城市居民可以在该片区捡鸡蛋鸭蛋、挤牛奶羊奶、喂养家禽家畜等，为城市居民提供从喂养到收获的体验流线。

3）园艺科教基地

东坪山农田质量较好，土地平整，且靠近渔业养殖体验区及农产品认领线下体验区，农业教育基地可与山下的中小学合作，结合中小学课外实践，建立农业教育基地，为青少年儿童提供课外实践课堂，并可联系渔业养殖体验区、农产品认领线下体验区一起参观体验，增强青少年儿童对自然生活的认知。

4）蝴蝶谷文创基地

结合蝴蝶谷打造文创产业区，蝴蝶谷内部有蝴蝶培育园、蝴蝶破蛹观察箱等，多样的蝴蝶观察资源是文化创意的极好素材，以此为基础发展蝴蝶谷文创产业。

5）渔业养殖体验区

利用东坪山水库打造渔业养殖体验区，设置鱼箱进行渔业养殖，定期举办打捞活动，城市居民可在此体验打魚乐趣，所打捞的鱼可由东坪山农家乐进行加工，也可以通过认养的方式认养较小的鱼箱，定期通知认养者前来打捞，也可提供配送服务。

6）花卉培育科教基地

东坪山现有两处以苗圃为主要功能的片区，结合园林植物的培育，为中小学生的植物科普教育提供课外教室。

3. 发展行动计划

1）东坪山产业行动计划

（1）生态路径教育活动计划。整合串联整合龙眼主题山林、园艺科教基地、蝴蝶谷文创基地、花卉培育科教基地以及休闲渔业教育基地等功能多样的生态板块，构建山林公园教育平台（图 6-12），打造从课程挖掘到自然教育，再到手工实践的活动体系。

主要的活动为探索被忽视的自然资源。生态路径教育课程：讲解野外动植物生态知识，涵盖观鸟、昆虫生命周期、植物生长知识、龙眼等果树生长周期。野外生态护育：

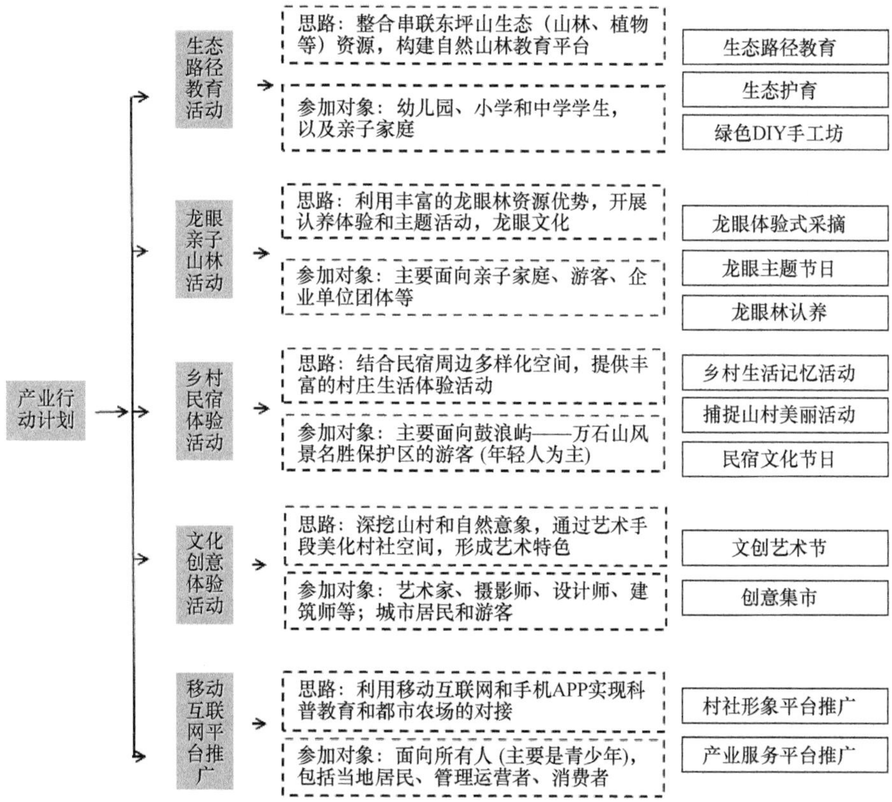

图 6-12　东坪山产业行动计划

讲解生态保护常识和方法，恢复受到破坏的生态环境。绿色 DIY 手工坊：指导亲子、学生用生态原料创造出有趣的手工艺品。

（2）龙眼亲子主题活动计划。发挥丰富的龙眼林资源优势，通过私有认养方式最大化经济价值，挖掘生态教育和主题活动价值。主要的活动有龙眼林认养、龙眼体验式采摘：独立划分出一小片龙眼林来发展体验式采摘功能、龙眼主题节日：以龙眼知识及其产品为核心，打造包括龙眼知识展，龙眼甜品亲子 DIY、龙眼采摘节、龙眼创意手工品制作等特色活动。

（3）乡村民宿体验活动计划。利用村居与水塘、坡面、山体、山林、农田、街巷、广场等多样化空间的组合关系，发展特色民宿，吸引游客居住停留、提供山村原生体验、深化本地教育的活动。

主要的活动有民宿设计与打造：村民与建筑师合作打造不同类型的特色民宿；乡村生活记忆系列活动：独立划分出一小片龙眼林来发展体验式采摘功能；美丽山村摄影活动：通过摄影和手绘的方式让学生、亲子发现相思树、龙眼林等东坪山被遗忘和忽略的美丽细节，进行摄影展览。

2）东山产业活动计划

把东山定位为厦门的乡野公园，利用丰富多样的农田打造农耕生态科普教育和都市菜地等，协调生态、产业、空间的和谐发展，促进城乡融合发展。利用古厝资源，结合优势产业发展和产业发展思路，利用创新的古建筑修复手段和方法，构建农耕书屋和空山新院（静修），以及打造特色的主题民宿等（图 6-13）。

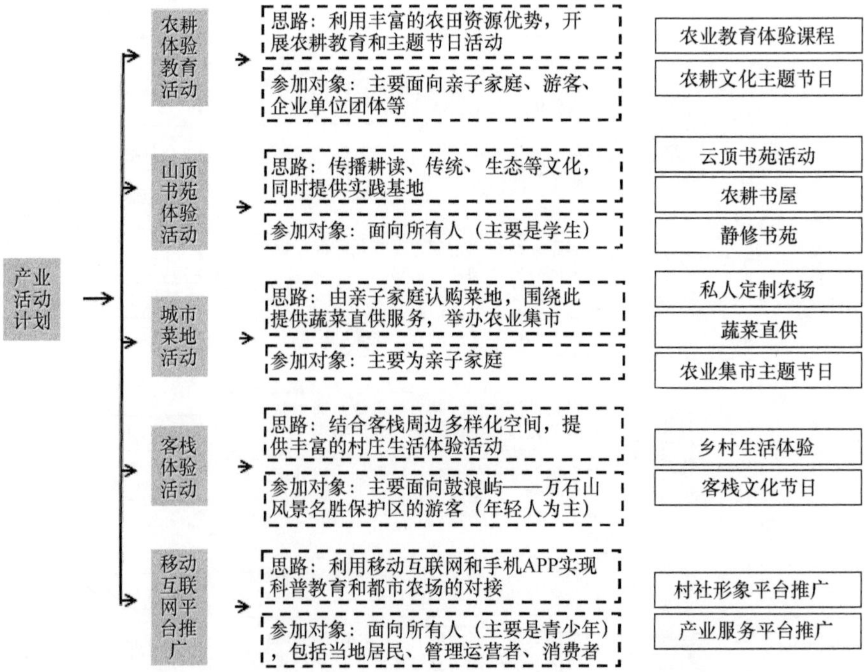

图 6-13　东山产业活动计划

（1）农业教育体验活动。面向目标人群青少年群体打造农业教育体验课程，进行全方位、多样性地参与实践和团队合作。针对现代人长期过着快节奏的都市生活，特别是青少年在学校接受书本教育的同时，到大自然中体验传统的农业教育，一方面可以潜移默化地受到儒家传统“耕读”文化的熏陶，继承发扬传统文化，另一方面是与大自然亲密接触，参与社会实践活动和农耕体验活动，培养尊重生命与自然，以及爱护环境的品格。

◆ **课程类别：认识大自然**

☆ 课程名称：神秘的大自然

课程内容：认识大自然的发展简史；讲解生物圈的物种多样性；认识人类与大自然之间的关系；培养青少年爱护自然的观念。

☆ 课程名称：认识天气和大自然

☆ 课程内容：认识天气变化与农作物、牲畜活动和生长的关系；讲解如何应对特定的天气特点，保护农作物和牲畜。

◆ **课程类别：蔬菜植物常识与习性讲解**

☆ 课程名称：蔬菜辨别和植株特征

课程内容：认识不同的蔬菜特征，能叫出蔬菜的名字；学习蔬菜的叶、茎、根等特征；学习蔬菜的食用特征。

☆ 课程名称：蔬菜生长周期和特性

课程内容：认识蔬菜的生长周期和成熟季节等；了解不同蔬菜的生长特征，各生长阶段的使用价值。

◆ **课程类别：蔬果种植技术与方法**

☆ 课程名称：传统和现代种植技术辨析

课程内容：了解传统耕作方法和现代耕作技术的差别；认识有机耕种技术和所需的工具。

☆ 课程名称：耕作实践

课程内容：了解各种农作工具的用途和使用方法认识土地整理、播种、洒水、施肥、收割等技术；学习生态肥料的制作方法；学会辨别土壤的酸碱性和污染状况。

☆ 课程名称：农作物护理

课程内容：了解自然灾害对农作物的影响；学习农田防灾措施和护理措施。

◆ **课程类别：园艺**

☆ 课程名称：园艺设计课程

课程内容：认识常见的园艺花卉植物；学习园艺花卉的设计、修剪技巧；学生亲自插花、设计属于自己的小花园。

◆ **课程类别：烹饪**

☆ 课程名称：烹饪体验课程

课程内容：学习不同菜的处理方法；学习烹饪的具体技术方法；讲解烹饪安全注意事项。

◆ **课程类别：传统餐桌礼仪**

☆ 课程名称：传统餐桌礼仪教学

课程内容：学习老幼尊卑的长幼观；学习餐桌座次等传统习惯；学习用餐礼仪。

（2）城市菜地活动。

- **农田出租认购模式**

农田出租认购模式指通过将农田分块出租，让认购的城市居民自主耕种和收获，本地村民一方面收取土地租金，另一方面帮助城市居民进行管理。具体包含三个方面的内容，其分别代表三次的增值过程：作为认购者的私人农田，认购者可以是情侣、亲子家庭、企业和单位，通过拍卖竞价、定价认租等方式获得以年为单位的使用权。其中，种植类型和产品用途等由认购者自己决定，认购者可随时前来耕种、收割和体验。这个环节转变了传统以蔬菜为中心的单一的产品模式，其通过将土地、耕种体验、培养情感的机会、农业知识、健康蔬菜等多样化的产品捆绑在一起，并以年租的方式销售出去，大大提高了原有农田创造价值的能力。

- **亲子教育**

农民可以被吸纳到城市农场的经营中来，作为农耕导师，指导认购者耙土、播种、施肥、采摘等具体的耕种技术，也可以聘请当地农耕知识丰富的人来讲解耕种文化，教导认购者如何耕作。

- **蔬菜配送**

合作社方负责日常进行打理和种植，并定期向其配送蔬菜。同时，通过建立网站、APP和微信公众号等方式，向认购者定时告知其认购农田的实时情况和生长状态，同时提供认购者网上申请配送等服务。

- **蔬果直供模式**

蔬菜直供模式指采取有机种植的方法种植蔬菜，并定点定时配送给城市居民，获取更高的蔬菜售价。具体地，通过建立合作社的方式将村内适合参与直供模式的农田进行整合经营，聘请原村民、运用生态肥料进行耕种，确保蔬菜的绿色有机，并通过线上平台、线下合作等方式直接地、有针对性地运送给城市居民、企业和单位。

（3）山顶书院教育活动。在东坪山上有很多清静、优雅、别致的环境，十分适合营造云顶书苑、农耕书屋、空山新院等体验慢生活、弘扬本土文化的场所，结合西侧山林营造一种静谧、优雅、闲适的氛围。

云顶书苑——弘扬闽南传统文化，传播历史文化故事的人文私塾。农耕书屋——以中小学生为主要服务对象，传播耕读文化。空山新院——以民居古厝为载体，配以茶艺手工，为居民及游客提供一个轻松的休闲的空间。

4. 东坪山整治规划

东坪山位于鼓浪屿——万石山风景名胜区，具备良好的地理、环境优势，而且具有地方建筑特色的闽南大厝，山体环境优美，拥有丰富的山林资源、水资源以及耕地资源。但由于位于风景名胜区，村庄建设受到限制，不能进行规模建设。

本次工作坊注重生态优先的理念，从点-线-面的角度，利用绿色基础设施，营造绿色人文网络。建筑是绿色人文网络中的点，也是基本单元。通过绿色屋顶、个性化墙面、“一米”屋顶菜园、宅前绿地等方式，建设花园式住宅或者工作地点。“线”主要起到连接的作用，通过植物、休息亭、林荫道、藤架等对道路边缘、地块边界进行提示。“点”与“线”构成了绿色人文网络中的社区，以此形成的社区具有良好的休闲空间、小公园、运动场所等，最后达到人与自然和谐共处。

1）整治思路

（1）道路。整体思路采取人车分离模式，减少境内车流，村外设置停车场，通过步道上山、进入村庄。形成两级道路系统：上山道路和上山步道。上山道路，即在原有的龙虎山路、东坪山路、观音山路构建的骨架上，修建东坪山、东山环村路，避免过境车流穿行村庄。上山步道，即串联水库、云顶岩、龟石等节点，结合景观营造步道。另外，在村庄主要入口处修建停车场，游客步行进入村庄。

（2）建筑。对建筑的整治主要遵循保护大厝，保留普通建筑，改建危房的原则，对闽南大厝进行标识，在保护基础上进行适当改造，重塑大厝建筑风貌；对一般建筑予以保留，对其屋顶、立面等进行设计改造，突出东坪山特色；对于鉴定的危房，遵循建筑设计指引导则进行翻改建。

（3）空间。对村内现有空间资源进行梳理，串联各个公共空间；对主要的社中心广场及周边建筑进行设计；对宗祠、寺庙空间进行扩展；与居民协商让出部分宅前空地，利用古树资源打造节点空间。

2）道路系统规划

（1）对外交通。东坪山、东山位于万石山国家风景名胜保护区，应当尽量减少车流，并且避免过境车流对村庄产生过大干扰。因此，车行道主要由连接各景区的道路（包括东坪山路、观音山路）和环村路（在现有的巡山路基础上改修）组成，实现对景区外道路的连通，并设置三个车行入口。为方便游客进出，设置五个步行入口。

步行道方面，部分与车行道并行设置，包括植物园到梅海岭市花园路段、金鸡亭到东山水库路段，其余段实行“人车分流”。伴山步道是山体中连续的、生态的、功能复合的绿色廊道。东坪山伴山步道是一个线状的公园，是生态保护的一部分。它的功能包括运动康体、娱乐休闲和可选性的交通，是一处绿色的、人与自然中其他植物和动物共存的开放空间。依据《厦门市绿道与慢行系统总体规划》，伴山步道的首期建设路段为东山水库至上李水库段及东坪山村至火车站南片区段，依托现状龙虎路、东坪山路和观音山路建设，全长约 8.1km。步道沿线共设置 8 处驿站，其中一级综合驿站两处，位于东坪山村及东山村；二级驿站 6 处，位于步道沿线，间距为 800~1000m。结合东坪山社驿站、东山社驿站、东山水库驿站、上李水库驿站及东坪山路北端驿站设置 5 处公共自行车租赁点。

（2）对内交通。在村内形成三级道路系统，即环村道、步道和街巷。对核心区外部道路进行整治，在整个道路系统内设置路灯、垃圾桶等基础设施。

- 环村道

在村庄外围建设两条环村道，形成围合整个村庄的车行道，疏解村内交通，在村内打造一个纯步行系统。村庄北侧的环村道沿村庄边缘建设，与步道、街巷贯通。村庄南侧的环村道环绕山体建设，景观视野较好，可观东坪山水库，部分路段穿过部队用地。环村道建设的主要目的是在村口“截流”，将通往村内的车辆疏解到村庄外围，缓解村庄旅游发展后可能引起的交通拥堵状况，同时为打造村内的慢行交通系统做好前期基础工作。环村道与步道、街巷具备良好的可达性，游客在路边泊车后，可在适宜的步行范围内到达位于村庄中心的游客服务中心。

- 步道

根据村内现有道路以及疏通部分景观较好的路段，形成村内步道系统。步道分为外环步道和村内步道。外环步道主要环绕住宅核心区边缘，沿东坪山水库设置，具备良好的观景视野，步道宽度满足骑行要求。村内步道依据道路现状，进行路面整治，通过打造步道系统将村庄内中心广场、各个景观节点以及各产业区串联，提供游客明晰的步行线路，创造良好的步行体验。

根据不同路段及景观铺设不同材质，并在适宜尺度设置休息坐椅，营造舒适休闲的慢行空间。如绕东坪山水库沿线采用木栈道形式，城市农场路段采用石板铺设等。

环湖步道：环湖步道系统设计原则：在现有道路系统基础上提升改造，使水库周边形成环形道路系统（图 6-14）。局部为了贯通环形道路系统应增加连接段；道路面层采用体现原乡质朴风格、透水性好的材料。道路总长约为 1.6km，具体分段指标如下。

花径步道：根据现场地块的情况，设置不同路幅的花径，分段种植不同苗木，注重立体景观的设计，根据草花、灌木、乔木、爬藤类植物不同花期、不同色彩、香色搭配、立体设计，以达到四季皆有花可赏的状态。并且通过花径步道串联公共空间、休息平台等，营造良好的视线连廊（图 6-15）。

傍山花径：横向由道路一侧向山边由低到高设计，配置草花/低矮灌木，中等高度灌木穿插乔木、爬藤植物。植物配置建议：草花为凤仙、假龙头、四季海棠、波斯菊、虞美人、石竹、三色堇、醉蝶花等，灌木为栀子花、杜鹃、巴西野牡丹、茉莉、黄金叶、假连翘、狗牙花、紫云藤、三角梅、山茶花、桂花、复瓣扶桑、金铃花等；乔木为海芒果、桃花、山樱花、玉兰、凤凰木、蓝花楹、腊肠树、美丽异木棉、腊梅、梅花等；爬藤为炮仗花、紫藤、珊瑚藤、金银花、百香果、使君子、龙吐珠、飘香藤、蒜香藤等。

沿溪花径：局部留出部分开阔地，结合石头、地形造景；局部蓄水；设置部分亲水

图 6-14　环水库区露天剧场设计

图 6-15　梅海岭-村道花径建设

区；植物配置建议考虑部分水生植物。植物配置建议：考虑部分水生植物，增添芭蕉、旅人蕉、姜花、紫蝉、吊灯扶桑、花叶良姜、天堂鸟、金铃花等灌木，其他植物可参考傍山花径的配置。

- **街巷**

村庄内部地形特殊，建筑排列紧密，形成起伏多变的街巷空间，利用现状环境，打通封闭的围墙等院落空间，营造通达的街巷空间。

街巷空间在整个道路系统中提供给游客最贴近乡村的步行体验。街巷串联起来的宅前空间，为游客营造移步换景的视觉感。密布的街巷将中心广场的人流引向宅前院落，为村民带来客流与商机，盘活村庄内部空间。

- **停车场**

在村周边设置四个停车场，分别位于傅氏宗祠周边，蝴蝶谷以及环村道路沿线。环村道可解决部分路边泊车问题。

3）整治规划总平面图及启动区规划

（1）初步方案总平面图。东坪山社（图 6-16）和东山社（图 6-17）被山体所包围，充分发挥两社的生态优势，改善村庄环境，协调东坪山空间发展，布局东坪山不同地区发展功能，提升东坪山人居环境。

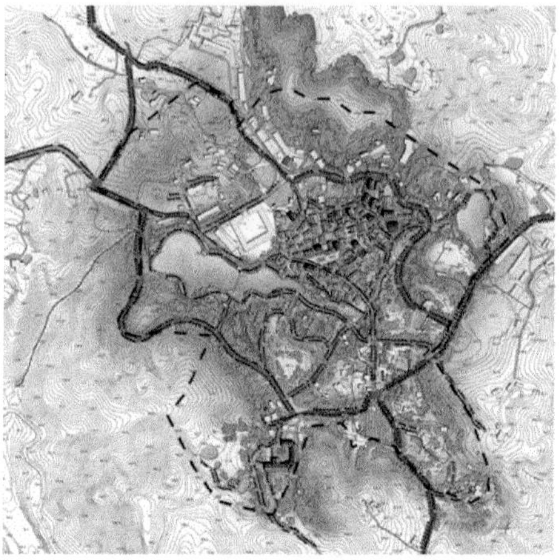

图 6-16　东坪山规划总平面图

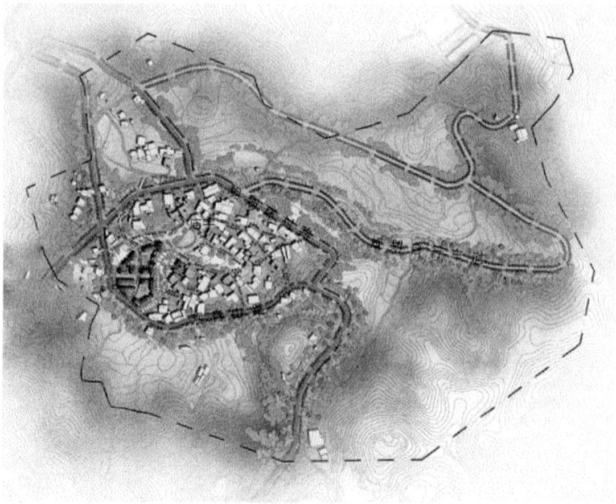

图 6-17　东山社规划总平面图

（2）启动区整治规划。东坪山目前已启动多个项目的整治，包括环水库景观区、社区中心广场建设等。

- **环水库景观区**

水库占地面积约为 43000m^2，其中在半山腰建设 5 个观景平台，沿现有的山路进行拓宽进行盘山步道，与村庄道路相连；同时围绕水库铺设环湖栈道，全长 860m；在盘山路与环湖栈道间，铺设长约 920m 的登山步道，串联观景平台与水库。在山路的材质选择上，采用本地石材（条石）、碎石子、木屑等，建设木屑步道（图 6-18，彩图 6-18）。

图 6-18　东坪山环湖步道

- **东坪山社区中心广场**

中心广场的改造希望能够塑造和谐的邻里交往空间，留住属于原住民的乡愁。在设计上尽量以最小的改造，保留现状基地，就地安置村民。在设计风格上注重原乡质朴、修旧如旧。同时尽量选用当地现有条石，局部细节结合具有年代感的老物件（图 6-19，图 6-20）。

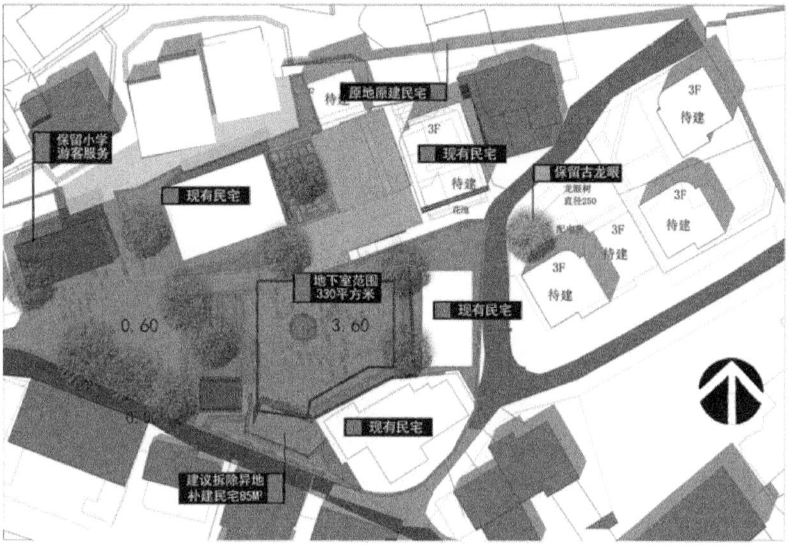

图 6-19　中心广场设计平面图

建议保留原有临近街道的石砌小屋，对其进行整治。以保留原有场地记忆

有年份和历史的石材应保留收集。它们将被精心布置于场地的花池、坐椅、台阶等地方

图 6-20　中心广场老物件提取

- **原小学建筑再利用**

东坪山原小学建筑已破旧，目前无法使用。在保持主体结构的基础上，对柱子、墙体等进行加固（图 6-21，图 6-22）；在修旧如旧的基础上，通过创意元素、功能植入等手段，适当增加建筑面积，同时丰富内部功能体验，具体包括庭院、社区活动场所、社区会议、洗手间、社区便民服务窗口等；在对屋顶进行加固的同时，将小学东侧部分屋顶拆除（拆除的材料可回收利用），改造为二层活动平台，具体方案为围绕庭院，通过楼梯通往二层，主要作为观景台与咖啡座等（图 6-23，图 6-24）。

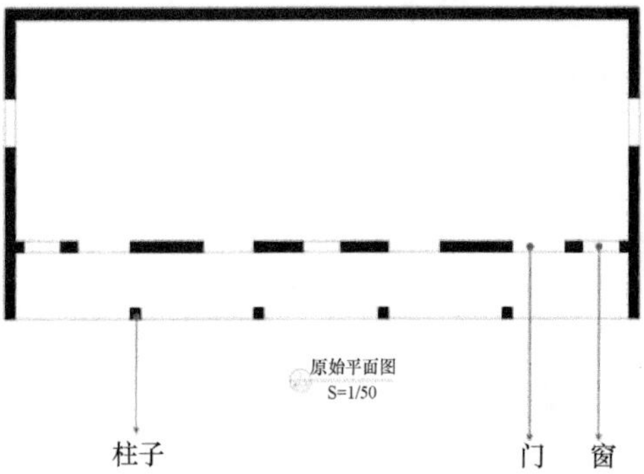

图 6-21　小学现状平面图

图 6-22　小学现状图

图 6-23　一层平面功能布局图

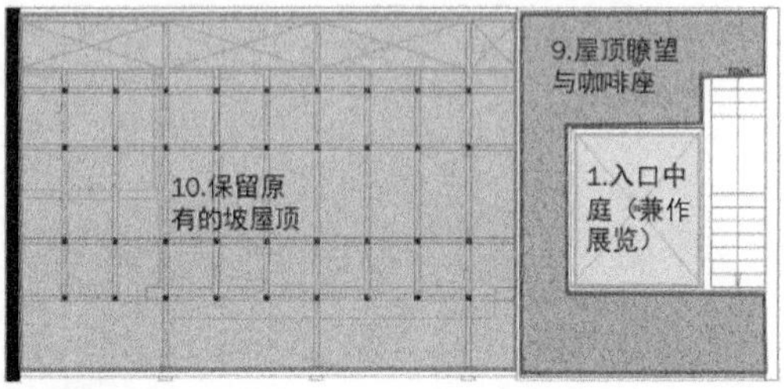

图 6-24　二层平面功能布局图

6.4　工作坊成效

东坪山小学作为承载村民共同回忆的空间，其门前广场曾经一度是村民进行集体活动的重要公共场所。然而由于年久失修，这一场所的活力日渐衰落，村民期望对其进行修缮，但由于无人牵头与资金缺乏而未能推进。在东坪山共同缔造工作坊中，村内希望推进村庄建设的居民积极参与到社区规划师培训、村庄各项建设项目与方案讨论等的活动中。通过这些活动，在如何激发村民共同参与村庄建设的热情，如何组织村民参与建设事务的讨论，如何对特定空间进行美化与改造等活动方面，积累了丰富的经验。在此背景下，村中经营企业的傅先生结合工作坊的实践方法，提出小学广场改造议题，与社区规划师、村民一起，共同参与议题讨论。

经过广泛的讨论与协商，村民对于小学广场改造达成共识，即恢复广场作为村内集体活动公共场所的功能，将其场地进行平整与绿化，并在广场周边布置防护栏以防安全隐患。在傅先生捐资推进广场改造义举的激励下，村民纷纷出资，以自发筹资的方式解决改造项目的资金来源问题。在此基础上，社区规划师联系施工队伍，依照共同商议的改造方案进行施工。在村民的协助下，东坪山小学广场改造顺利完成（图 6-25，图 6-26，彩图 6-25，彩图 6-26）。目前，小学广场再度恢复昔日的热闹。

图 6-25　中心广场现状图（一）

图 6-26　中心广场现状图（二）

除小学广场改造外，在小学旧校舍改造、村庄城市农场建设等方面，村民在社区规划师的引导下，也针对相关事项积极展开讨论，结合工作坊的相关规划成果，稳步推进相关项目的实施，形成了良好的村民参与氛围。

7 鹭江共同缔造工作坊

具有历史积淀的老城市，一般都经历了从母城向新区拓展的空间发展特点。在母城空间内，大多形成旧城文化商业街区，如广州的北京路、武汉的汉正街等。而在新城空间内，则更多地体现为略去文化印记的现代化的宽直的路网、住宅小区与大型购物中心。为改善居住条件，母城内的原住民迁移到新城居住，带有母城文化印记的旧城商业街区也渐趋衰落。

在城市向新区拓展到一定程度时，城市开发由外向内转向。一方面，建设用地短缺与征地成本高倒逼市场资金从新区回到旧城；另一方面，城市内部土地潜在价值的增长与上盖老旧物业实际价值的下降，为旧城改造创造了条件。而对于各级政府来说，在当前经济转型发展的大趋势下，城市更新成为主动探索城市转型发展的一种空间政策；而且改革开放以来积累的社会财富，使各级政府有能力改善旧城区的状况，更多地关注民生问题。

城市的老城区是承载城市母城文化的空间。其建筑风格、沿街商铺的功能格局，以及宽度较窄但密度较高的街道肌理，透漏着母城初建时的社会发展背景。其所承载的老字号等商业活动、地方戏曲等民间文娱活动，展现着老城文化与地方底蕴的延续。城市的老城区，是本地人寻找老城印记的地方，也是到一座城市旅游的游客和初到这座城市来的人认识本土文化的最直接的地方。

然而，随着时间的延续，城市开发重点向新区延展。老城区的发展面临包括空间、文化、更新模式方面的问题。在空间方面，老城区建筑衰败，建筑质量等基础条件难以再持久承载城市居住、商业等活动的功能。在道路交通方面，商业店铺沿街分布，路网虽然密集但窄小，难以承载汽车时代的交通通行压力，同时停车空间更为欠缺。在文化方面，老城区建筑衰败，由此承载历史文化印记的建筑有可能在更新过程中被粗暴地推倒重建，从而附着于建筑景观之上的文化印记被湮灭。同时原来居住在老城区的老城人为改善居住条件而逐步外迁，物业价值下降，老城住宅出租给承租能力较低的新城人，老城的公共空间不再承载原有的民间文娱活动，加上公共空间物质环境的衰败，老城文化逐渐消失。在更新模式方面，老城的建筑空间、交通道路空间都存在改善的需求。但对于老城区的更新，面临物业产权复杂的问题。与城市新区开发所面对的相对简单的土地权属情况不同，旧城区土地与房产的产权主体多元，产权关系复杂。自新中国成立以来，经历多次经济、社会制度变迁，旧城区的房地产产权关系异常复杂，譬如，仅从类型上，旧城区就有私宅、公房（经租房、代管房、直管公房等）、单位房、华侨房、公私混合房、私私共有房等多种产权形式的房屋。产权主体多元、产权空间破碎背后，必然是较高的交易成本，当面临拆迁改造时，政府、开发商与居民之间就房地产产权的确权与交换的过程就变得特别复杂而漫长，令投资主体望而却步。

此外，老城的更新一般存在两种情况。一方面，由于更新的潜在收益还不足以支撑整片城区的整体改造，老城空间仍延续自然衰败的过程。另一方面，当开发商认为更新能实现可观的潜在收益时，则大多为对老城区进行大面积的推倒重建，由此附着于空间之上的不可再生的老城印记将随之消失。

由此，在老城更新的问题上，一方面需要解决物质空间衰败的问题，另一方面需要注重对老城文化的挖掘与延续，以让老城凭借其地方文化的特色，成为一种独具地方特色的消费空间，从而在区域发展中得以立足。此外，还需要进行精巧的机制设计，有效地降低由于产权复杂而带来的改造困难，以及在整个片区更新动力不足的情况下，寻找改造更新的诱发机制。

旧城的文化精髓、社会及物权构成均附着于旧城空间之上，共同缔造工作坊在理解旧城空间症结、文化底蕴、社会与物权关系及旧城更新经济机制的基础上，一方面选取典型公共空间进行改造切入，另一方面选取具有经济及社会可行性的节点物业作为改造切入的示范。

具体地，工作坊选取老城片区最富有地方文化意义的公共空间进行文化景观的营造以及文化活动的注入。以此活化老城公共空间，使其重新成为市民、游客愿意停留、游憩、互动的场所，重新联结起城市中人与人之间以共同的文化认同为媒介的社会关系。在选取更新示范点的做法上，通过普查、沟通，选取经济上可行、物业主有配合意愿的物业作为更新示范点。同时设计“以奖代补”的更新奖励机制，以政府奖励的形式，加强市场按照延续地方文脉的整体设计规划进行自主更新的意愿。

同时，共同缔造工作坊让多元主体参与进来，以破解更新所面临的产权复杂与利益多元格局的难题。城市更新所要实现的社区产权主体共同利益的增加，不应以个体利益的损失为代价，如果城市更新要通过投资促进社区的经济发展、社会改良、环境提升与住房改善，那么就需要让每一个受投资的外部性影响的主体参与到决策中来。与过去不同，规划工作坊采用一种“自下而上”的工作方法，从每块用地、每栋房屋和每位产权人的基本情况出发，让主体在社区更新规划的初期即进入改造过程，让他们表达出自身的利益诉求，指出制约自己所处地块与房屋使用价值的障碍，勾勒符合自身利益和社区共同利益的发展愿景。通过工作坊的方式，渐进地协调私人利益与公共利益的关系，并且在达成共识的领域落实土地利用与公共服务设施布局，制订出未来可实施的城市更新规划方案。

此外，共同缔造工作坊搭建的公众参与平台，利于规划工作者认识当地的共同文化印记。城市更新工作坊需要回答如何保留旧城区的历史与文化，如何展现社区的“身份”与“乡愁”等问题。在关注历史空间、文化空间要素的同时，规划工作坊立足于社区的主体——居民，通过让居民充分表达自己对社区的意向，工作坊力图还原一个具有共鸣的有关社区过去的图景，它符合大多数居民的历史记忆，并且成为社区更新改造的原始出发点，成为接下来达成的所有有关社区城市更新改造的共识的基础。

老城区以共同缔造工作坊作为形式的改造更新，采用的是一种“自下而上”的规划方式。在工作坊机制下，规划师搭建了一个技术性的各方互动的平台，首先，居民的基本诉求、愿望将得到有效表达，然后，市场也会把自己的利益诉求“摆出来”，这两者就是旧城改造中社会与市场的利益边界。假设政府能够从城市的短期利益与长远利益考虑，能够从区域-城市关系和城市-旧城关系的思路出发，来保障旧城改造中的公共利益，也许就能够弄清楚政府的权力边界应划到哪的问题。

2015 年，本次中山大学、厦门华侨大学、厦门大学三家院校（单位）以及鹭江街道组成的“美丽厦门共同缔造”工作坊团队，与当地居民、商家一起，集思广益，共谋发展之路，共同探索老城区的创新性更新改造模式。工作坊从 2015 年 1 月开始，针对老城进行了多次实地调研，且围绕居民、商家、政府部门召开了多次交流会；2015 年 7 月召开了室外公众咨询会，与居民、商家、政府部门等在剧场文化公园家庭综合服务中心会议室直接面对面交流讨论方案，并一直共同缔造至今。其对剧场空间的改造活化、“益生菌”更新机制的设计等，对我国老城区改造更新具有启发意义。

7.1 工作坊背景

营平片区鹭江街道位于厦门市思明区西南海滨，是迄今为止厦门市保留最完整、历史最悠久的传统街区之一。该片区大部分建筑物始建于 20 世纪二三十年代，以大同路、开元路、大元路为代表的老街区成为厦门历史文化的缩影。鹭江共同缔造工作坊规划范围为营平片区（图 7-1）核心片区，具体为开元路以南、横竹路以东、大同路以北等所围合片区，面积约 3.1hm^2。研究范围则考虑整个营平片区，具体为厦禾路以南、思明北路以西、大同路以北、鹭江道以东所围合片区，主要涉及 3 个社区，包括鹭江道社区、大同社区及营平社区，面积为 30.9hm^2。

7.1.1 鹭江发展历程

鹭江街道所在的营平片区从明代至今已有 600 多年的历史，期间营平经历了几次大的变化。

1）第一阶段：明清时期，鹭江街巷肌理初步形成

明朝洪武年间，“厦门城”始建，在今营平内。明清时，营平就已呈现城区纵横交错的空间格局（图 7-2），其道路与建筑的修建很大部分取决于北面与西面靠海条件。为了方便贸易，营平片区形成垂直于鹭江道的东北 - 西南的街巷肌理。清初杨国春曾写过

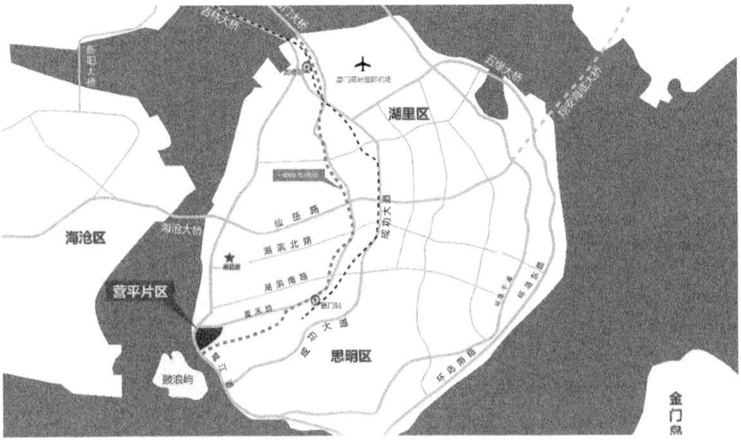

图 7-1　营平片区区位图

一篇《鹭江山水形势记》载入道光《厦门志》。文章写道，厦门“……纵横三十里许，而山峰拱护、海潮回环，市肆繁华、乡村绣错，不减通都大邑之风……”。说明当时营平片区商业贸易、城市繁华的盛世景象。

2）第二阶段：民国时期，市政路与骑楼街区的建设奠定鹭江格局

20 世纪 20 年代初，厦门第一条近代化马路——位于营平片区的“开元路”完工，之后城市道路路体系初具规模，形成了厦门城市的基本格局（图 7-3）。随着道路改造及商业发展，一批近代的住宅楼房逐渐代替了原来的平房。在新开辟的开元路、大同路、思明南北路和中山路两侧，兴建了骑楼街区（1925~1933 年）。

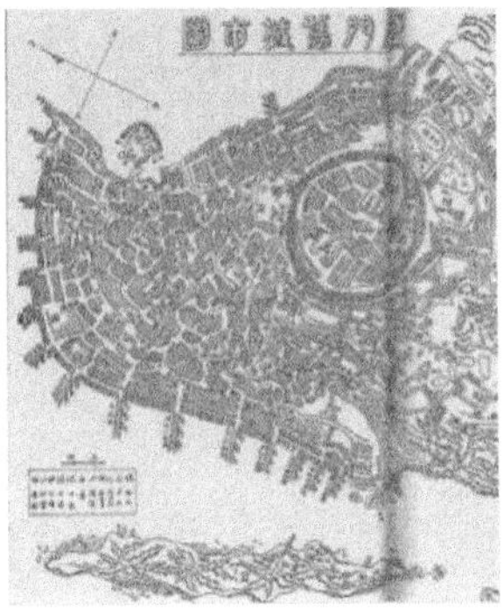

图 7-2　清同治年间营平片区

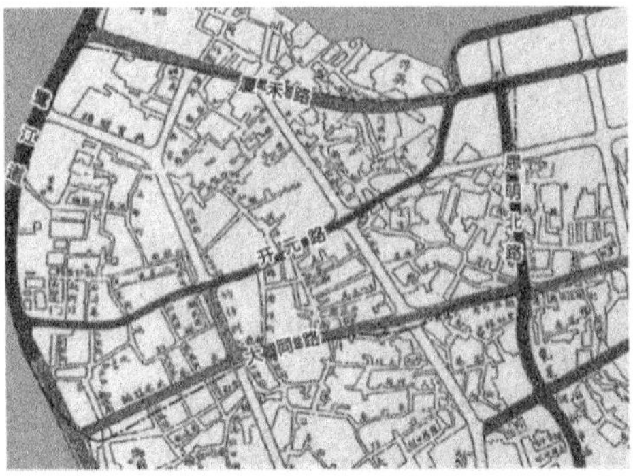

图 7-3　民国时期营平片区

3）第三阶段：厦门市管辖时期，鹭江形成八大分区市场

随着道路改造及商业发展，一批近代的住宅楼房逐渐代替了原来的平房。在新开辟的开元路、大同路、思明南北路和中山路两侧，兴建了骑楼街区。至厦门市管辖时期，整体形成第一至第八（简称“一市”到“八市”）八个市场（图 7-4）。目前仅有八市保留下来，位于营平街道内，为著名的海鲜市场。

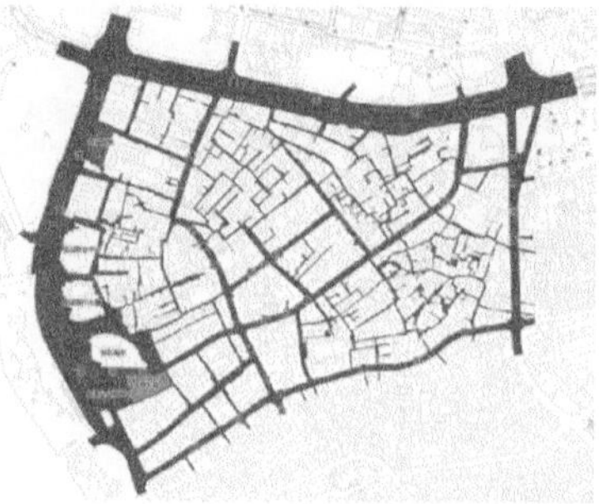

图 7-4　厦门市管辖时期营平片区

7.1.2　鹭江发展印象

1）传统古早味与老字号

厦门古早味印象来自于厦门的老字号，特指历史年代久远、产品有特色、被大家普遍认可的商号。每一家老字号都能找到厦门商人所拥有的优秀品质，在长期的苦心经营中，凝聚自己的民族文化。鹭江的老城印象是由多家古早味与老字号凝聚而成，其中包括厦门首批获得商务部“中华老字号”称号的 4 家企业中的“厦门好清香大酒楼”（图 7-5）遗址位于鹭江街道的大元路，同时芋包王、阿吉仔饼店、赖厝埕扁食店等众多老字号也分布于鹭江。

此外，老厦门的重要地标、承载着无数“厦门记忆”的八市市场（图 7-6）也隐身于鹭江老城的传统小巷里。早期的厦门是一个小渔村，而最早成规模的渔市主要集中在鹭江街道内的第一码头，范围可以从现在的第一码头一直延伸到八市，伴随着厦门的繁荣，八市也发展至今。八市包括两个市场，一是从开禾路口延伸到开元路口的开禾市场，二是常被称作“八市内场”的“十”字形的营平市场，即真正的第八市场。这个地理位置绝佳的菜市场，汇聚了当今厦门最齐全的海鲜，更是厦门现存最古老、菜品最丰富的菜市场。隔着鹭江道，从第一码头随时沿海捕捞调货入市，保证了海鲜的新鲜。在各大旅游门户、攻略型网站上都能看到：“去厦门吃海鲜，最实惠的做法就是去八市现场购买，然后回到客栈自己烹煮……”

图 7-5　鹭江老城古早味

图 7-6　鹭江八市市场

正是这些传统老字号的传承与发展，承载着老厦门的生活记忆，使得鹭江老城成为厦门的独特景点，为本地居民提供生活便利的同时，还吸引着厦门乃至外地游客前来观光旅游。

2）特色街巷与建筑

鹭江的老城印象同时还体现在其独具特色的街巷与建筑之中。以大同路、开元路、横竹路、大元路为主的四条主路以及多条支巷反映出老厦门的街巷肌理。窄小的街巷，沿街极具生活气息的小店，嬉戏玩耍的儿童，街角喝茶聊天的老人，无一不是老厦门的街巷风味。

此外，沿主路分布的骑楼更为鹭江老城平添中西结合的独特韵味。整个闽南地区骑楼形式多样，各具特色，以漳州骑楼、泉州骑楼、厦门骑楼（图 7-7）为主。其中漳州骑楼为传统挑檐式木结构坡瓦屋面；泉州骑楼是伊斯兰三叶券变体的尖券窗饰，当地燕红砖材质；厦门骑楼则是新艺术运动风格，体现中西建筑文化结合。厦门骑楼街位于厦门的老城区，包括中山路、大同路、开元路等。这些骑楼街道纵横交错，形成了富有地方特色的骑楼街区。而鹭江老城内开元路、大同路、大元路、横竹路等都具有明显中西融合的街巷与骑楼特色，成为老厦门极具历史地位与独特景观的骑楼街区。

(a) 泉州骑楼　(b) 漳州骑楼　(c) 厦门骑楼

图 7-7　闽南三地骑楼

3）活力剧场文化公园

位于鹭江街道大元路的厦门老剧场文化公园，承载着厦门的历史，见证着厦门演艺事业的发展。鹭江剧场文化公园原名为金城戏院，后改名鹭江剧场，它曾是厦门老城区文化生活的重要场所，占地面积不大，但却是老城区居民不可多得的活动空间。然而，由于年久失修，鹭江剧场 2600m^2 的建筑被鉴定为“危房”，2013 年厦门市不得不对其进行拆除和收储，之后这里一度成为老城区里的停车场。2014 年 7 月，在政府引导下，危房被重新改建，变成了一个承载着老厦门人回忆、老街历史文化的“老剧场文化公园”，老剧场的元素在这里得到完美再现。公园入口处以胶片形状设置了景观橱窗，展示了电影院的放映机、摄像机、海报、电影票等道具和旧物，主景区的艺术雕塑以“放映电影的人”为题材，通过镂空的放映机表现过去的历史，实体墙瓷板烧制的旧剧照表达时间的流逝（图 7-8）。这样的改造得到了厦门本地市民的欢迎。把一块黄金地段的空地“还”给市民，唤醒居民的乡愁，记住老城区的历史，是剧场文化公园最大的亮点。

图 7-8 剧场文化公园

在公园里，游客们可以观看到厦门光影照片，或是走进小店老邮局、老旧书店、老茶馆消遣时光。同时，公园设备齐全，也可约上几个朋友品茶畅谈，老人们在这里晒晒太阳、聊聊天，老厦门的元素在这里得到充分的体现。公园里还经常举办各种老厦门的游戏活动，如“闽南童玩好七桃”活动，追寻流光，缅怀儿趣，回味童年，跳格子、跳绳子、踢毽子、抽陀螺，此外还有踩高跷、滚铁箍、丢沙包、射弹弓、下棋等体验展示项目，成为许多市民与游客体验亲子趣味的活力场所。

4）文创阿吉仔·吉治百货

阿吉仔，创立于 20 世纪初的厦门，原名为“金饴益”，是历经百年的老字号，以一张饼见证了厦门的百年时光，也由此发展成为厦门最具代表性的“伴手礼”品牌。作为厦门鹭江老城最红的饼店，大元路上的阿吉仔售卖窗口，每天总是排起等待马蹄酥、椰子饼和馅饼出炉的队伍。早期来这里买馅饼的几乎都是本地人老主顾，后来随着媒体传播，厦门很多知名小店贩卖的馅饼，都是由阿吉仔代工，因此如今慕名前来排队购买的游客，已远超于操着厦门方言的阿妈和阿伯。

阿吉仔食品有限公司董事长黄聪明出身烘焙世家，1956 年前，其祖父黄大水经营的“金饴益食品作坊”已是同安远近闻名的老字号。20 世纪 80 年代，黄聪明兄弟继承祖业，一人负责营销，一人管制作工艺，经过兄弟俩不懈的努力，把原先毫不起眼的小作坊发展成了如今门庭若市的食品厂。2002 年，为了使公司名称更符合产品的闽南风格，“金饴益”食品公司正式更名为“阿吉仔食品有限公司”。董事长黄聪明虽打响了阿吉仔的品牌，将中国传统面食小作坊发展到拥有岛内外多家连锁店，但长年以来的经营路线均是利润极薄的代工业务或者针对低消费的市民群体，其地位尚不足以撼动厦门馅饼市场。

为了让阿吉仔馅饼能成为全国乃至海外游客馈赠亲朋好友的上佳伴手礼，2014 年下半年，黄聪明董事长与千树创意（厦门）投资管理公司创办人杨函憬，深度挖掘与复兴老厦门的城市气质与生活方式，在厦门的鹭江老城区中心点——开元路 116 号，发起创办了阿吉仔·吉治百货，以馅饼为主，集合呈现了厦门的其他城市古早味道。“老百货”在一个老街，老宅在开元路——厦门的第一条马路上，这一街区也是原来“老百货”消逝的地方。这样，这家文创商铺在鹭江旧城，才呈现出所谓“日常感”，这不仅是居民的“日常”，更是旅行者想要体验的“日常”。阿吉仔·吉治百货（图 7-9）想要做到的就是，每一位旅行者走进来时都会在心里想：“这就是我想要的生活！”吉治百货共有 5 层，每层都有不同的“老”东西。吉治百货 1~3 层贩卖当地诸多不为外人知，却有着良好品质的老字号产品，包括阿吉仔以及其他厦门古早味道。4 层是咖啡馆，5 层是茶室，有大量免费的台版及日版生活美学书籍可以看。铺着花砖的饼铺、花园、书局、茶室、博物馆，让这家百货商店超出了贩卖伴手礼的价值，它贩卖的也许是厦门这座城市的“慢生活”，如今的吉治百货已成为游客来厦门鹭江老城游览的必到之地。

图 7-9　阿吉仔 · 吉治百货

7.1.3　鹭江发展问题

1）人口老龄化

作为厦门的历史发源地，鹭江老城的人口老龄化现象严重。鹭江街道主要包含 3 个社区，即鹭江道社区、大同社区及营平社区。常住总人口达到 28708 人，其中户籍人口 17362 人，常住外来人口 9759 人，人口密度达到 33802 人/km^2，老城人口密度高。鹭江老城人口主要以老人与小孩为主，其中在 60 岁以上的老龄人，大同社区占总人口比重最大，达到 49.64%；营平社区与鹭江道社区次之，分别占 23.70%、21.32%；在 5 岁以下的小孩，其占总人口比重相对较为均衡。其中营平社区较大，占 4.13%；鹭江道社区与大同社区次之，分别占 2.76%、1.72%。

2）产业低端化

目前，鹭江老城内产业主要集中在大同路、大元路、开元路与横竹路四条主街巷上，整体产业业态较为丰富，包括餐饮、生活服务、休闲娱乐、服装家居、古玩艺术、公共服务等多种业态，构成老城的主要产业基础。其中，大同路产业业态最为丰富（图 7-10），主要以餐饮与生活服务类为主，两者占比达到 51.78%，包括大部分的老字号商铺，其次为休闲娱乐与古玩艺术类等业态。大元路与大同路类似，主要以餐饮与生活服务类为主（图 7-11），两者占比为 52.94%，其次为服装家居与古玩艺术类。开元路业态则较为单一（图 7-12），基本以餐饮与生活服务类业态为主，两者占比达到 72.73%，基本没有休闲娱乐类业态。横竹路业态最为单一（图 7-13），基本以餐饮类与生活服务类业态为主，其次为服装家居类。

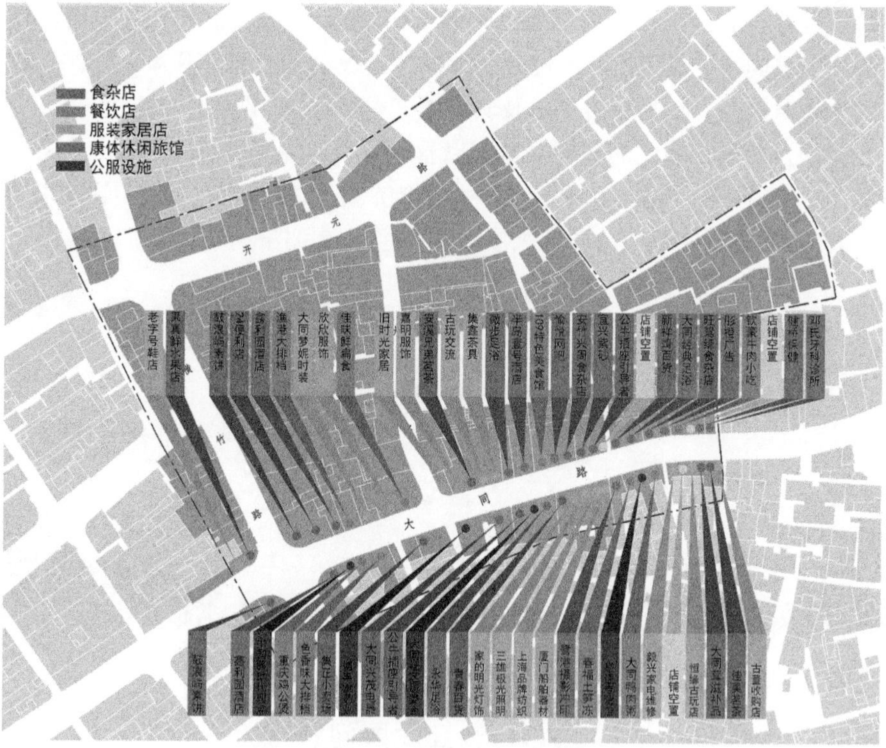

图 7-10　大同路业态分布

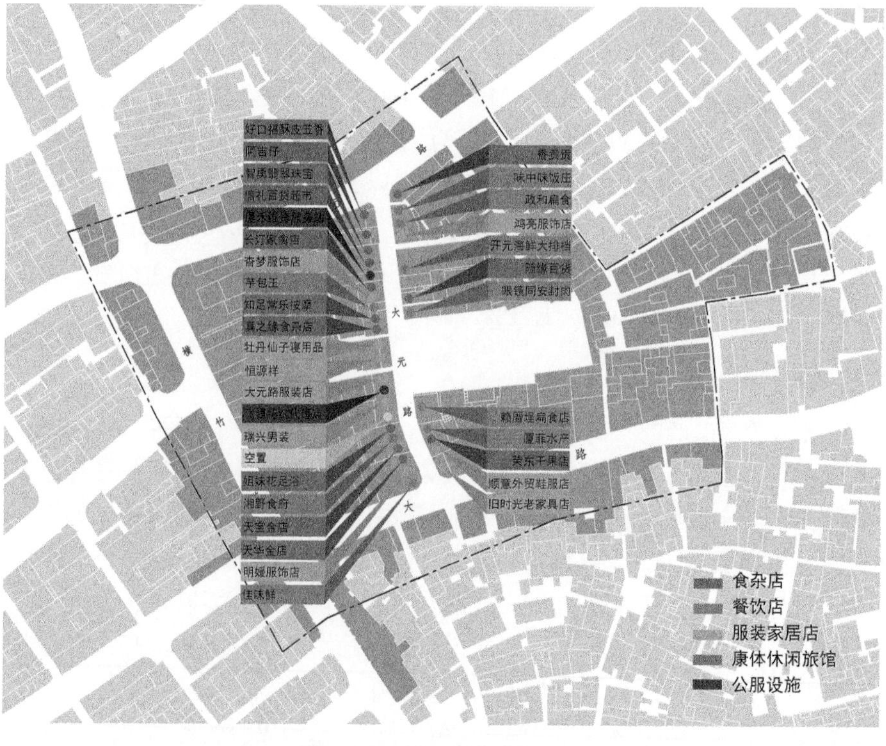

图 7-11　大元路业态分布

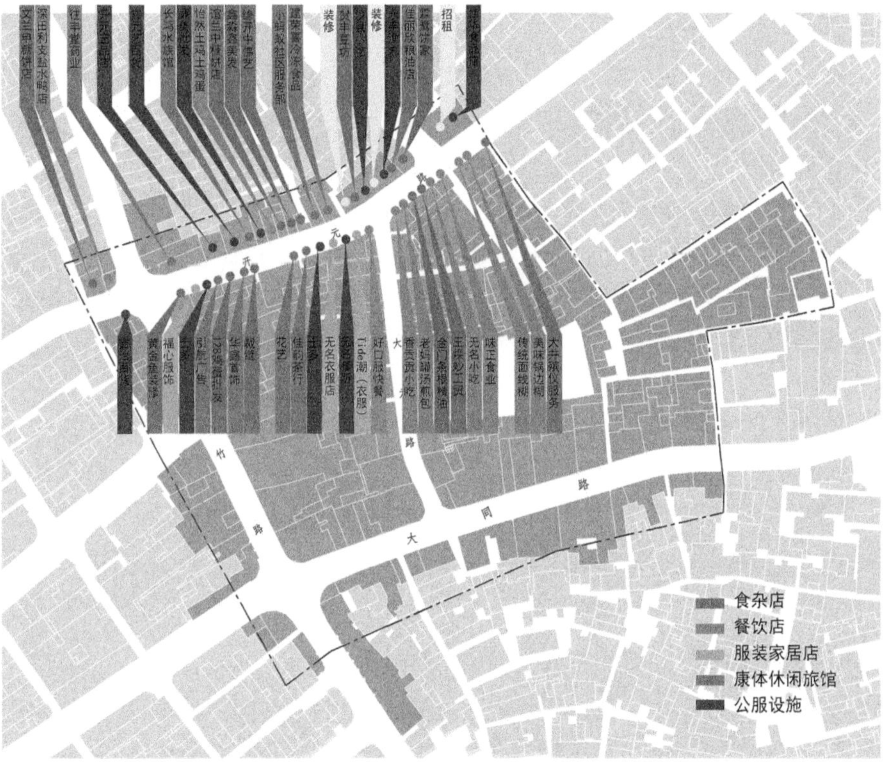

图 7-12　开元路业态分布

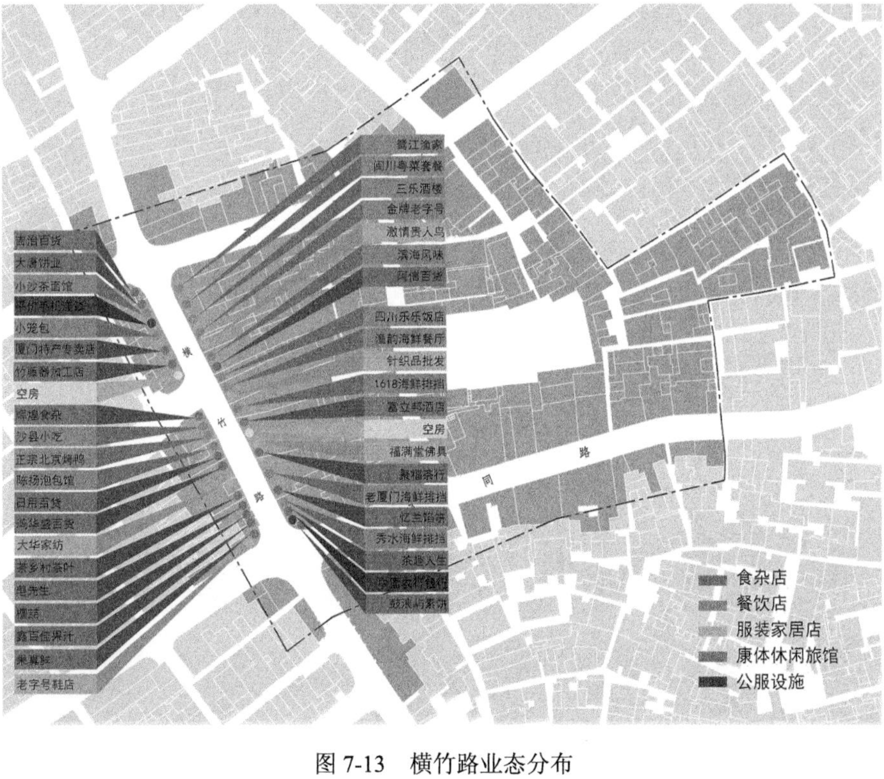

图 7-13　横竹路业态分布

尽管老城内产业呈现出多元化发展态势，但整体产业业态主要是为居民与游客提供基本的日常生活与消费服务的老字号餐饮类、生活服务类等低端化业态，这种低端化的生活类业态的发展存在着一定的利弊。传统生活类产业具有较大的市民活力，在一定程度上带来了就业机会与房屋租金效益，为老城带来了发展动力。另外，低端化的产业未来发展的潜力较小，且随着人口老龄化的加剧，传统技艺在传承上出现断裂，难以为继。同时，低端化的产业带来了众多外来就业人口，不仅加重了卫生环境、交通、消防等压力，而且还加大了本地居民与外来务工人员的摩擦与矛盾，容易造成邻里不睦与外来人员管理难等问题。

“目前厦门传统小吃经营走向老年化，老字号都是老年人在经营，没有年轻人参与。年轻人不愿接手，主要源于租金贵，工作时间长，且政府无扶持。希望政府能给予老字号店铺扶持，以及自己能成为年轻人的标杆，鼓励更多年轻人传承传统手艺。”

——芋包王 80 后老板

3）街巷景观混杂

目前鹭江老城内主要有 4 条重要街巷，分别为大同路（图 7-14）、开元路（图 7-15）、横竹路（图 7-16）、大元路（图 7-17）。特色骑楼街面与中西结合的建筑风格形成了厦门老城的独特街巷肌理。同时具有悠久历史的老字号店铺以及颇具文化创意的特色小店成为街巷空间的重要节点，如大元路上的赖厝埕扁食店与阿吉仔馅饼店、开元路上的吉治百货店等。但随着时间的推移，老城街巷空间受到了较大的破坏，一系列问题逐渐显现，极大地影响了街巷景观。如车辆随意停放路边，使得街巷公共空间被侵蚀与压缩，建筑老旧破败与违建现象严重，极大地影响了街面沿街景观，同时沿街建筑风格参差不齐，导致街面景观混杂等。

图 7-14　大同路街巷立面

图 7-15　开元路街巷立面

图 7-16 横竹路街巷立面

图 7-17 大元路街巷立面

4）公共设施老化

鹭江老城内虽具备较为齐全的基础市政与公共设施，但由于年代久远，设施严重老化（图 7-18）且布线杂乱，不仅存在严重消防隐患，而且影响老城景观。目前老城内公共设施建设存在单向满足城市开发需要的特点，随着人口的不断增加，排水、排污管线也不断增加。这种情况下新增管线与原先管线相互缠绕，缺乏系统的处理，使后期设施的改善面临更大的挑战。此外，多数道路宽度较窄，外围道路达到 6~8m，内部道路仅有 3~5m，巷道更为狭窄，甚至不到 1m，且缺乏停车场地，车辆大多停在道路沿侧，因此造成较大的交通不畅。

图 7-18 公共设施现状

7.2 共同缔造工作坊的过程

本次鹭江共同缔造工作坊旨在通过鹭江老城区的有机更新，提升地区的空间环境品质，改善营商环境，提高城市活力，探索旧城有机更新的机制。其中，工作坊的任务主要包括：其一，引入文化要素，将文化与商业相结合，在旧城有机更新的同时，保持老厦门街区的历史韵味，将原生文化和现代文化相结合，使鹭江成为厦门特色的文化旅游商业街区。其二，运用“美丽厦门共同缔造“理念，动员居民参与社区有机更新过程，形成共谋共建机制，同时进行相关制度设计，形成旧城有机更新可推广的模式。

本次鹭江街道“美丽厦门共同缔造”工作坊团队成员包括中山大学、厦门华侨大学、厦门大学 3 个院校（单位），与当地居民、商家一起，集思广益，共谋发展之路。鹭江街道共同缔造工作坊从 2015 年 1 月开始，针对老城进行了多次实地调研，且召开了有居民、商家、政府部门参加的多次交流会；2015 年 7 月召开了室外公众咨询会，与居民、商家、政府部门等在剧场文化公园家庭综合服务中心会议室直接面对面交流讨论方案，并一直共同缔造至今（图 7-19）。

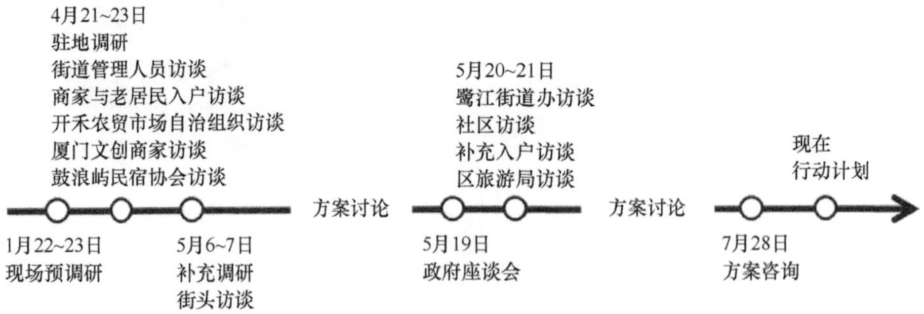

图 7-19 鹭江共同缔造工作坊过程

7.2.1 现 状 摸 查

工作坊团队在 2015 年 4 月 22~24 日、5 月 6~7 日、20~21 日三次前往鹭江开展驻地工作，通过实地调研（图 7-20）、商家讨论会、入户居民访谈等方式，了解居民、商家、政府部门对于鹭江老城的发展现状与改造的意愿。通过对鹭江老城的周边环境及状况的掌握，团队总结了鹭江老城目前存在的四大问题，主要是人口老龄化、产业低端化、街巷景观混杂、公共设施老化。

图 7-20 4 月 22~24 日实地调研

4 月 22 日上午，工作坊团队对老城进行了详细的调研，了解片区内人群活动情况、产权情况以及居民改造意愿，并对现存问题进行了总结。4 月 22 日下午，召开了有街道办管理人员、片区自治组织、商家参加的讨论会。4 月 23~24 日，工作坊团队深入入户访谈，与片区老居民、多家商户以及厦门文创商家与鼓浪屿民宿协会进行了深入交流，了解片区未来发展的可能性。

5 月 6~7 日，团队进行进一步深入调研。在街道办和社区管理人员的带领下，团队与民宿协会董启农会长深入片区走访调查，并进行随机街头访谈。随后在思明区党校，针对鹭江老城更新的几个问题开展了热烈的讨论，主要包括对鹭江老城更新看法、如何做民宿、先行“益生菌”试点选取与经济测算以及后期网络营销等问题提出具体可行方案。

7.2.2 初步方案讨论

5 月 19 日，在鹭江街道会议室，召开了鹭江共同缔造工作坊会议，来自中山大学、华侨大学、厦门大学的城乡规划、建筑专业的师生以及鹭江街道、旧改公司等团队所组成的工作坊团队就鹭江老城的未来发展展开了热烈讨论。

会议首先由中山大学城市化研究院李所长、华侨大学胡老师介绍各自已完成的方案内容，具体包括整体定位、功能业态、工作路径、以奖代补政策、民宿改造等。之后工作坊团队针对上述内容及下一步工作安排展开讨论（图 7-21）。

图 7-21 5 月 19 日初步方案讨论会

1）业主身在国外，难以参与共同缔造

片区内私房业主大多在国外，让业主参与共同缔造有困难。此外，剧场公园对面房屋（现状底层是服装店，2~4 层控制规划用作民宿）的业主打算自主改造，希望能够得到政策支持（工商等各类审批）。大井脚 15 号（现状土笋冻，规划用作 2 层咖啡厅），由于 2 楼是违章建筑，规划设想不符合实际，此外这栋楼可能需要重建。

2）街区博物馆的建议

针对方案中提出的片区定位为“街区博物馆”，可以参考台湾宜兰的社区博物馆，散落分布在社区。建议选择试点将其一层部分空间作为展示和体验式空间。在政策方面予以适当补偿，鼓励商家用作类似“街角式博物馆”，逐渐形成街区博物馆。最后以剧场公园为大的集中点，常规性、长期性的展览点可以分散在街区内，通过设计统一的标识，引导大家游览。同时可以通过以奖代补的方式，吸引一些有文化的年轻人入驻经营。关于分散的“博物馆”，展示内容不用做严格的限制，可以是与本地文化有关，也可以是与建筑有关，还可以与相关产品有关。

3）探讨住改商的合理路径

如果民宿等改造成为工作坊推动的“益生菌”的点，可能会被经营者或业主作为“免死金牌”。因此需对片区内住改商、民宿合法化等提出合理的解决办法，由街道报批相关区或市部门。工作坊的规划成果要在符合大框架的前提下，尽可能避免经过多个部门协调，增加工作负担。

4）如何更好发挥“益生菌”的效应

建议新增两个“益生菌”试点：吉治百货对面的黄胜记（街道正在控制外立面）和大井脚 123 号。针对已选好的“益生菌”点，接下来应该怎么做，具体怎么招商招租，招商需要满足怎样的条件和门槛，要有具体落实的方案。关键在于这些房子可以控制在政府手里，如果只是依托市场的力量难以实现设想的业态，需要依托以奖代补的办法作为市场引导的力量，引导居民自己提出自主改造想法，不断补充新的试点实行。但仍需考虑到业主的改造自主性强的情况，以奖代补是否可以真正促使他们参与？是否可以像鼓浪屿一样，能够对以奖代补的业态进行控制。

5）商讨以奖代补政策

关于以奖代补的业态，需明确其整体规划可以做什么，不能做什么；对可以适当增加一些业态，制定相关导则，以奖代补相配套；同时结合整个风貌进行控制。基于此，以奖代补的政策应该怎么制定，规划建议这栋建筑做什么产业，选择做什么产业，才会予以奖励，这些均需明确。

关于以奖代补的政策范围，不能是街道辖区，缩小到试点范围即可，建议在实施办法内附上范围图。由于思明区有危旧房屋的奖励政策，本次工作坊以奖代补政策不用涉及居民自住这部分。且同一个项目不能跟街道、区重复申请。

关于设计费用方面，如果街道直接委托设计，街道予以奖励；如果是业主自主找单位设计，街道不予以设计费的奖励；但如果方案符合导引的规则，施工费可以有适当的奖励，施工单位无须由街道指定，可让业主或商家自己去找。

关于立面改造奖励部分，分为商家店面的外立面和整栋楼的外立面，前者 100%补偿（外立面需封顶限价，街道征询意见补充），后者与内部改造奖励结合起来，不超过 1200 元/m^2。商家店面单纯的内部改造费用不超过 800 元/m^2，内部装修奖励不超过 50%。奖励核算面积，以产权面积为准。

关于以奖代补有效期，建议为一年有效期，并将一年进行时间分段，越早参与奖励越多。申请流程方面，需制定奖励申请程序，建议由个人向社区申请，社区再向街道提出书面申请。在支付奖励方面，先由街道奖励给社区，再由社区奖励给个人。针对项目成果评比，由于资金没办法走专项资金，建议删除。

7.2.3 方案公开咨询

7 月 28 日，在鹭江剧场公园家庭综合服务中心会议室，召开了鹭江旧城更新共同缔造方案公开咨询会（图 7-22）。本次方案咨询会采取多方会谈的形式，通过邀请中山大学、华侨大学、台湾逢甲大学专家学者以及投资者、旅游网站运营商、新锐建筑师、业主代表等共同为老城区有机更新建言献策。

图 7-22 7 月 28 日方案公开咨询会

会上工作坊成员、中山大学城市化研究院院长李郇教授提出，规划区功能和活动首先面向附近的原住民，如剧场文化公园、街边商业主要为附近居民提供便利服务。因此，要改善老城区的脏乱环境，改善老城的出行条件。伴随新功能的引入与建筑的自我更新，让老城区在建筑、功能上与时俱进，符合当代人生活需求，成为开放包容的历史文化街区。同时，会议提出了以下六大行动计划，共同探讨其可行性：产业提升计划、文化推广计划、线上提升计划、风貌引导计划、社会组织培育计划、以奖代补计划。

本次方案咨询会的召开极大地促进了工作坊成员、政府部门、商家、居民之间直接的交流，多方对于方案中提出的“以文化为导向的渐进式城市更新路径”改造理念表示很大的认同，同时也对方案提出了许多建议，最终大家形成了鹭江旧城更新的共识，即“通过特色‘点’改造，逐步扩大改造范围，实现‘以点带面、以线覆面’的旧城改造与更新，带动整个片区焕发新活力”。

设青年创业基地：要解决年轻人不来老街区的问题，可以在老街区打造一个青年创业基地，这些创业青年会把他们的客户吸引到老街区。同时让年轻人与落寞的工艺和工匠接触，他们会发展出新的产业，成为老城区的新产业。这样一来，可以计算客流、人流，从而进行民宿规划与把控。

——台湾逢甲大学建筑学助理教授 萧俊硕

打造白领生活圈：老城区在鹭江道 CBD 的包裹圈内，商业氛围浓厚。从财富中心走到这里只要七八分钟，因此不应该把老城区的发展局限在旅游方面，应和鹭江道连接起来，还可以和商务结合，打造一个白领生活圈。有些民房还可以改造成高级租赁房，实现生活方式的渗透。老城区与商务结合，可实现混合业态，形成良性发展。

——厦门十佳新锐建筑 师石磊

保留老厦门味道：社区改造一要美观漂亮，二要提高经济价值，商业要有活跃度。要让游客能在这里住下来，停留时间长，消费才高。这里是最后一块老街区，游客来不是看新产业，而是想体验原汁原味的老厦门味。因此，保留片区的特色很重要。要把地方的民俗、传统小吃等挖掘出来，加以保护。同时，要完善道路标识系统。

——途家在线信息技术有限公司总业务发展事业部副总经理 石绍东

7.3 共同缔造工作坊方案

7.3.1 发展愿景

1）本地人的心声

不同地区的旧城更新实践为我们提供了丰富的经验与可选择的发展方向，而来自鹭江街道的居民、商家等从自身体会与生活经历，告诉工作坊团队其想要怎样的剧场文化公园片区。

“这里的大街小巷就像毛细血管一样。如果旧城区需要搞活，就一定要原滋原味，需要生活性的活动来体现它。”

——老居民与土笋冻老板

“在未来发展中，希望能够对业态进行调整，适当引入现代文化产业，提升片区品质；能够适当延长店铺租期，保障商家稳定经营。”

——佛具店老板

“营平片区的文化本质是一种原生态的生活文化，是厦门原生文化的名片，同时也是一种具有现代性的文化。因此，片区未来发展应倾向于以文创产业与旅游业为导向的相关产业。”

——吉治百货店老板

“希望未来能够有人负责巷道卫生管理，对片区内老旧房屋进行改造，适当提高居民的生活水平。”

——老居民

从案例借鉴，居民、商家与游客发声可以看出，鹭江老城的未来道路将是走一条以文化为导向的渐进式城市更新路子。即通过特色“点”改造，逐步扩大改造范围，实现

"以点带面，以线覆面"的旧城改造与更新，带动整个片区活力焕发。

2）发展定位

综上所述，对鹭江老城片区的定位如下：

（1）具有老厦门味道、安居乐业的混合社区：规划区功能、活动首先面向本地人，包括剧场文化公园、街边商业主要为本地人提供便利服务。改善老城区脏乱环境，改善老城区出行条件。

（2）承载厦门历史、展现市井生活的"街区博物馆"：规划区是厦门的发源地，民国时期中西融合的建筑群成为乡愁的载体，居民的市井生活让这一历史街区成为富有活力的、外人可体验的特色"街区博物馆"。

（3）新旧交融、富有生活情调，又具开放包容的历史文化街区：伴随新功能的引入与建筑的自我更新，让老城在建筑、功能上与时俱进，符合当代人生活需求，同时成为开放包容的历史文化街区。

新老厦门人的需求分析见图 7-23。

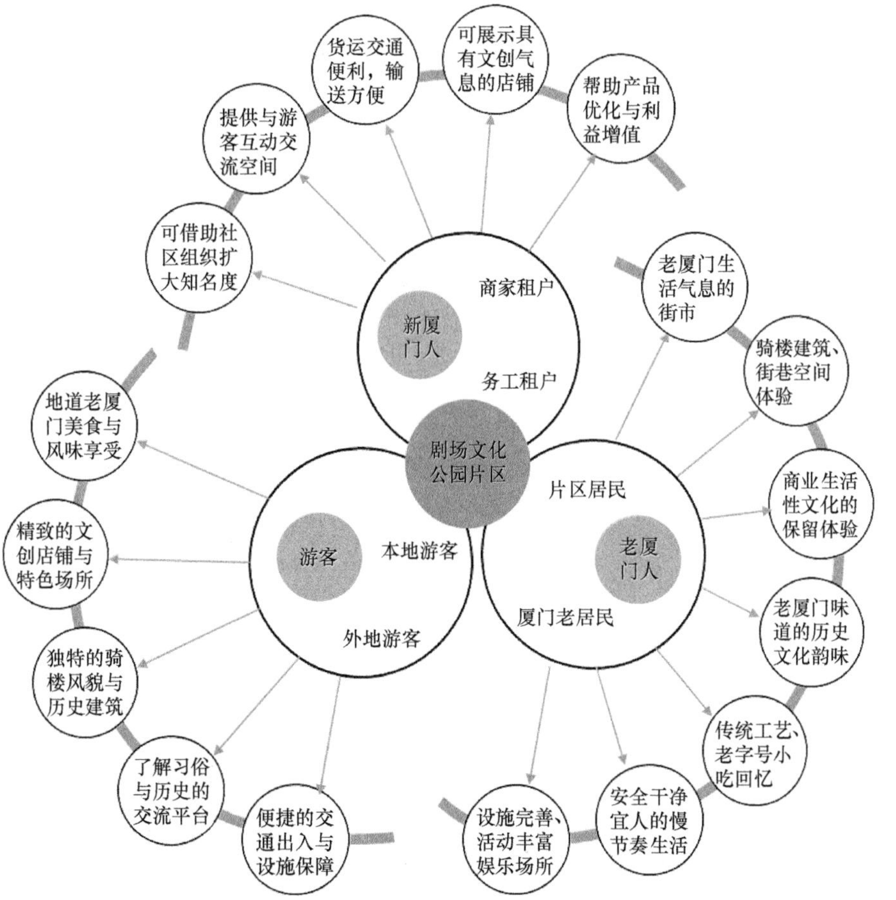

图 7-23 新老厦门人的需求分析

3）美好愿景

老人们在广场喝着茶，小孩在公园里玩耍，还有其他慕名而来的厦门人从飘荡着摊贩吆喝声的八市中拎着各式海鲜，三五成群地嬉笑着。

游客拖着行李漫步在大元路步行街上，道路铺装如电影胶片般诉说着地方的历史，两侧精致的小店吸引游客驻足；老厦门人原滋原味的闽南话、生活方式激发了游客的好奇，他们的生活场景也成为游客感受厦门风情的载体。

（1）安居乐业的老城：岁月洗礼过的骑楼，见证着几代人的成长。这里的每一栋建筑都承载了老厦门的乡愁。

（2）老厦门市井生活的缩影：这里有原汁原味的老字号、浓浓的闽南情以及充满质感的生活细节。

（3）创意植入老厦门的味道：通过创意植入吸引精致的小店与独特的民宿，营造接地气的文青新圣地，第二年改成开放包容、新旧交融的街区。

7.3.2 工 作 思 路

老城是有生命的有机整体，城市更新是周而复始的生长繁衍，需要激发城市活力，引导进一步城市更新。城市更新必须是可持续的，在一种间歇性、交互性的有机模式中进行操作，因为人们对于城市空间环境的认知也是具有延续性的，无论在生理上还是心理上都需要一种平衡感，这对于一个城市活力区域的维护非常重要。在进行城市更新时，实际上都面临着很多方面的时间性问题，包括物质/结构性过时、功能性过时、形象过时、法规性过时、区位条件过时、财政性过时、经济性过时，等等。因此，关键要找到旧城活力所在之处，通过日常生活片段延续记忆；通过开展组织活动，让老城的居民、游客寻求自身价值实现的满足感；通过延续人气，解决老城空间功能过时问题；通过环境提升、改造，焕发老城新面貌与新活力。

本次鹭江共同缔造工作坊以文化引领、有机更新、共同参与、以人为本、制度保障为基本理念，协同本地居民、商家与政府部门为老城共谋发展愿景（图 7-24，彩图 7-24）。①文化引领：通过文化创意与商业活动的结合，恢复和提升老城区的历史韵味，把原生文化和现代文化相结合。②有机更新：强调“以人为本”的理念，按照人的基本生活需求、社会需求和精神需求设计空间，从综合工程、科学规划的角度研究如何改造，把社区作为一个动态发展的有机体，对各种空间环境、文化环境、视觉环境、游憩环境等进行改造与延续，维护城市生态平衡，实现社区的可持续发展。③共同参与：政府自上而下的发动与居民、商家、文化青年、游客（消费者）、社区民间团体自下而上的参与相结合，大家共同对社区有机更新中的各种事务提出自己的想法，并影响有机更新的过程和结果。④以人为本：考虑居民、商家、文青、游客（消费者）等的切身需要，从建筑整治做起，注重人性化尺度和经营需求，创新满足人们需求的各种空间环境。⑤制度保障：针对社区有机更新中遇到的各种问题，针对性地出台各种规章制度，用制度规范各种行为，保障有机更新顺利推进。

具体地，鹭江共同缔造工作坊的规划改造思路则是通过以下三个主要途径：

（1）提高文化品位，吸引外来客商及游客。通过新功能（文化产业）的引入，解决功能过时问题。因此要了解文化产业发展的要求是什么？困难是什么？注意事项有哪些？具体可通过民宿、咖啡店、旧书店、画廊、古玩店业态的研究与经济测算，判断在老城区引入新业态的可行性。与此同时，需要分析规划区存在哪些有利条件，需要出台哪些政策，解决哪些问题。

（2）以剧场文化公园为核心，延续旧城情怀，留住本地人，实现旧空间的再利用。老城区开展的活动容易让人延续对一片区的记忆，并且加深对地区的认同。老剧场文化公园为规划区提供了开敞的活动场所，可以通过鹭江早市、商家回馈社区活动等，丰富居民、游客的生活体验。此外，还应当发扬地区的老字号文化，包括特色小吃、手工艺等，了解老字号面临的主要困难，提出相应的解决策略（图 7-25~图 7-27，彩图 7-25~彩图 7-27）。

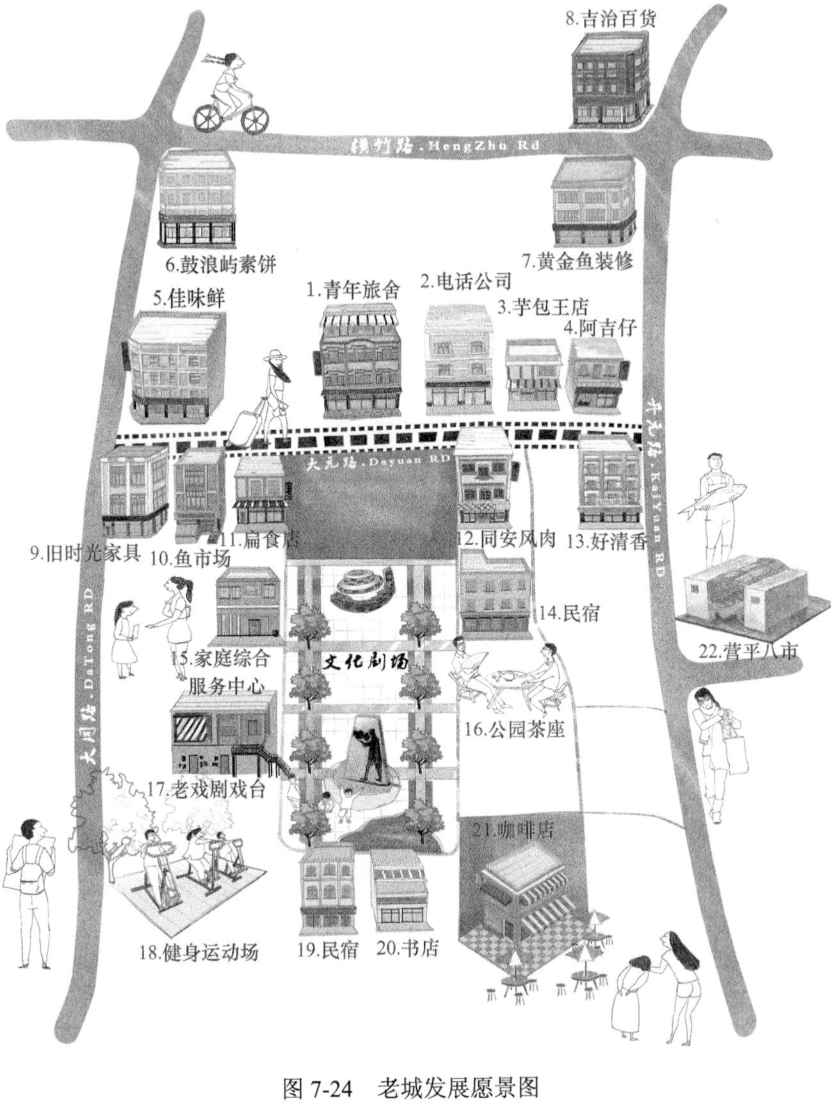

图 7-24　老城发展愿景图

图 7-25　鹭江剧场公园设计图

图 7-26　鹭江剧场公园设计图（一）

图 7-27　鹭江剧场公园设计图（二）

（3）保护旧城风貌，实现旧城的有机更新。通过现状摸查、要素分析确定具有文化价值的建筑，并对规划区的风貌进行控制引导；通过先期“益生菌”选点改造示范，带动整体街区风貌提升。

鹭江老城的未来道路将是走一条以文化为导向的渐进式城市更新的路子，即通过特色“点”改造，逐步扩大改造范围，实现“以点带面、以线覆面”的旧城改造与更新，带动整个片区活力焕发。首先，要找准“益生菌”，协助改造，业态提升，发挥效应［图 7-28（a）］；其次，在“益生菌”效应下，周边建筑在以奖代补政策、片区风貌引导下，开始自我更新，街区活力焕发［图 7-28（b）］；最后实现老城的城市更新，带动整个老城活力再生［图 7-28（c）］。

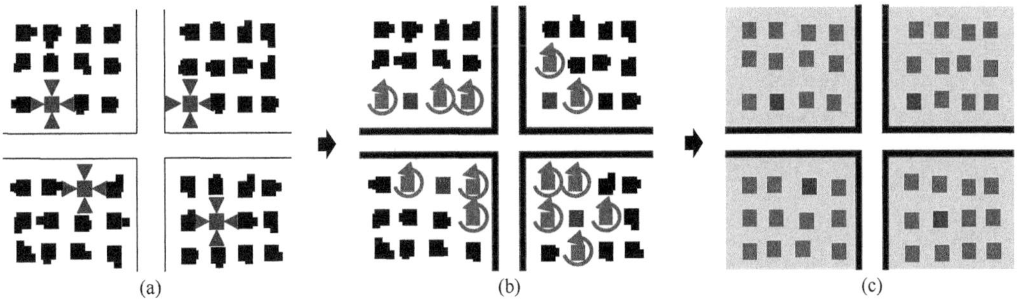

图 7-28　“益生菌”发展之路

将“益生菌”的发展理念运用到鹭江老城，可以看到，老剧场为周边地区提供良好活动场所，包括开敞空间、采光通风、交流等条件；吉治百货、旧时光家具、鼓浪屿馅饼等道路交叉口处建筑具有良好的带动示范作用。因此首先选取老剧场文化公园周边建筑、开元路与横竹路、横竹路与大同路等交叉口建筑为“益生菌”点，协助改造。之后，“益生菌”的改造带动周边居民自我改造更新，大元路街区活力借由广场等更易焕发。最后实现整个老城的城市更新（图 7-29）。

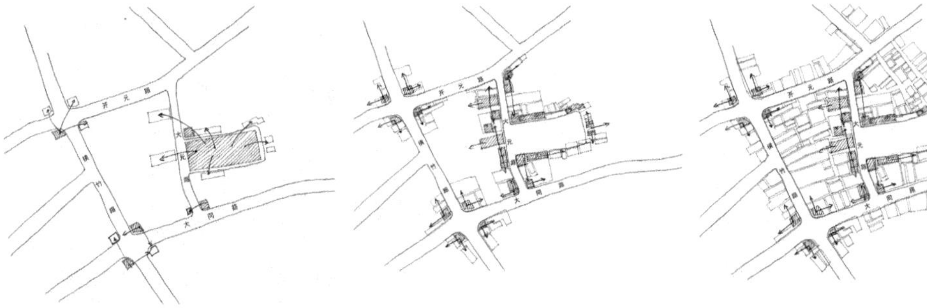

图 7-29　剧场文化公园片区“益生菌”发展之路

7.3.3　行 动 计 划

1. 产业提升计划

避免大拆大建破坏原有老厦门市井生活的味道，充分利用现有特色骑楼街区，对老城内的底层商业店面进行修复，提升厦门老字号小吃的品牌特色。同时适当引入休闲创意产业，开办青年旅舍、民宿、咖啡、书店等，发展片区的社会、经济活力。产业服务对象包括本地居民、其他厦门人、外来游客等。

1）以民宿为核心，带动传统产业升级

20 世纪 60 年代以来，随着西方国家逐步进入经济持续稳定的发展阶段，其社会也由“匮乏的生产社会”转变为“丰盛的消费社会”。90 年代以后，伴随着全球化浪潮以及大众传媒的真正普及，文化作为全球化的一个重要维度，消费文化作为西方社会的主流文化形态逐渐在全球范围内蔓延。与此同时，随着我国市场经济体制的初步建立和改革开放的日益深化，社会被迅速卷入全球化的浪潮之中，并出现了明显的消费化倾向。在消费文化发展以及居民消费力持续上升的背景下，文化消费、休闲消费等消费活动呈现出大幅增长的趋势。在城市休闲消费经济增长的推动下，大量的消费体验空间（如民宿、书店等）爆发式出现，而旧城因其便捷的交通、浓厚的历史文化韵味、与现代城市迥然不同的空间景观与生活体验，逐渐成为旅游消费的新热点和城市极具魅力的消费体验空间。

“这里的文化是生活性的文化，是打破人与人距离感、并且可以体验的文化。”

——鹭江旧城吉治百货老板 杨涵憬

鹭江老城承载着老一辈厦门人的生活记忆，特色的骑楼建筑、宜人的街道空间、真实的市井氛围、地道的老字号美食，奠定了鹭江老城在厦门独一无二的地位。与此同时。在鹭江旧城，不仅有根植于地域文化的老字号产业，更有消费文化下出现的创意体验产业，以吉治百货为代表的休闲消费和以剧场公园为代表的文化消费，营造了独特的老城消费空间，逐渐焕发旧城潜在丰富资源的活力，也让老城找到自己的竞争优势和市场定位。

鹭江未来的旧城更新是通过把握当前消费者的怀旧情怀与体验需求，重新把老城变回最具体验价值的消费空间。通过消费文化与传统地方文化的接轨，以民宿为核心（图 7-30），引入咖啡、精品店等文化创意消费产业，促使极具地方特色“古早味”老字号与文创氛围的“小资空间”并存，以此触发老城产业的活力。同时通过剧场公园带动周边片区传统产业更新，营造文化休闲创意氛围，在提高居民收入的同时，逐步培育老城的消费市场，重新建立公众对老城发展的信心，带动社会对旧城的资金投入与更新活动，推动鹭江老城的活力再生。

2）传承传统老字号，推动传统产业发展

吴良镛先生指出：“技术和生产方式的全球化，带来了人与传统地域空间的分离，地域文化的特色渐趋衰微；标准化的商品生产，致使建筑环境趋同、设计平庸、建筑文化的多样性遭到扼杀”。全球化进程往往伴随着同质化、去地方化的空间力量，大规模的城市空间建设导致大量丰富多样的地方性文化随之湮没。随着旧城的物质与功能过时，旧城改造更新随之推进，留存下的传统历史建筑与经历过现代化技术手段改造后的

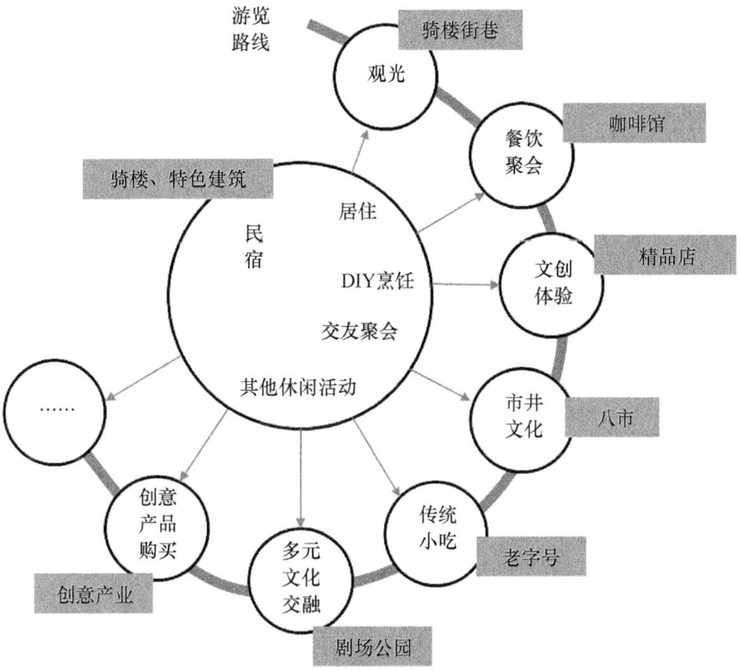

图 7-30　以民宿为核心，带动传统产业升级

建筑迥然不同，成为旧城极不协调的点缀。在此过程中，混合的功能性质、多样化的公共空间并存于旧城之中，成为一种独特的空间状态，即镶嵌是全球化背景下的基本特征。与此同时，伴随着传统地方性文化的不断受侵蚀，城市间竞争日益激烈，促使地方形象塑造成为地区发展的关键要素，而老字号作为一项重要的无形资产，成为营造鲜明的地方形象的重要因素。

鹭江老城作为厦门历史的发祥地，是厦门传统文化资源的聚集地，在这片土地生长的包括商业和服务业在内的老字号是鹭江长期以来物质文化和非物质文化的积淀，融入了浓厚的厦门地域特色。以芋包王、赖厝埕等为代表的老字号店铺正在不断崛起，在传承的基础上融入全球文化，保持自身独特性的同时实现创新，以此激发旧城传统的产业。老字号的崛起对旧城具有重大的品牌效应，且它来源于生活，有着广泛深厚的民众基础，能够激发居民深刻的地域认同，也能形成地方的特色产业，成为旧城更新改造的活力爆发点与先行排头兵。鹭江未来的旧城更新更应以片区内老字号店铺为改造示范点，将老字号聚集的大元路打造为鹭江旧城的特色老字号小吃一条街，以厦门老字号小食与特色美食为主，融合特色民宿、文创精品店铺与休闲饮品店等多种功能，为老厦门人、新厦门人、游客提供多元化服务，推动传统产业发展。

考虑到目前片区内虽然有众多传统老字号店铺，但大部分面临着弘扬与传承的困境，如房租压力、老顾客流失、新店铺的竞争等经营难题逐渐显现。为了推动片区内传统产业的发展，提高传统老字号小吃店铺的市场竞争力，提出以下适当的发展策略：①加强传统老字号小吃行业规范化，由商家协会制定行业发展细则。对店铺原料购进、生产、价格、卫生、环保、顾客投诉等事项进行规范化运作，以增强小吃行业的整体运行效率。②为减轻老字号店铺的物价与房租压力，加大政府优惠扶持力度。对于房租问题，如果老字号租赁为公房，可使其直接绕过二房东，与政府签租赁合同，并给予一定的店铺租金优惠；如果老字号租赁为私房，则适当给予电费、水费等折扣优惠。并设立专项扶持基金，鼓励特色小吃的创新。③加强老字号店铺的品牌化推广，挖掘老字号小吃的文化渊源，赋予品牌化的深层含义，包括小吃特点、文化渊源、食用方法、营养价值等，形成特色小吃的文化宣传模式；通过利用互联网平台如微信、微博等扩大品牌宣传。④创新老字号店铺经营产品，根据不同时节变化创新相应的不同产品，辅之以健康、环保、文化等理念；同时开发更多产品服务，如提供速食、外带等服务。

3）营造八市菜场文化氛围，强化地方特色产业

“菜场”，又名“菜市场”、“菜市”、“市场”。菜场起源于古代的集市，《说文》中曾记载：“城，以盛民也。市，买卖之所也。”可见，“市”，自古以来就是发生交易的公共空间。古往今来，菜场都是城市活力的重要源泉。菜场的功能决定了它对于普通市井民众的吸引力，不同年龄、不同背景的人群汇集于此，进行着包括买卖行为在内但不局限于此的交往活动，而随着现代城市的社区隔离与人情淡漠，菜场更成为社区交往的重要平台。伴随着城市的兴衰更替与岁月变迁，菜场里所蕴含的最地道的市井文化与饮食文化成为一座城市最真实的生活缩影。在菜场里，除了采购食物，城市最生活化和平民化的细节得以体现，慢慢地逛，细细地品，菜场也成为游客体验地方生活与文化的必达之地。

八市，作为厦门最大的海鲜市场，位于鹭江老城中心，不仅地理位置优越，同时其货品新鲜、种类繁多、集中布置的特点使其成为厦门独特的另类景点，为本地居民提供生活便利的同时，还吸引着厦门乃至外地游客前来购买。与此同时，八市与所有菜市场一样，有着不可避免的脏腥与嘈杂，且由于商户众多，品质，质量（重量）不达标问题也屡次出现。鹭江老城的更新与八市息息相关，因此如何以八市为核心，营造八市菜场的文化氛围，并通过开元路、横竹路、大同路等为片区居民、厦门居民、游客提供日常生活服务的同时，展示独特的老厦门市井生活文化，从而带动片区发展，成为鹭江老城更新的重点（图 7-31，彩图 7-31）。

图 7-31　早市文化活动

具体措施可包括：①健全八市管理制度，以开禾农贸市场自治组织为管理主体，对商家合理规范其经营行为，增强其主人翁意识。包括对商家进行统一培训，改善内部卫生环境，避免“缺斤少两”等不诚信行为，规范商铺装饰，合理安排食材摆放等。自治组织随时进行监督管理，确保出售产品安全、健康。②扩大八市品牌宣传力度，挖掘八市内部的老厦门文化内涵。包括利用厦门八市微信平台，每天预告“鲜跳跳”的在售食材报价、烹饪方法、当季蔬菜/水果报价、老厦门特色小吃，以及商家各自的海鲜故事等；同时，记录八市的发展历史、与厦门共同发展的轨迹，使八市成为老厦门市民文化的重要展示平台。③与鹭江早市合作，定时举办体验性八市海鲜美食节。引导市民和游客逛菜市、选海鲜；同时提供以海鲜及老厦门美食为中心的各种普及活动，宣传与“食”相关的知识，唤起大众对健康美食的认识与回忆；且提供互动交流平台，提供可参与式的海鲜美食体验，父母可带着孩子参加美食制作课程等。

4）“益生菌”的选址

鹭江老城内已有半岛一号酒店、富立邦酒店、鑫利园酒店等，引入青年旅舍、民宿等产业作为“益生菌”试点（图 7-32）。

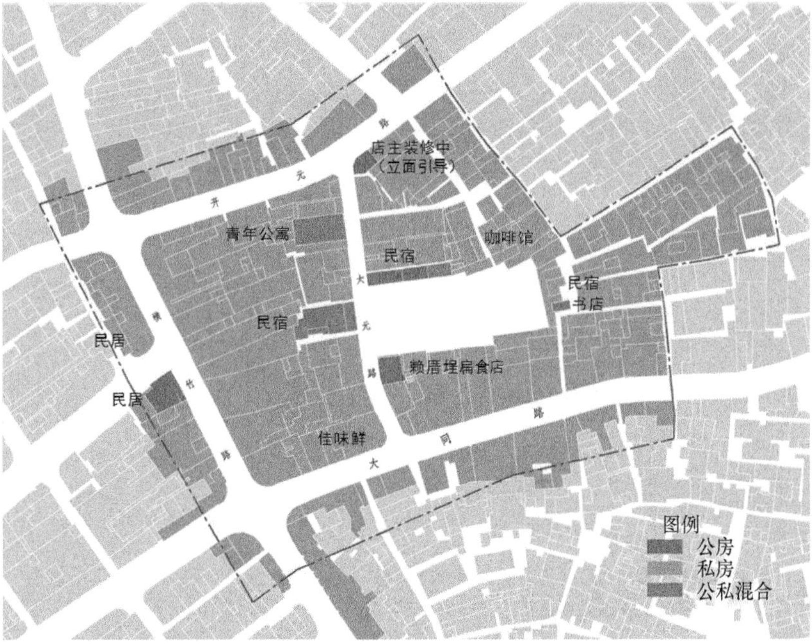

图 7-32 “益生菌”选址

（1）青年旅舍。

> “结合片区发展实际对 30 种业态进行分析，得出在片区发展以文创旅馆、酒店等文创产业是可行的、易做的。”

"民宿、青年旅舍等产业因发展需求，对建筑进行整饰与改造，在保护老城建筑之余，从铺装到摆设等也成为展示老城文化的良好载体，有助于使老城文化在新发展模式下复兴。并且可以留下流动的客群，有效带动片区的整体发展。"

——吉治百货 杨函憬

"如营平片区此类老城区，为民宿与青年旅舍的发展提供了良好的条件：①商家的改造行为有助于老屋的保护与开发；②民宿与青年旅舍需要低层整栋的房屋，老城区此类房屋较多，给予商家改造更充足的空间与更高的自由度；③老城区市井生活氛围越来越成为吸引游客的亮点。"

——卢卡青年旅舍 陈逸新

- **选址要求**

区位方面：必须是公共交通可到达的地方，公共交通便利（离附近公交站点的步行距离在15分钟以内为佳）。

产权方面：物业产权必须明晰（若产权属多个业主，必须要与全部业主方签订协议），物业产权性质必须明确可作为旅业或商业用途。

租赁期限：租赁期限不少于10年，10年内不在城市改造搬迁范围内。

物业建筑：改造投入成本，如建筑的装修改造成本、原有设备的折旧程度和房屋的可改造性，与投资能力相匹配，成本越低越好；必须有独立通道及门面；采光与通风条件良好，如果是进深较大的建筑，最好有中庭或天井，保证采光与通风；可以有改造为公共空间的余地；房屋经过改造可以通过消防验收，并拿到消防合格证。

租金方面：在轮渡与厦大环岛路沿线开办青年旅社，单间房屋（约 $20m^2$）租金不能超过2000元/间·月，整栋楼租金不能超过20000元/月·栋。租金越低，越有利于旅舍发展。

- **选点建议**

消防车可达；公私混合产权；采光通风条件好；一层可建设公共空间。

首层面积 $192m^2$；层数为4层；可提供20个房间、80个床位；

功能：1层为交流活动场；2~4层为青年旅舍（图7-33）；

（2）民宿。

"在营平片区此类老城区，民宿发展潜力大，并呈线状或点状布局。一般民宿依赖老城区的文化底蕴及其吸引的游客人群选址，将延续老建筑风貌，保持古朴外观，内部功能现代化。"

——卢卡青年旅舍 陈逸新

- **开办条件**

依据《厦门市鼓浪屿家庭旅馆管理办法》和《厦门市假日家庭旅馆管理试行办法》。

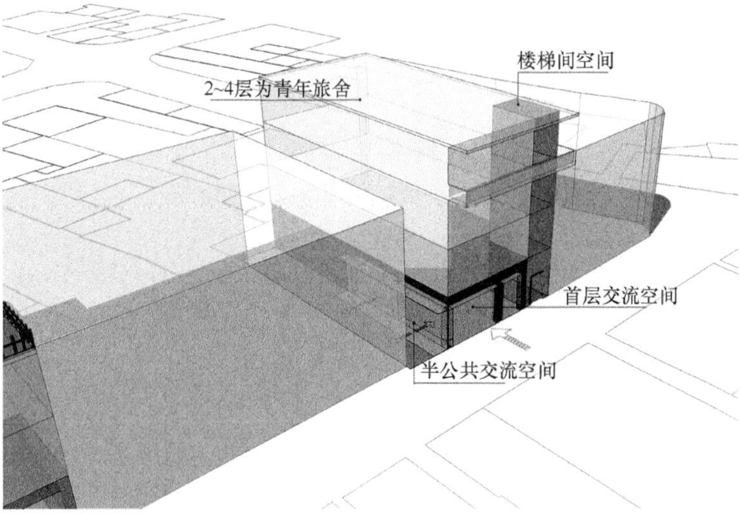

图 7-33 “益生菌”青年旅社示范点设计

服务设施：至少有 2 个以上房间，6 个床位，游客实际使用面积不小于 $40m^2$；装修良好并具有一定特色，通风、照明条件良好；配备生活、消防、卫生等设施。

安全防范：建筑符合居民住宅安全、消防、环保规定；建立住宿登记制度；设置必要消防设施，经消防安全检查合格，方可使用；必须向保险公司购买公众责任险。

卫生要求：须持有效的“卫生许可证”；从业人员持健康证方可上岗；利用风貌建筑开设家庭旅馆，须按照修旧如旧的原则进行改造。

申办手续：开办经营者向街道办事处提出申请，初审合格后，由思明区旅游行政管理部门会同区公安分局、消防大队、环保分局、工商局、卫生局、建设局等进行实地审验，达到标准给予办理相关手续，取得消防安全许可证、公安特种行业经营许可证、卫生许可证、工商登记、环保登记、税务登记等方可经营。

管理奖励：对特色星级家庭旅馆进行评定，达到一定星级允许接待旅游团队。

租金条件：民宿租金为 2000 元/间·月，超过 3000 元/间·月难以为继。租金越低，越有利于民宿经营。

- **选点建议**

位于鹭江老剧场对面，区位良好；建筑面积大，可改造房间数量多；消防车可达；采光通风条件好；公私混合，一层为公房，2~3 层为私房，产权相对清晰。

首层面积 $200m^2$；层数为 4 层；可供 25 个房间、50 个床位（标双）；

功能：1 层为沿街商铺；2~4 层为民宿（图 7-34）。

（3）咖啡屋。

- **选址要求**

位置选择：在城市、城镇新旧区交界处、商业旺街以及虽不繁华但确实有发展潜力的地段，交通便利；一般在十字路口、“L”面、“U”面；需要选在一楼和二楼，如在二楼，一楼需有门面。

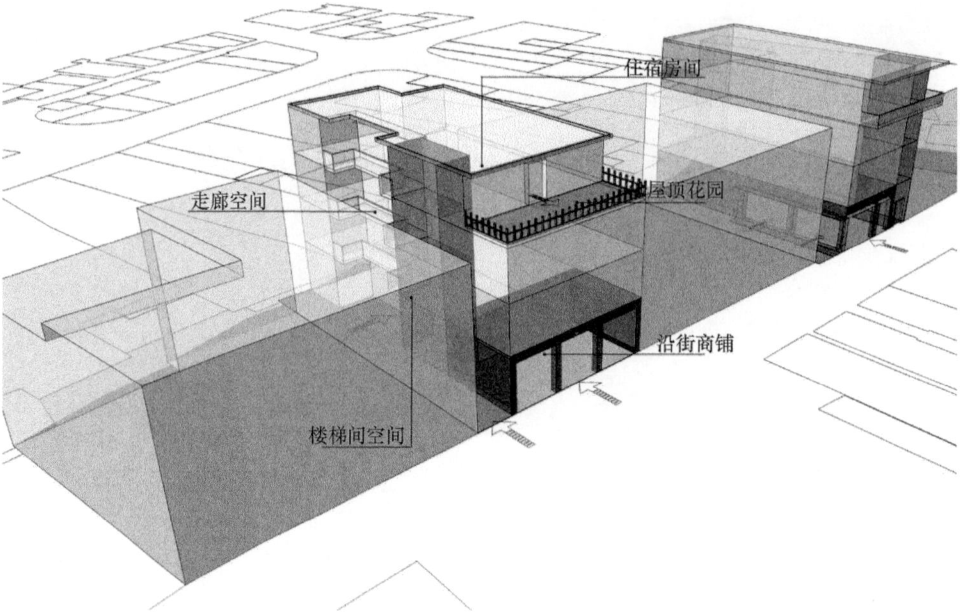

图 7-34 “益生菌”民宿示范点设计

地理环境优势：了解附近有众多潜在消费群，如商住楼、大酒店、别墅区、政府机关、高档居住区、饮食街等。

房屋租赁条件要项：一般情况下，月房租应控制在 100 元/m^2 以内，租房租赁期达 8 年以上；供水在 35 吨以上，供电在 100 千瓦·时以上，排污、排烟管道铺设方便。

- **选点建议**

靠近剧场文化公园拐角处，闹中取静；客流量较大；产权单一；建筑 2 层，带有庭院，适合用作咖啡屋（图 7-35）。

首层面积 40m^2；层数为 2 层；可提供 40 个座位；

功能：咖啡馆，休闲场所。

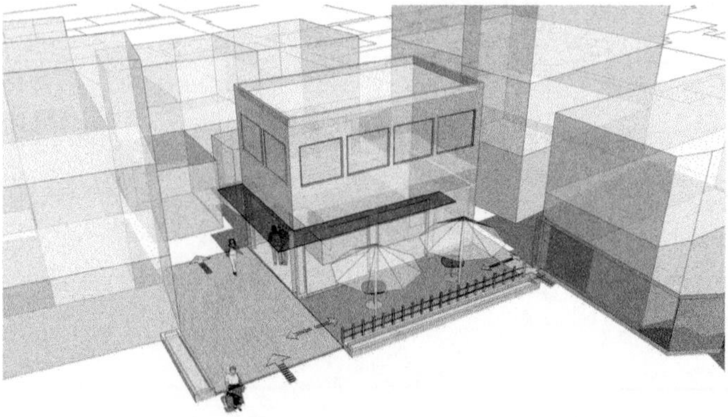

图 7-35 “益生菌”咖啡屋示范点设计

（4）书店。

选址要求：交通便利，环境安静，方便运作，租金合理；

书籍种类：少儿读物、经营管理、闽南文化（经、史、文、哲）；

目标人群：少年儿童、本地商家、外来游客、青年学生；

建议选址：位于老剧院广场东侧的老旧住宅（图 7-36）。

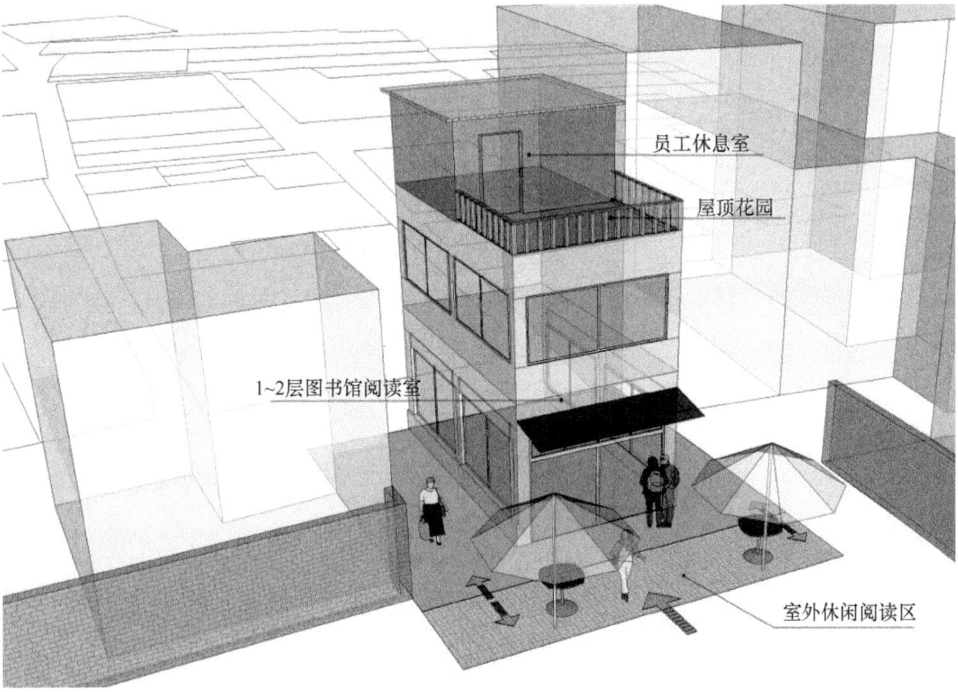

图 7-36 “益生菌”书店示范点设计

2. 文化推广计划

营平片区作为老厦门的发源地，其浓厚的文化内涵与市民生活氛围成为其独具特色的老城标志与印象。为了扩大片区知名度、增强片区认同感，依托线下剧场公园早市平台，借助社区家庭综合服务中心组织，通过开展一系列活动实现其老厦门文化推广。

1）建筑文化推广活动

借助剧场公园早市平台（图 7-37），由家庭综合服务中心邀请部分建筑业主/商家对片区内特色建筑做具体介绍，引导本地居民与游客认识片区建筑文化价值，从而认识地方，对片区形成地方认同感。

如早期可邀请好清香（芋包王店主）、老厦门电话公司等业主与商家共同讲述各自建筑的发展历史、建筑特色与价值、创业故事及主营产品等，并定期开展老厦门建筑交流、文化沙龙等活动，推广老厦门建筑文化。

图 7-37　早市举办的“南音留声机”

2）商业文化展示活动

片区内有着众多厦门老字号与特色小吃，特色骑楼商业文化氛围浓厚。结合文化、产业、建筑等载体，由家庭综合服务中心与片区内商家协会共同组织，邀请老字号店家介绍各自老字号店铺的发展历史、老字号小吃的制作工艺与原料展示等。

同时，通过主办或协办丰富多彩的社区活动，且现场制作老字号小吃、介绍美食小知识、美食拍卖等，定期开展美食节活动、鱼市学堂等（图 7-38，图 7-39），展示店铺自身的品牌文化与片区商业文化。

3）传统手工技艺传承活动

依托家庭综合服务中心，借助剧场公园平台，通过社区多样化社会组织邀请片区内老手工艺人，展示老字号传统手工技艺（如打金、剪纸、制作盘扣、制作糖人与棉花糖等）的发展历程、制作工艺、原料与工具等。并为参与者提供学习制作的工具与平台，共同现场制作各自的特色产品，为居民与游客现场呈现旧时代的手工艺技艺（图 7-40）。

定期开办老手工技艺培训活动，鼓励居民与游客积极学习与继承传统手工文化。

3. 风貌引导计划

1）总体思路

从建筑层面上的危房改造、邻里层面上的空间整治、社区层面上的结构完善三个层次实现鹭江老城的整体更新。

图 7-38　早市举办的“鱼市学堂”

图 7-39　早市举办的“厦门泡面考”

图 7-40　早市举办的“旧物市集”

2）建筑保护

（1）沿街一类建筑保护对策。沿街一类建筑不可拆；必须保留原始檐口、墙面、门窗等，不得改变原始墙面的材质、颜色、做法等；对以上部分原始构件及墙面存在残缺、破损及后期人为破坏的状况，必须根据其余可见部分进行推断，修补复原（图 7-41）。

图 7-41　沿街一类建筑改造示意图

（2）沿街二类建筑保护对策。沿街二类建筑可改建，不可翻建；必须保留原始檐口、墙面、门窗等，不得改变原始墙面的材质、颜色、做法等；对以上部分原始构件及墙面存在残缺、破损及后期人为破坏的状况，必须根据其余可见部分进行推断，修补复原（图 7-42）；若原始部分难以寻觅，必须依据周边线索或材质等进行修补复原；允许强化骑楼风格的立面改造。

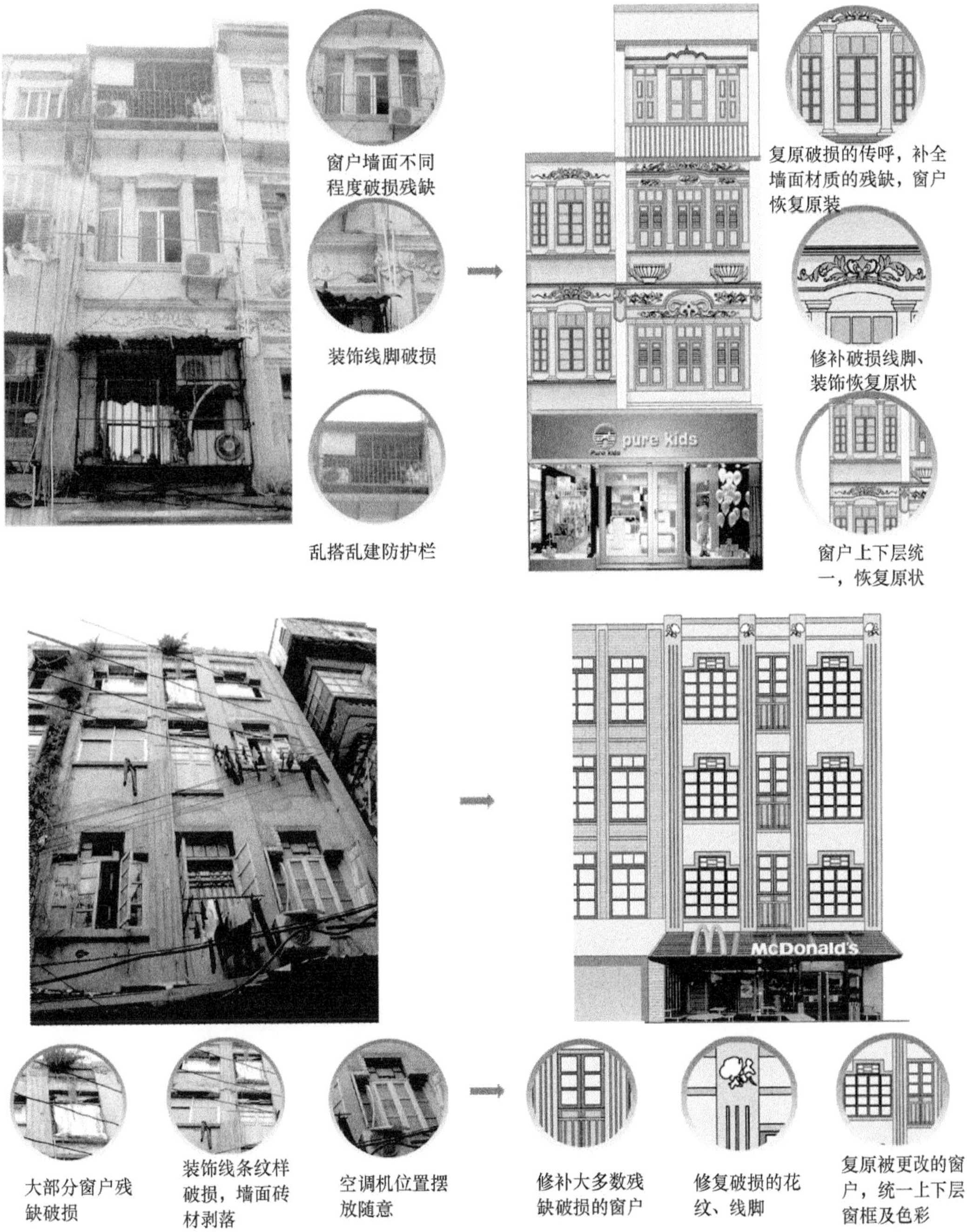

图 7-42　沿街二类建筑改造示意图

（3）沿街三类建筑保护对策。沿街三类建筑可以翻建，但需保持原有比例关系；需要和周边建筑协调，必须恢复骑楼风格；严禁使用明艳色彩的涂料及面砖装饰；檐口、墙面、门窗等装饰需和周边建筑协调（图 7-43），建议从材质库中提取样式。

（4）非沿街一类建筑保护对策。非沿街一类建筑不可拆；必须保留原始檐口、墙面、门窗等，不得改变原始墙面的材质、颜色、做法等；对以上部分原始构件及墙面存在残缺、破损及后期人为破坏的状况，必须根据其余可见部分进行推断，修补复原（图 7-44）。

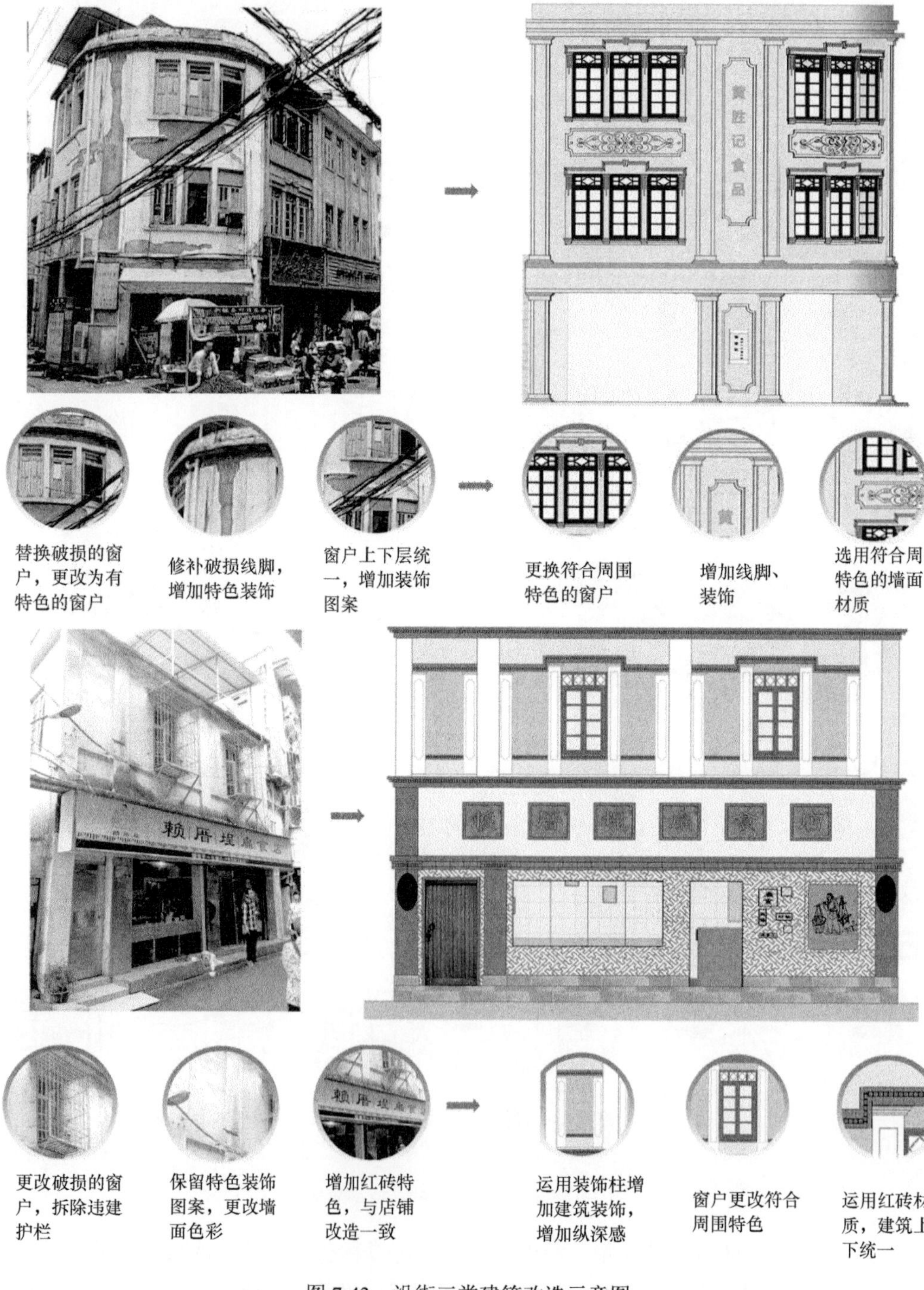

图 7-43　沿街三类建筑改造示意图

（5）非沿街二类建筑保护对策。非沿街二类建筑可翻改建；翻改建风貌建筑必须体现原有房屋立面特色（如檐口、墙面、门窗、材质、颜色、做法等）；翻改建风貌建筑必须体现营平片区地方特色；严禁使用明艳色彩的涂料及面砖装饰；对以上部分原始构件及墙面存在残缺、破损及后期人为破坏的状况，必须根据其余可见部分进行推断，修补复原（图 7-45）；若原始部分难以寻觅，必须依据周边线索或材质等进行修补复原。

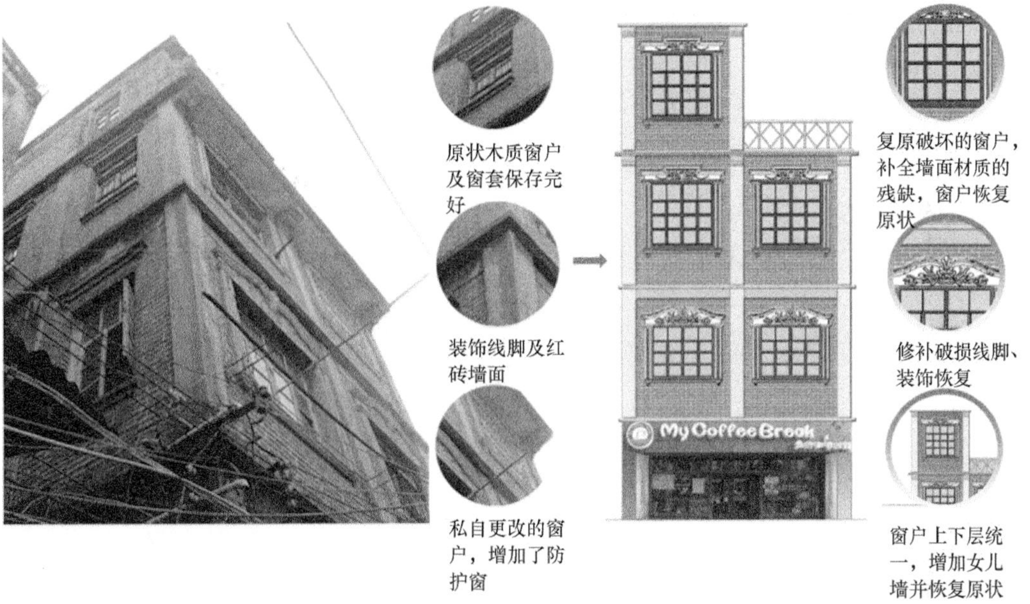

图 7-44　非沿街一类建筑改造示意图

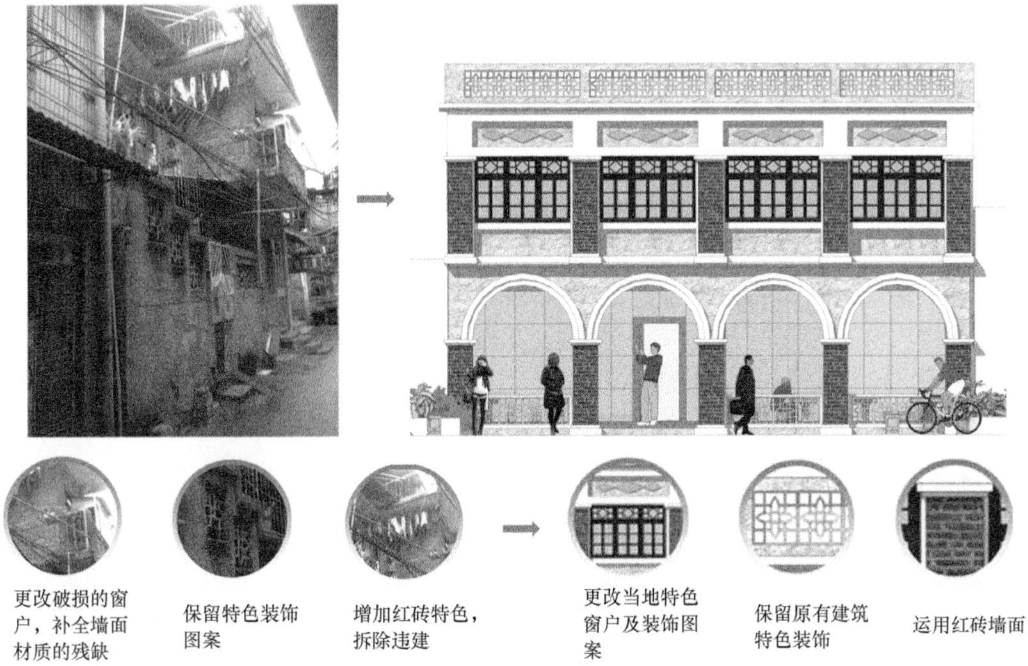

图 7-45　非沿街二类建筑保护分布

（6）非沿街三类建筑保护对策。非沿街三类建筑可以翻改建；翻改建风貌建筑必须体现原有房屋立面特色（如檐口、墙面、门窗、材质、颜色、做法等）；翻改建风貌建筑必须体现营平片区地方特色；严禁使用明艳色彩的涂料及面砖装饰（图 7-46）。

图 7-46　非沿街三类建筑保护分布

4. 线上提升计划

为了实现鹭江老城产业的创新发展与优质提升，其产业发展的关键在于利用互联网和手机应用平台（APP 或微信公众号）来实现商家与市场的对接，即线上提升计划。通过依托营平片区商家协会的运行，结合营平片区“官方形象平台”“商家协会 APP”“店铺微信公众号”等线上平台打造线上体验区；同时通过一系列宣传与教育学习活动，吸引本地居民与外地游客亲自参与，形成线下体验区，让厦门本地居民、外地游客更便捷、更全面地认识厦门老字号商铺、八市市场、青年旅舍、民宿、文化创意等产业的产品、活动和发展现状，增强片区整体品牌效应。以此为基础，消费者也能够体验到老厦门传统特色与新型文化创意等产业背后的文化内涵。

1）老厦门形象平台

作为老厦门安居乐业的老城和市井生活的缩影，其原汁原味的市井文化与充满质感的生活细节成为鹭江老城形象平台的重要展示基础。鹭江老城老厦门形象平台是其线上平台的重要组成部分，其目的是提炼鹭江老城的老厦门市井文化与闽南风情，通过构造一个可视化、内容精简、主题突出、感染力强的宣传平台，如官方形象网站等（图 7-47）。从整体上向本地居民与外地游客展现一个具有老厦门市井氛围与文化情怀的营平片区。

其内容具体可分为以下几方面。

图 7-47 官方形象网站示意图

（1）营平视窗。整合鹭江老城历史渊源、特色空间、建筑风貌、传统老字号、创意商铺等文化资源特色，将其通过宣传片、动画或视频、图片等方式分专题进行表达，呈现在鹭江老城官方形象网站、手机 APP、微信公众号等线上平台上。

（2）老厦门文化旅游。通过分主题呈现的方式，展示厦门老字号商铺、八市市场、青年旅舍、民宿、文化创意等产业的特色及发展，并通过展示老城内市井文化与闽南风味，建立鹭江老城老厦门的旅游形象（图 7-48），并采用照片、文章、评论等方式加以表达。

图 7-48 文化旅游形象示意图

（3）传统工艺与习俗记忆。展示老字号技艺（如打金店）、老厦门习俗（如饮茶与说书）等传统文化的发展渊源、制作工艺与流程、特色产品等多方面内容，同时网页推送：将整理过的信息资源以网页的形式转发至用户的界面，故使用推送合适相应的儿童与成人教育活动和课程，培养对传统工艺的熟悉感，重现市民的手工艺记忆，通过在线报名、学习、交流平台，游客可以在线了解传统技艺与习俗的相关知识（图 7-49）。

图 7-49 传统工艺展示示意图

（4）游客寄语。作为以鹭江老城为核心的社交和口碑宣传平台，线上平台重点建立游客与鹭江老城的互动平台（图 7-50），让游客围绕其游览经历抒发感想并提出对老城未来发展的愿景与建议，促成游客与鹭江老城的直接对话。

图 7-50 网站与游客互动示意图

2）互动参与平台

线上提升计划核心是通过提供参与平台，增强居民、商家对规划区的认同感，包括对地域文化、产业文化、社区家园的认同等。

（1）以早市为主的社区活动。目前，剧场文化公园已开展多次早市活动，并取得较好的效果。为增加居民信息获取渠道，吸引更多居民、游客等参加规划区开展的多样化社区活动，线上计划试图将活动信息纳入到 APP 或微信公众中，对即将开办的社区活动通过微信公众平台进行推送，综合展示本地居民与社区组织活动风采。借由片区内多样化的社区社会组织打造品牌活动，比如剧场早市、文艺汇演、主题节庆活动、邻里文化节等。同时回顾以往开展的社区活动，如鹭江老剧场定期举办的旧物早市活动、老鹭江表演活动、鱼市学堂、文化沙龙等，进行特色介绍，并进行微信公众推送。游客可通过微信公众平台提前获知活动开展信息，并根据喜好选择参与，体验老厦门居民传统的市民文化。以此让鹭江老城成为可展示、可参与、可体验的活动空间，增强居民与游客的互动参与（图 7-51）。

图 7-51　品牌活动推广示意图

（2）友善商家文化推广活动。鹭江老城内商家租赁的建筑大多具有较好的历史风貌，工作坊希望以建筑、街区为载体，促进规划区文化与产业的结合，从而既能保护地区的良好建筑风貌，又能增加商家的产业收入。因此，为鼓励商家在挖掘建筑历史、保护建筑基础上发展商业、提升业态，从而发挥带动效应，引导街区自我更新与活力焕发。线上提升计划试图提供友善商家参与平台，参与的商家可获得特殊的二维码，由商家协会（或其他协会、部门）统一风格装裱后贴在店铺外墙，游客通过手机扫描可快速获得该店铺的简介，包括建筑特征、创业故事、特色产品等。同时商店的简介可统一纳入到微信或者 APP 中的“产业服务平台”，加大商店的宣传力度。

此活动旨在通过产业激励的手段，促进老城内建筑的保护利用、业态提升等，因此对参加的商家提出以下要求：通过商家与业主共同协助，结合建筑自身特征与历史，对“益生菌”店铺进行有针对性的翻修、品牌推广等，如介绍建筑历史、自我创业故事、老字号故事与产品故事等，以“建筑+产业+文化”三位一体的推广模式，增强带动示范效应，实现规划区的整体提升。

这里介绍以下两个案例。

案例一：吉治百货。它作为营平片区目前发展良好的文创店铺，共有 5 层：1 层为阿吉仔饼铺、2 层为百分百厦门与秘密花园、3 层为时光书局、4 层为吉治咖啡&花砖博物馆、5 层为乌龙茶室。通过线上平台展示阿吉仔饼铺的发展历程、老店记忆、产品信息以及建筑特色，提供线上销售与预订服务（图 7-52），向游客展现厦门传统古早味道与味觉记忆。

图 7-52　百货微信平台示意图

案例二：旧时光家具。它作为片区内经营古董的特色店铺，目前主要经营古董鉴定、古董选购与古董销售等活动。而通过线上推广平台，展现店铺自我创业故事、具有特色的建筑风貌等，展示店铺独具文化底蕴的古董展品及其详细信息与价格，进行线上销售服务；同时支持消费者进行线上古董鉴定及相关鉴定等，消费者与商家可形成开放的互动交流，构建良好的商家与消费者的沟通平台。

3）产业服务平台

依托鹭江老城内的商家联盟协会组织，结合鹭江老城“商家协会 APP/微信公众号”，通过分不同类型的产业，将老城内的全部商家统一表达在一张三维的商家地图上，用户可以在这张地图上轻松地了解鹭江老城的每个角落商家资源的分布、旅游规划线路等内容。同时，商家协会 APP/微信公众号作为全部商家的信息展示平台，提供更为完善的旅游服务。具体可分为以下几个板块：

（1）八市海鲜板块：八市市场作为厦门最大的海鲜销售与批发市场，也成为反映老厦门生活的重要展示平台。通过商家协会 APP/微信公众号，八市商家将最新海鲜信息、实时海鲜价格更新、海鲜挑选技巧等进行推送，并提供货比三家、线上预订、生鲜外带与捷运等相应服务，支持消费者对商家信誉与质量进行留言和发表意见，以此提升八市市场商家经营环境与经营质量。

（2）老字号小吃与特产板块：线上展示老厦门传统小吃与特产如好清香芋包、赖厝埕扁食、阿吉仔馅饼、土笋冻等的传承历程、制作工艺与流程、生鲜外带与速食捷运、儿童教育活动推送等线上服务，并通过开通微信/微博公众号扩大商铺知名度。

（3）民宿板块：线上提供各类型民宿（包括国际青年旅舍）的预订渠道、房间信息查询、民宿设计风格、民宿服务与相应活动等内容；同时支持消费者在线上留言与评论，推出消费者参与民宿设计优化活动，并通过微信/微博公众号扩大品牌效应。

（4）文化创意板块：消费者可以查询摄影、绘画、展览、美食品尝等各种对外开放的文创活动，并通过在线报名参加，也可以查看各工作室（文创企业组织）的相关信息，了解相关的专业知识，并通过微信/微博公众号增进与消费者的互动。

5. 组织培育计划

1）依托家庭综合服务中心孵化社会组织，开展关怀服务活动

规划区目前住户主要以老年、小孩居多，应当充分发挥剧场文化公园、家庭综合服务中心室内活动场所的作用，依托鹭江街道家庭综合服务中心建立系列社会组织，将居民的个性化服务需求与社区内的其他社会组织进行对接调配，并为社会组织提供包括活动监管、项目策划、技能培训、场所保障等多项支持，实现社会组织的多方面、各层次的活化，促使更多社区社会组织的产生，如社区老人服务协会、社区书画协会。此外，为老人和小孩提供公益服务和开展文化活动，包括文化庆典活动、敬老活动、四点钟学堂等。

具体内容包括两方面：一是关怀和服务老人。围绕家庭综合服务中心成立老年人服务协会，吸纳社区热心居民参与，在为老人提供日间照料、保健康复、休闲娱乐、生活服务及居家管理等较为完备的生活服务的同时，让辖区老人感受到来自身边的浓浓温情。同时邀请社区能人（如画家刘荣奎）办书画兴趣班等，丰富老人娱乐活动。二是关注未成年人的成长。结合家庭综合服务中心的功能与空间，为规划区未成年人提供学习机会与活动场所，在促进未成年人“心、脑、情”全面开发的同时，促进社区居民间的交流与沟通，创造出邻里和美、家庭和睦的社区氛围。通过与辖区幼儿园、小学合作，邀请老师来家庭综合服务中心授课，分批次地让不同年龄段的孩子参加早教课程或者四点钟课堂，社区或街区拨发一定的资金，作为提供早教服务的教师的补贴金。

在活动实施过程中，需要注意两点：一是通过共建动员社会力量。积极将企业、学

校、专业组织、机构、基金会等多方力量都纳入到社区组织中，创新项目合作模式，通过居民提出服务需求，社区家庭综合服务中心做出项目策划，社区社会组织出人力，企业出资源的形式，保证社区公益服务项目的实施。例如，由于片区内老人多，因此针对空巢、独居老人的需求，设计家庭安全服务项目，由相关公司提供技术支持，社区老人服务协会承接实施。又如，针对社区 0~3 岁婴幼儿及家长的早教服务需求，推出 baby 早教乐园服务项目，由相关早教中心提供专业师资，社区计生协会承接实施等。二是注重活动的品牌与质量。社区社会组织不仅要有活动人员、场地、经费等基础要素，同时还要有自己特有的价值理念、服务内涵和品牌影响力，这样才能与更多的居民产生共鸣，乐于参与。因此积极推行社区工作特色项目建设机制，鼓励社区社会组织积极申报展示特色，并由街道办在综合论证基础上，择优立项，全程予以指导和经费支持，并通过经验交流、现场观摩等形式，帮助理清发展思路。对外突出形象展示，依托爱心义卖、文艺汇演、主题节庆活动等形式，综合展示组织风采。如定期举行爱心义卖、邻里文化节、旧货市场等，凸显社区组织的品牌特质。

2）明确居民自治主体，成立楼栋共管小组

通过营平片区居民访谈与座谈所反馈的问题与诉求信息可知，目前片区治理所需要解决的核心问题主要是房屋安全隐患与违建、内部巷道卫生以及外来人员缺乏认同感等问题。而出现这些问题的主要原因在于老旧社区房屋老旧和设施老化、长时间管理缺位等。因此为了实现营平片区的旧城有机更新，从社区居民组织入手，结合思明区网格员制度，以楼栋为单位成立共管小组，融入制度建设，实施社区和谐邻里计划，实现社区事务的管理与社区良好环境的营造。

该组织的主体为实际居住于本楼栋的住户，包括本地居民、外来务工人员等，相关政府职能部门予以支持、配合，其主要行动指引包括：

（1）成立网格楼栋共管小组：通过组织动员片区内每栋楼院的住户（包括本地居民与外地租户），民主选举产生楼长，楼长牵头住户代表（包括社区能人、积极分子）等成立楼栋共管小组，并组织楼院里的住户共同参与，筹措资金，实现居民户户参与的“共建”。通过楼栋共管小组携手社区住户建立社区房屋修缮、值班管理、卫生保洁、费用使用公示、监督等机制，制定社区自治公约，完善社区自我服务，同时开展为辖区的低收入者、老年人、外来务工人员节日送温暖活动，加强本地居民与外来租户的互动交流，实现社区和谐发展。可参考学习思明区鹭江街道小学社区“我爱我家”、中华街道镇海社区“金色梦想小区”等改造项目。

（2）巷道卫生清理：由街道办组织联合其他职能部门，对片区内巷道进行彻底清理。由于巷道狭窄，保洁人员难以进入进行清扫，因此未来巷道卫生由楼栋共管小组组织居住在附近的住户进行自我清理与维护，并由楼栋共管小组进行监督与管理。巷道方面包括卫生清理与货物、小推车等占道清理。

（3）房屋修缮与设施完善：由街道办牵头，楼栋共管小组组织，在住户的自主意愿下，对片区内存在较大安全隐患的房屋进行适当修缮，确保能正常使用。同时针对片区内设施电线等老化问题严重，容易造成火灾，尽快进行处理，以确保片区安全。

3）建立商家联盟协会，提升商业发展态势

目前，营平片区内汇集众多商家，吸引越来越多的人来此消费。鉴于此，一方面，目前的商家业态大多为日常生活类的商铺，缺乏有活力的新型产业进驻，使得片区内商业业态呈现出低端化发展态势；同时由于商家缺乏自我管理与改善意识，商铺立面参差不齐，未形成良好的街道立面商业景观，且由于片区内商铺租金高，承租期短，许多传统老字号店铺也未得到保护而逐渐消逝。另一方面，片区内商家为扩大店铺经营，占用骑楼街道作为自己的经营空间，且许多车辆直接停在道路两侧，导致街道变窄，出现拥堵现象。这种商家与居民争夺街道公共资源的结果，导致双方心存怨怼。

如何改善片区商家与居民间的关系，营造和谐的生活氛围，提升片区商业发展态势，需要由商家迈出“破冰”的步伐。因此从社区商家组织入手，通过动员片区内商家共同建立商家联盟协会，加强制度建设，从而加强商家联系与提高片区产业知名度。为此建议组织开展联盟自律活动、店铺美化活动、老字号保护活动、回馈社区活动等，从而改善商居关系与商业运营环境，提升商业发展态势。

（1）商家联盟自律活动。由商家联盟协会拟定组织内相关章程与商家公约，保证协会正常运行与商业环境良好。针对居民反映的商业侵占骑楼街道行走空间等问题，商家联盟协会拟定自律联盟公约，诚信经营，自我约束，提升自我管理水平，并且接受居民、城管、工商等部门的监督。

为提高营平片区产业知名度，同时方便商家联盟协会成员之间联络、活动信息共享等，建设营平片区商家联盟协会手机应用平台 APP。通过 APP 发布营平片区商家活动信息，邀请居民、游客参与；同时作为内部平台，凝聚商家认同感，为共建美好营平片区出谋划策。

在协会组织建设、活动开展等方面，建议向思明区滨海街道曾厝垵文创协会学习。

（2）商家店铺美化活动。在街道办牵头下，由商家联盟协会组织，开展商家店铺美化计划。商家自愿参与老城区有机更新，且符合旧城有机更新业态建议，符合《思明区鹭江街道旧城有机更新总体风貌控制导引》中规定的设计风格，对店铺进行立面改造和内部改造的项目，可获得一定额度的奖励。具体参考以奖代补计划，申报流程、办法可参照《思明区鹭江街道旧城有机更新“以奖代补”实施办法（试行）》。

其主要行动指引包括以下几方面：

- **改造店铺排水排污设施，减少环境污染**

针对片区内的大排档、水果摊、流动摊位等店铺，开展排烟、排水、排污等工程改造。在排水方面，严禁商家向沿街道路下水口倾倒废水；在排烟方面，要求商家安装烟气过滤装置，尽可能减少油烟的排放；流动摊贩等经营者，则需要在经营时段后，打扫经营场所的卫生，注意保持街道地面的整洁。

改造后相关排污需要达到国家餐饮业污染防治的相关规定。经营餐饮业项目应根据污染防治需要设置餐饮业专用烟道、油烟净化装置、油水分离设施或处置装置和降噪减振设施，并按环保部门要求排污。油烟排放应符合《饮食业油烟排放标准》（GWPB5—2000），污水排放应符合《污水综合排放标准》（GB8978—1996）和《厦门市水污染物排放控制标准》（DB35/322—1999）。

改造结果申请以奖代补，补贴改造费用。

- **推进店铺立面与内部的自我美化与改造，营造良好商业街区环境**

商家自愿参与营平片区有机更新，通过向街道申请立面与内部改造，或自己动手邀请专业设计人员参与等方式，进行店铺立面与内部的自我美化与改造。店铺立面改造包括建筑风格符合《思明区鹭江街道旧城有机更新总体风貌控制导引》，体现营平片区地方文化的建筑特色；内部美化则涉及墙面、地面、墙柱、飘蓬、灯箱、广告牌、门窗等方面的修整与装饰。

店铺的美化与改造可以向吉治百货店铺学习，运用一些文创元素的注入与装饰，使店铺独具特色与情调；同时将店铺内部部分空间整理为民众交流场所，营造有特色的内部空间。

对改造结果实施验收，并申请以奖代补，补贴改造费用。

- **推广垃圾分类处理，推动绿色发展**

在网站上发布绿色健康的消费理念，通过商家联盟协会号召、鼓励商家以身作则，进行店内垃圾分类处理，特别是厨余垃圾与普通垃圾的分类处理；同时向消费者推广绿色健康消费理念。

（3）老字号保护活动。

- **制定具体评定细则，共同找寻老字号店铺**

为了保护片区内传统老字号店铺的发展，由商家联盟协会组织制定老字号店铺的评定细则，主要内容包括：得到片区居民的认同、有几代人的传承经历、具有地方特色等，可分为传统工艺类、传统小吃类等老字号店铺。由商家联盟协会找寻片区内老字号店铺，组织片区居民共同评定，颁布老字号牌匾，以确定其老字号地位。

- **加大老字号店铺优惠扶持，健全后期制度与组织保障**

对获得老字号牌匾的店铺，政府给予相应的优惠政策扶持，以吸引老字号加入协会，实现共同管理与发展。如果老字号租赁为公房，可使其直接绕过二房东，与政府签租赁合同，并给予一定的店铺租金优惠；如果老字号租赁为私房，则适当给予电费、水费等折扣优惠。

同时，为了保障老字号店铺规范化与良好发展，商家联盟协会需对其进行长期监督、管理店铺卫生等行为，为店铺的经营管理提供咨询意见。

（4）商家回馈社区活动。

- **主办或协办丰富多彩的社区活动，实现双方互利互惠**

商家可根据兴趣爱好或经营所需向社区居委会申请举办社区活动。如餐饮店推出传统厦门小吃活动，打造营平片区品质消费，对本地居民消费进行优惠打折；同时可举办美食品鉴活动，邀请片区居民参加。

此外，社区居委会举办社区活动时，商家可与其积极展开合作，以资金赞助、服务赞助或人力支持等方式参与到社区活动的协办中，深化互动。

- **建立商家“爱心联盟”，关怀需助群体**

街道办与商家联盟协会合作，共同号召与组织片区商家成立“爱心商家联盟”，街道办制作专门的爱心卡，发给片区内低保户、困难户、环卫工人等需要帮助的群体，拥有爱心卡的群众在“爱心商家联盟”成员店消费时，可享受最低折扣等特殊优惠待遇。同时，商家可以向顾客宣传“爱心待用餐”活动，即顾客在消费的时候，可支付最低的费用买下一份餐饭为“待用餐”，拥有“爱心卡”的成员可以免费享用待用餐。

6. 以奖代补计划

针对特定鹭江街道辖区试点范围内，居民自愿参与老城区有机更新，符合思明区鹭江街道旧城有机更新业态建议，符合《思明区鹭江街道旧城有机更新总体风貌控制导引》中规定的设计风格，对房屋进行立面改造和内部改造的项目。依据《思明区鹭江街道旧城有机更新“以奖代补”实施办法》对项目的方案设计、立面改造和内部改造给予奖励。

1）奖励范围

民宿、青年旅舍、咖啡店、旧书店、画廊、古玩店、传统工艺品商店、传统特色食品店及其他能体现当地特色的商业形式。

2）奖励方式

申请纳入鹭江街道旧城有机更新“以奖代补”政策范围的物业，由街道办委托有资质的设计单位或者商家自主委托后向街道办申报，以此一对一地对该物业的立面改造或内部装修方案进行设计。鹭江街道“美丽厦门共同缔造”工作坊对申请主体的设计方案进行讨论。

（1）设计。对纳入思明区或鹭江街道“以奖代补”政策范围的项目，若是由街道办委托设计单位，方案设计费用由街道全额承担；若由商家自主委托，方案设计费用由商家自主承担。

（2）施工。申请主体自行挑选聘请施工单位进行该物业的立面改造或内部装修。项目竣工后，由鹭江街道办组织验收。若方案符合导引的规则，给予适当的施工费奖励。

（3）改造。立面改造奖励：验收合格后，由鹭江街道对申请主体进行奖励，分为商家店面的外立面和整栋楼的外立面改造，前者奖励金额为项目审核决算价的 100%（外立面需封顶限价）；后者与内部改造奖励结合，最高奖励按立面改造面积计算不超过 1200 元/m^2。内部改造奖励：验收合格后，由鹭江街道向对申请主体进行奖励，分为纯内部改造与内部装修，前者最高奖励按内部改造面积计算不超过 800 元/m^2；后者奖励金额不超过项目审核决算价的 50%。奖励核算面积，以产权面积为准。

鼓励物业的产权人和承租人订立合理的承租期。物业的产权人和承租人共同作为申请主体的项目，改造奖励金额在原来奖励比例基础上提高 10%。以奖代补有效期为一年，越早参与奖励越多。

3）管理规定

申请主体与施工单位须共同承诺在改造过程中，自觉遵守安全生产有关规定，保证改造后的房屋符合安全要求和居住质量标准。施工单位对施工质量负有全部责任。街道办电力、通信（电信、移动、联通）、有线电视以及供水部门要指定专人负责具体协调解决施工期间突发性断水、断电、有线电视和通信阻断等问题。由街道城市管理部门牵头，派出所、消防、安监、社区等单位配合，全面加强对鹭江旧城有机更新工作的安全监管。

7.4 工作坊成效

自2014年7月剧场公园开始改造、2015年1月鹭江共同缔造工作坊开展工作至今，鹭江旧城更新成效显著。

7.4.1 开敞的公共空间设计增强体验感

剧场公园作为鹭江旧城城市更新的催化剂，工作坊积极推进其整体改造与公共空间营造。在空间布局上，剧场公园尽量减少构筑物，最大限度留出广场空间给周边居民。在公园树下、绿藤下布置若干老电影院样式的休闲座椅，将花坛边缘设计为可看可坐的石台，切实增加周边居民活动空间，提高日常休闲生活质量（图7-53，图7-54，彩图7-53，彩图7-54）。

改造后的公园整体结构模拟原鹭江剧场的场地入口大厅、观众席、舞台的布局关系，分为入口区、公园开放区和主景区，体现进入剧场、电影散场的人流通道和正在放映的电影等状态的历史元素。新设的文化展示墙如同一卷展开的电影胶片，使居民可以在场内体验到浓厚的历史氛围。同时剧场公园将传统电影文化与广场小品设施相结合，是对前身厦门老剧场内涵的延续。如今公园还保留一处电影放映幕与戏台，定期为老城居民放映电影，还会邀请戏曲团队过来演唱番仔戏等传统曲目。

此外，共同缔造工作坊收集了旧城以往的木门，用厚重的门板在公园一角堆砌成一处景观，象征“五福临门”。这些随处可见的木门，不仅让居民倍感亲切，也体会到传统文化与公共空间结合所焕发的魅力。除了木板门，废弃的木梁柱也被人们拉来做成“有机更新”的雕像。尽管当前木梁柱逐渐被钢筋水泥所取代，但在历史上，它们曾经是好几代人的“顶梁柱”。看到这一扇扇熟悉的门，还有一根根的木梁，勾起了居民对于鹭江旧城的回忆，彰显浓浓的厦门味道。

7.4.2 活动场所营造寻回老城记忆

鹭江旧城以居住为主，缺乏就业机会与完善的配套服务功能，其物质结构、功能结

图 7-53 剧场公园小品设计

图 7-54 剧场公园公共空间设计

构越来越落后于当前时代的需求。因此也出现其他老城区相同的问题——人口老龄化严重，外来务工人员、低收入者聚集。结合改造的契机，共同缔造工作坊在规划剧场公园的同时就考虑到外来人员、老人、小孩的需要，为公园植入了多样化的功能。

剧场公园将两侧收储的可用楼房改造成老人活动场所，以工作坊、博物馆等形式引入民间老艺人或者文创青年，增强文化公园的文化氛围，让市民在这里可以寻找到老城的记忆。同时增设茶座、建设区、图书馆等，满足居民日常休闲需要。小孩特别喜欢在剧场公园嬉戏，而以前只能在街道里乱窜，如今老人会带着小孩一起来到公园游乐，老人一边喝茶，一边看孩子嬉戏。尺度的宜人让老城更加焕发活力，而丰富、混合的功能可以让不同年龄的居民在一起游玩。

7.4.3 早市活动开办促进集体认同

鹭江旧城原本属于“熟人社会”，骑楼建筑的街巷尺度促进了人们之间的交流。然而旧城不断衰败的环境让越来越多的居民产生逃离的想法。富裕的居民纷纷从老城区搬迁出来，房子出租给收入较低的外来人口；人口的流动不断让原有的社会人际网破碎，居民之间的联系逐渐减弱。

针对这种情况，共同缔造工作坊提出文化推广计划，在老城剧场公园开始举办各类活动，其中最有名的为鹭江“早市”活动（表 7-1)。“早市”原指市民经常集聚在一起买卖肉菜的地方，之后演变成为集贸综合市场，价格便宜，市井味浓厚。这里的鹭江“早市”活动是指定期（两三个星期）在剧场公园举办的集市活动。

早市从 2015 年 3 月开始，主要由营平片区的吉治百货老板杨函憬筹办，仅在 2015 年就举办了 18 期。早市活动联合营平片区的商家、居民、社工机构、社区居委会、街道共同参与，改变以往自上而下的、外来的纯粹“表演式”活动；而是从本地文化特色出发，再现传统年代的历史场景，通过参与式活动促进人群之间的交流。在长期的早市活动的社会建构中，改善了居民与政府之间、本地人与外来人之间的关系，增进了对共同家园的集体认同（图 7-55，彩图 7-55)。

图 7-55 剧场公园活动场所

表 7-1　2015 年举办早市活动

期数	日期	主题	活动内容
第一期	3 月 1 日	旧物开市	1.节目表演：舞狮踩街、魔术、杂技和闽南传统答嘴鼓 2.老手艺展示：剪纸、捏面人、糖画、中国盘扣及草编等 3.旧物交换：居民旧物或照片之间的交换
第二期	3 月 15 日	鱼市学堂	1.鱼市解说：解说厦门鱼类相关知识，教民众识鱼、认鱼、辨鱼 2.海鲜烹饪品尝：海鲜排档师傅现场烹饪并请民众品尝 3.特色海鲜拍卖：选取时令鱼类现场拍卖，让民众参与互动 4.八市小吃尝鲜：选取八市特色知名小吃，让民众品尝地道口味
第三期	3 月 29 日	旧物交换	1.旧物集市：现场旧物兑换日常用品；报名旧物售卖，通过审核设置摊位 2.旧物展：百样旧物展览 3.老音乐：夏威夷吉他演出团队现场弹奏老厦门音乐 4.复古照相馆：搭建复古旧物场景，供游人和居民拍照
第四期	4 月 12 日	南音留声机	1.旧物集市：现场旧物兑换日常用品；报名旧物售卖，通过审核设置摊位 2.爱心义卖：残障人士手工制品义卖 3.小吃品尝：选取八市知名小吃，让民众品尝地道口味 4.南音欣赏：南音乐团现场演奏
第五期	4 月 26 日	厦门泡面	1.旧物集市：提供旧物交换、售卖平台 2.爱心义卖：残障人士手工制品义卖 3.小吃品尝：选取厦门传统小吃，让民众品尝地道口味 4.厦门泡面烹饪品尝：邀请泡面达人现场烹饪并请民众围桌品尝
第六期	5 月 10 日	给妈妈的礼物	1.旧物集市：提供旧物交换、售卖平台 2.爱心义卖：爱心手工制品义卖 3.小吃品尝：选取厦门传统小吃，让民众品尝地道口味 4.亲子照相馆：用拍立得相机为母子（女）拍照，并赠送伴手礼以及鲜花 5.母亲节手作展卖区：特色手作坊
第七期	5 月 31 日	闽南童玩好七桃	1.旧物集市：提供旧物交换、售卖平台 2.吹画制作：现场教授小朋友吹画制作 3.小吃品尝：选取厦门传统小吃，让民众品尝地道口味 4.闽南童玩游戏区：互动类游戏，同时体验踩高跷等童玩游戏
第八期	6 月 13 日	线牵乡情	1.旧物集市：提供旧物交换、售卖平台 2.剪纸：现场展示和教学传统手艺——剪纸 3.小吃：选取厦门传统小吃，端午粽子的现场制作和售卖 4.提线木偶：引领大家一起重回旧时光，感受和参与文化遗产——提线木偶
第九期	6 月 27 日	垃圾不落地	1.慈济表演：环保手语、垃圾分类和宣导 2.T 台秀活动：小朋友身穿与妈妈亲手制作变废为宝的“时装”走 T 台 3.节目表演：邀请人偶团队表演
第十期	7 月 12 日	夏日嬷嬷茶	1.旧物集市：提供旧物交换、售卖平台 2.凉茶铺：现场教学凉茶的种类、搭配、功效以及熬制方法 3.夏日清凉小吃：为大家提供解渴消暑的爽口小吃

续表

期数	日期	主题	活动内容
第十一期	8月9日	斗阵来七桃	1.文艺演出：车鼓弄、歌仔戏、答嘴鼓、讲古、闽南文史现场讲解 2.现场知识问答：有奖知识问答 3.摊位服务：口腔义务服务、残疾人援助等 4.政策宣传：计生、征兵、劳动保障等政策宣传
第十二期	8月30日	公益市集	1.公益市集：物物交换、手工义卖、便民服务等 2.七彩夏令营演出：闽南曲艺、社区才艺、社工展示等
第十三期	9月20日	中秋寻找时光饼盒	1.厦门本地月饼源流（抗击侵略者的饼）介绍 2.老饼盒征集、展示 3."鹭江关怀"博饼活动 4."长大的月饼"DIY游戏
第十四期	10月11日	和睦邻里节	1.舞蹈表演 2.魔术表演 3.穴位操练习
第十五期	10月25日	伊面之缘	1.老照片征集、展示 2.书法即兴表演 3."面面"聚到 4.斗阵来七桃（鹭江之谜、巧运乒乓球、金圈套宝）
第十六期	11月8日	同心共筑	1.腰鼓表演 2.传统文化活动讲古：老厦门闽南文化 3.小品表演 4.茶道与书法互动
第十七期	11月22日	华大学生作品展	1.学生作品展示与介绍 2.茶道互动与茶商介绍
第十八期	12月6日	礼乐华彩	1.礼乐情景展示 2.红地毯走秀 3.礼乐民俗体验 4.社区亲人游戏互动 5.礼乐文化普及讲解

7.4.4 "以奖代补"政策激励了居民自主更新

为了鼓励居民、商家开展自我更新，鹭江共同缔造工作坊推出《鹭江街道旧城有机更新以奖代补实施办法》，思明区出台老城区私危房翻建解危的"以奖代补"办法。对符合工作坊提出的《鹭江旧城有机更新总体风貌控制导引》中的设计风格、对房屋进行立面改造和内部改造的项目予以奖励；对改造后用途为居民自主或者发展民宿、青年旅舍、咖啡店、旧书店、画廊、古玩店、传统工艺品商店、传统特色食品店及其他能体现当地特色的业态予以奖励（表7-2）。

以第一家享受以奖代补政策的同安封肉店为例，在项目改造期间，除了停业三个月失去的机会成本外，外部装修、设计费、改造费基本由政府以奖金的方式全部予以补贴，而内部装修费用由政府奖励成本的一半。除了同安封肉店，赖厝埕扁食店、黄胜记店铺等均享受了政府的以奖代补，并且释放促进城市更新的触媒效应，催化其他危房建筑开展更新改造。

表 7-2　项目改造点统计

建筑	改造方式	改造前	改造后	改造时间
剧场公园	政府推动	危房	广场公园	2014 年 7 月
吉治百货	社会资本	居民楼	伴手礼	2014 年 11 月
荒岛图书馆	社会资本	空置公房	图书馆	2014 年 11 月
同安封肉店	居民更新	餐饮店	老字号	2015 年 5 月
赖厝埕扁食店	居民更新	餐饮店	老字号	2015 年 8 月
以乐剪纸	社会资本	居民楼	艺术馆	2015 年 10 月
老城咖啡店	社会资本	空置公房	咖啡店	2015 年 11 月
信记陈茶	居民更新	餐饮店	老字号	2015 年 12 月
黄胜记	社会资本	餐饮店	伴手礼	装修中

剧场公园建成后成为旧城城市更新的催化剂，不断激活老城自我更新能力；公园周边也出现不少自我更新的建筑。除了剧场公园是政府推动进行的改造外，吉治百货、荒岛图书馆、以乐剪纸、老城咖啡店等主要是社会各行业人士进入营平片区进行的投资；而同安封肉店、赖厝埕扁食店、信记陈茶店等是在原本居民开设的餐饮店基础上进行的更新。由此可见，老城不仅吸引了社会的关注，成功激活了市场要素，也让本地居民看到未来升值的空间，愿意去投资改造。

参考文献

爱德华・格莱泽. 2011. 城市的胜利. 刘润泉译. 上海: 上海社会科学院出版社

爱德华・W・索亚. 2004. 后现代地理学——重申批判社会理论中的空间. 王文斌译. 上海: 商务印书馆

曹建春. 2012. 当代中国城市规划中的公众参与研究. 上海: 华东师范大学硕士学位论文

陈锦富. 2000. 论公众参与的城市规划制度. 城市规划, 16(7): 14-18

陈映芳, 水内俊雄, 邓永成, 等. 2011. 直面当代城市问题及方法. 上海: 上海古籍出版社

陈志诚, 曹荣林, 朱兴平. 2003. 国外城市规划公众参与及借鉴. 城市问题, (5): 72-75

程方炎, 贺雄. 1998. 从人本主义到人本主义的理性化——雅典宪章与马丘比丘宪章的规划理念比较及其启示. 城市研究, (3): 23-26

大卫・哈维. 2003. 后现代的状况——对文化变迁之缘起的探究. 阎嘉译. 北京: 商务印书馆

戴维・哈维. 2014. 叛逆的城市——从城市权利到城市革命. 叶齐茂, 倪晓辉译. 北京: 商务印书馆

丁凌. 2014. 城市三大宪章的分析与比较. 特区经济, (6): 220-221

董鉴鸿. 2004. 中国城市建设史. 北京: 中国建设工业出版社, (7)

顾福姝. 2012. 中日灾后重建规划比较研究——以汶川、阪神为例. 南京: 南京大学硕士学位论文

郝娟. 2007. 解析我国推进公众参与城市规划的障碍及成因. 现代城市研究, (5): 21-27

侯丽, 张宜轩. 2013. 1958 年的青岛会议: 溯源、求实与反思, 见《城市时代, 协同规划——2013 中国城市规划年会论文集(08-城市规划历史与理论)》, http://www.cnki.net/KCMS/detail/detail.aspx?QueryID=2&CurRec=1&recid=&filename=ZHCG201311008002&dbname=CPFD0914&dbcode=CPFD&pr=&urlid=&yx=&uid=WEEvREcwSIJHSIdRa1FhdXNXZjJDVVkrWHdBSXErcndOaWlnRVZJT3REaz0=$9A4hF_YAuvQ5obgVAqNKPCYcEjKensW4ggI8Fm4gTkoUKaID8j8gFw!!&v=MTk5OTdqOThUbmpxcXhkRWVNT1VLcmlmWnVCdUZ5amlVcmZOSWw0WFB5WElhYkc0SDIMTnJvOUZiT3NQRGhOS3VoZGhu[2016-11-18]

黄汉民. 2009. 福建土楼: 中国传统民居的瑰宝(修订本). 北京: 三联书店

黄虎, 张震宇, 袁阳. 2014. 城乡统一建设用地背景下的农村规划思路概析. 城乡治理与规划改革——2014 中国城市规划年会论文集(14 小城镇与农村规划)

简・雅各布斯. 2006. 美国大城市的死与生. 金衡山译. 南京: 译林出版社

金经元. 1994. 再谈霍华德的明日田园城市. 国外城市规划, (4): 31-36

卡尔・波兰尼. 1944.《大转型》与中国的大转型. 王绍光译. 北京: 生活・读书・新知三联书店

卡尔・波兰尼. 2013. 巨变: 当代政治与经济的起源. 黄树民译. 北京: 社会科学文献出版社

黎熙元, 陈福平. 2008. 社区论辩: 转型期中国城市社区的形态转变. 社会学研究, (2): 192-246

李郇. 2012. 中国城市化的福利转向: 迈向生产与福利的平衡. 城市与区域规划研究, (2): 24-49

李慧凤. 2011. 社区治理与社会管理体制创新. 杭州: 浙江大学博士学位论文: 35-49

李培林. 2002. 巨变: 村落的终结都市里的村庄研究. 中国社会学, (1): 169-179

列斐伏尔. 2003. 空间: 社会产物与使用价值. 王志弘译. 上海: 上海教育出版社

刘宛. 2004. 城市设计理论思潮初探(之一)城市设计——社会秩序的重整. 国外城市规划, (4): 40-45

刘燕, 万欣荣. 2011. 中国社会转型的表现、特点与缺陷. 社会主义研究, (4): 5-9

刘易斯・芒福德. 2005. 城市发展史. 北京: 中国建筑工业出版社

刘易斯・芒福德. 2009. 城市文化. 宋俊岭等译. 北京: 中国建筑工业出版社: 53

侣传振. 2007. 从单位制到社区制: 国家与社会治理空间的转换. 北京科技大学学报, 23(3): 44-53

梅记周, 陈明. 2013. 改革开放以来工作单位社会的变化及其治理困境. 学术论坛, (1): 17-25

穆晓燕, 王扬. 2013. 大城市社会空间演化中的同质聚居与社区重构——对北京三个巨型社区的实证研究.人文地理, 133(5): 24-30

尼格尔·泰勒. 2006. 1945年后西方城市规划理论的流变. 李白玉, 陈贞译. 北京: 中国建筑工业出版社

萨克. 2010. 社会思想中的空间观——一种地理学的视角. 北京: 北京师范大学出版社

萨托利. 2009. 民主新论. 冯克利, 阎克文译. 上海: 上海人民出版社

苏丽丽. 2009. 城市居住空间分异的实证研究. 厦门: 厦门大学硕士学位论文

孙施文. 2006. 城市规划不能承受之重——城市规划的价值观之辩学位. 城市规划学刊, (1): 11-17

孙施文. 2007. 现代城市规划理论. 北京: 中国建筑工业出版社

汤哲铭. 2006. 城市治理: 基于合作博弈的分析. 西安: 陕西师范大学硕士学位论文

仝德, 冯长春. 2009. 国内外城中村研究进展及展望. 人文地理, (6): 29-35

托马斯·莫尔. 2013. 乌托邦. 孙平华, 何珊译. 北京: 中国对外翻译出版有限公司

汪德华. 2005. 中国城市规划史纲. 南京: 东南大学出版社

王宝君. 2005. 从雅典宪章到马丘比丘宪章看城市规划的发展. 文化论坛, (8): 204

王波. 2006. 城市居住空间分异研究(D). 上海: 同济大学硕士学位论文

王蒙徽, 李郇, 潘安. 2012. 建设人居环境实现科学发展——云浮实验. 城市规划, (36)1: 24-29

王蒙徽, 李郇, 潘安. 2012. 云浮实验. 北京: 中国建筑工业出版社

王绍光. 2012. 波兰尼《大转型》与中国的大转型. 北京: 生活·读书·新知三联书店

威廉·洛尔, 张纯. 2011. 从地方到全球: 美国社区规划100年. 国际城市规划, (2): 85-98

吴良镛. 1989. 广义建筑学. 北京: 清华大学出版社

吴良镛. 2001a. 人居环境科学导论. 北京: 中国建筑工业出版社

吴良镛. 2001b. 人居环境科学的探索. 规划师, 6: 5-8

吴良镛. 2011. 住房·完整社区·和谐社会. 住区, (2): 18-19

吴良镛. 2013. 明日之人居. 资源环境与发展, (1): 1-5

吴良镛. 2014a. 匠人营国: 人居科学理论与实践的探索——对“吴良镛·清华大学人居科学展”的解说辞. 世界建筑, (12): 13-15

吴良镛. 2014b. 中国人居史. 北京: 中国建筑工业出版社

吴群刚, 孙志祥. 2011.中国式社区治理. 北京: 中国社会出版社

吴人坚. 2000. 生态经济区建设原理初探——兼论江西建设生态经济区的战略思考. 中国生态经济学会第五届会员代表大会暨全国生态建设研讨会论文集

吴子瀚, 李郇. 2013. 传统广府村落公共空间形态研究——以广州市番禺区为例. 南方建筑, (4): 64-67

武廷海. 2008. 吴良镛先生人居环境学术思想. 城市区域规划研究, (2): 233-258

习近平. 找到全社会意愿和要求的最大公约数. 新华每日电讯, 2014年9月22日第1版

扬·盖尔. 欧阳. 2010. 人性化的城市. 徐哲文译. 北京: 中国建筑工业出版社

杨贵庆. 2013. 社会管理创新视角下的特大城市社区规划. 规划师. (3): 11-18

俞可平. 2014. 沿着民主法治的规道推进国家治理现代化. 当代社科视野, (5): 36-37

约翰·弗里德曼. 2005. 美好城市: 为乌托邦式的思考辩护. 王红扬, 钱慧译. 国外城市规划, (5): 21-27

张分田, 孙妍. 2011. 儒家经典“庶人之议”的本质属性和历史价值. 人文杂志, (1): 117-118.

张京祥. 2005. 西方城市规划思想史纲. 南京: 东南大学出版社

张京祥, 罗震东. 2013. 中国当代城乡规划思潮. 南京: 东南大学出版社

张坤民等. 2003. 指标: 监测城市生态可持续发展的重要手段. 环境保护, (4): 38-42

张庭伟. 2006. 规划理论作为一种创新制度——论规划理论的多向性和理论发展轨迹的非线性. 规划研

究, (8): 9-18
张旺锋, 张祥德, 徐佳. 2009. 我国城市规划过程中的公众参与体系构建. 城市发展研究, 4 : 112-116
赵建华. 2010. 城市边缘村的边缘效应分析与发展探讨. 中国城市规划学会编. 规划创新: 2010 中国城市规划学会论文集. 重庆: 重庆出版社
竺培愚. 2013. 渐行渐远古村落: 岭南篇(第 1 卷). 北京: 经济科学出版社
Albert J, Reiss J R. 1964. Wirth, Louis: On Cities and Social Life. Chicago: The University of Chicago Press
Barry C, Vincent N. 英国城乡规划. 陈闽齐, 周剑云, 戚冬瑾, 等译. 张京祥, 译校. 南京, 东南大学出版社
Castle, Manuel. 1977. The Urban Question: A Marxist Approach. Translated by Alan Sheridan. Cambridge: MIT Press
Davidoff J G, Reiner T A. 1973. A choice theory of planning. Journal of the American Insititute of Planners, 1962(28)(reprinted in Faludi, op.cit.11-39)
Davidoff P. 1965. Advocacy and Pluralism in Planning. Journal of the American Institute of Planners, 31: 331-338
Gaffron P, Huismans G, Skala F. 2005. ECOCITY Book Ⅰ: A better place to live. Vienna: FacultasVerlags- und Buchhandels AG: 18
Horelli L. 2002. A Methodology of participatory planning. In R. Bechtel and A. Churchman (2002 Eds). Handbook of Environmental Psychology. New York: John Wiley & Sons
Innes J E. 1995. Planning theory's emerging paradigm: communicative action and interactive practice. Journal of Planning education and research, 14: 183-189
Lefebrre H. 1991. The Production of Space. Trans-lated by Donald Nicholson-Smith. Oxford UK: Black-well Ltd
Lefevre P, Kolsteren P, De Wael M-P, et al. 2000. Comprehensive Participatory Planning and Evaluation. Antwerp, Belgium: IFAD. Retrieved 2008
Nigel T. 1998. Urban Planning Theory Since 1945. New York: SAGE Publications Ltd
Park R E, Burgess E W. 1968. The City. Chicago: The university of Chicago Press
Perry C A. 1929. A plan for New York and its environs, Volume 7. NewYork: New York Regional Planning Association
Peter S. 1986. Social Theorg and the Urban Question. London and New York: Routledge
Phil Rabinowitz, Section 2. Participatory Approaches to Planning Community Interventions, Chapter 18. Deciding Where to Start, Analyzing Community Problems and Designing and Adapting Community Interventions. http://ctb.ku.edu/en/table-of-contents/analyze/where-to-start/participatory-approaches/main [2016-11-18]
Pierre L, Patrick K, DeWael, et al. 2008. Francis; Beghin, Ivan (December 2000). "Comprehensive Participatory Planning and Evaluation". Antwerp, Belgium: IFAD. Retrieved 2008-10-21
Saunders P. 1986. Social Theory and the Urban Question.London and New York: Routledge

后　记

城市规划思想与理论发展，经过不断的实践与反思，也经历由单纯强调物质空间建设，逐渐向关注城市空间背后的社会变革与社会建设过程的转变。城市空间本身具有社会意义。同时，城市空间塑造的过程亦是对城市空间赋予另一层社会意义的过程。

城市空间是城市社会、经济、文化、历史的载体。城市空间的形态影响着城市中的社会关系构成，如城中村集体空间是维系乡村社会情节的重要场所要素，城市社区公共空间是形成和维系城市邻里熟人关系的重要场所等。城市空间体现着各要素之间相互影响的关系，如商业空间与居住空间相互嵌套的关系会形成功能上的相互影响。而从竞租角度上分析，更有竞争能力的空间功能将在发展过程中挤占其他功能的空间，而由此引发社会、文化、生态等方面公平性的失衡。由此可见，城市空间不但是物质空间，而且是社会多层级关系的体现。

城市空间的塑造过程，也是对城市空间赋予社会意义的过程。若城市空间的塑造过程仅由竞租能力决定，则城市空间体现的是不同功能间经济力量的较量。而当城市空间的塑造过程中，加入多元力量的考虑，把多元力量的社会主体纳入到城市空间塑造的决策过程中，则城市空间的塑造成果就凝结了各方主体意识及体现各方主体相互关系的空间成果。例如，通过群众进行参与式设计而形成的活动广场，应充分考虑群众的使用活动需求，将增强群众对该场所的认同感与对该地方的归属感。又如，通过多方决策而形成的空间整治方案，因能够最大限度地平衡各方需求，从而使各主体均感受到他们都是这一空间的主人。由此，通过在空间塑造过程中的社会参与，可对所塑造的场所赋予另一层面的社会意义，从而推动地方感的形成，并促成塑造场所能够最大限度地平衡多元需求，从而形成可持续发展的大趋势。

共同缔造工作坊，正是在意识到空间的社会属性，以及空间塑造过程能够赋予空间另一层社会意义的认识基础上发展出来的规划实践。在具体的实践活动中，工作坊一方面注重具有重要社会意义的社区公共空间、房前屋后微空间的改造，另一方面注重空间规划过程的公共参与，以空间设计规划为切入，形成一种社会治理的途径。除此以外，工作坊还注重对后续空间管理、发展的组织机制的设计与培育，以形成可持续的空间规划治理组织机制保障。

共同缔造工作坊的实践意义是结合中国国情的参与式规划实践创新。共同缔造工作坊是立足于国情对参与式规划的创新。参与式规划是城市规划的一种模式，强调各利益群体全面参与到社区规划，是西方发达国家推进规划变革与社区建设的重要手段。共同缔造工作坊是参与式规划的新模式，两者的核心内涵一脉相承。规划内容包含社区事宜、社区发展、社区管理、环境改善、公共空间提升等诸多方面，但共同缔造规划工作坊立足于我国国情与规划发展沿革，进行进一步创新。与西方参与式规划不同，共同缔造工作坊在强调公众参与的同时，重视政府在其中发挥的不可替代的作用。公众群体难以自力完成大型基础设施建设等项目，政府为此提供有效支持；在公众参与意识尚未成熟情况下，政府引导不可缺少等，这为规划实施与社区建设提供了更有力的保障。

共同缔造工作坊是人居环境科学以社区为单元的有效实践。工作坊以社区为基本单位，基于社区规划与建设事务，依托包括政府在内的社会各主体的广泛参与，特别是公众参与，共同制订符合多方愿景的规划方案，探寻推进社区可持续发展的方法与策略。共同缔造工作坊通过丰富多样的规划活动，有效地构建了政府部门、规划师与公众互动合作的平台。在这种自上而下与自下而上相结合的规划创新实践中，不同主体的意见与想法从不同出发点与不同层面逐渐趋近，并达成共识。这在一定程度上避免与缓解了传统规划自下而上所带来的规划不符合发展实际、无法满足公众发展意愿等矛盾和问题，促成经济与社会发展“脱嵌”等新时期下规划的变革。

共同缔造工作坊是我国社区治理的一种有效探索。良好治理的空间是政府与公民在公共生活领域形成良好合作的社会空间（俞可平，2000）。在这一社会空间内，政府并非治理的唯一主体，各种得到公众认可的机构与个人也可作为多元化治理主体的一员；政府管理模式与职能朝着与社会良性合作、互动的方向转变，公共领域与私人领域的界限随之模糊，政府与社会间关系密切。同时，良好的治理空间有赖于广泛的公众参与，实质是依托多元化的管理方式和管理手段，推进上下互动的有效管理过程（王浦劬，2004），是指国家与社会，或者政府与公民之间在公共生活领域形成良好合作，治理主体多元化，良好的上下互动，强调公众参与，管理方式和管理手段的多元化，由此创造的有序空间与宜居环境。

共同缔造工作坊，通过广泛的公众参与，以空间为载体，通过房前屋后、公共空间等建设与改造，促进人与人的广泛交流，构筑新的社会网络，并且形成有序的建设、管理与运营的秩序，这种秩序较政府强制性条例更贴近生活，更具效力，更具活力的社会氛围。在此过程中，社会组织等力量加入，一方面引入了专业的民间力量，完善居民服务；另一方面也促进与孕育新的有组织的社会力量的形成。

治理之所以成效显著，主要是因为其依据各主体特性，通过充分交流与沟通，促使其达成共识，以此整合凝聚各方力量，使各主体在社区建设与发展的过程中充分发挥所长，从而激发社会活力。其解决的不仅仅是空间问题，更是空间背后的社会问题。

共同缔造工作坊本身，也形成一支有组织目标、有组织结构、有组织活动的社会力量，创建了一个新型的社会组织模式，有效激发社会活力，促进城乡治理体系与治理能力的现代化。从组织的角度看，共同缔造工作坊本身是一种新型的社会组织。其立足于社区发展的现状问题，着力于通过自力改造为主，政府引导与协助为辅，推进社区美好人居环境的建设。工作坊由专业人士与非专业人士共同组成。专业人士通过技能培训、活动组织、共谋合作等，实现对非专业人士的培训与引导，在丰富公众生活之余，实现对社区环境的美化及社区服务的完善。更为重要的是，工作坊形成了一支有组织框架、有定期活动、有专业技能的社会力量，持续地推动社区建设与发展。可有效激发社会活力，进一步调动公众参与的积极性，培育公众参与意识，提升社会治理能力。

共同缔造工作坊的先行意义在于促进多学科融合、城市规划教育模式的优化、社区规划师的培育，并培养我国第一代参与式城市规划师。共同缔造工作坊通过多元学科的交叉融合，有效推进城乡规划学科的兼容并蓄与持续发展。规划工作坊团队包含来自社会、建筑、规划、景观等不同学科背景的成员，包含本地规划力量与具有社区规划和建设经验的规划力量，在各项规划活动开展的过程中，不同地区、不同学科间实现良性互动，促进了多元学科的交融。

同时，工作坊本身也成为一种新的城市规划师生教育模式。在工作坊活动中"真题真做"，进行频繁的师生互动与协作，创立了规划学科的新教育模式。师生可围绕实际的规划项目，进行充分交流，学生可从具体实践过程中，体会到教师对于具体问题的分析理解和处理方法，大胆提出自己的想法，并将具体想法落到实处。同时，在与政府、公众广泛交流的过程中，学生可进一步积累社会经验，丰富个人认知。这就超越了单纯的课堂讲学与传统规划实践课程，为学生实践学习提供了良好的平台。

在工作坊的参与过程中，一批热心于社区事务的居民了解到规划知识，成为社区规划师，使社区参与式规划更加可持续。社区居民通过参与工作坊，在潜移默化中掌握一定的规划常识。以此为基础，规划师通过课程培训、项目指导等方式，培育社区规划师，形成可持续的基层规划力量。工作坊动员政府部门、规划师、社会学者、群众等多方力量共同参与，在规划过程中促使各方建立起良好的合作关系和沟通机制，并促成政府部门与群众、群众与群众之间的和谐关系，充分发挥各方的智慧，融合各方的价值观，从长远角度来看，将有效推动社会治理进程。

共同缔造工作坊实践促成规划师的角色的转变，使之与当地民众、要素有更紧密的沟通与联系，培养我国第一批参与式规划的规划师。从厦门的实践来看，以规划师为纽带的工作坊是通过城乡规划实现城市治理能力现代化的重要平台。规划师通过实地调研、走访座谈、问卷调查等多种方式，与居民、政府部门等主体共寻发展问题，确定工作坊突破点，推进社区"再认识"，切实了解居民意见与需求，促进居民对社区事务的关注。规划师将包含自然、人才、资本与文化等在内的社区资源视为社区发展的有力支持，结合实地调研与反馈信息，充分挖掘社区资源，以此整合发展要素，引导社区结合发展实际，探索适宜的特色化发展之路。

彩　　图

图 4-4　2010 年底曾厝垵手绘地图

图 4-5　2012 年曾厝垵手绘地图

图 4-29　渔桥设计效果图（一）

图 4-30　渔桥设计效果图（二）

图 4-32　曾氏宗祠门前广场透视图

图 4-33　曾氏宗祠留言墙示意图

图 4-35　渔桥设计效果图（三）

图 4-36　渔桥完工图（一）

图 4-37　渔桥完工图（二）

图 5-2　莲花香墅现状鸟瞰图

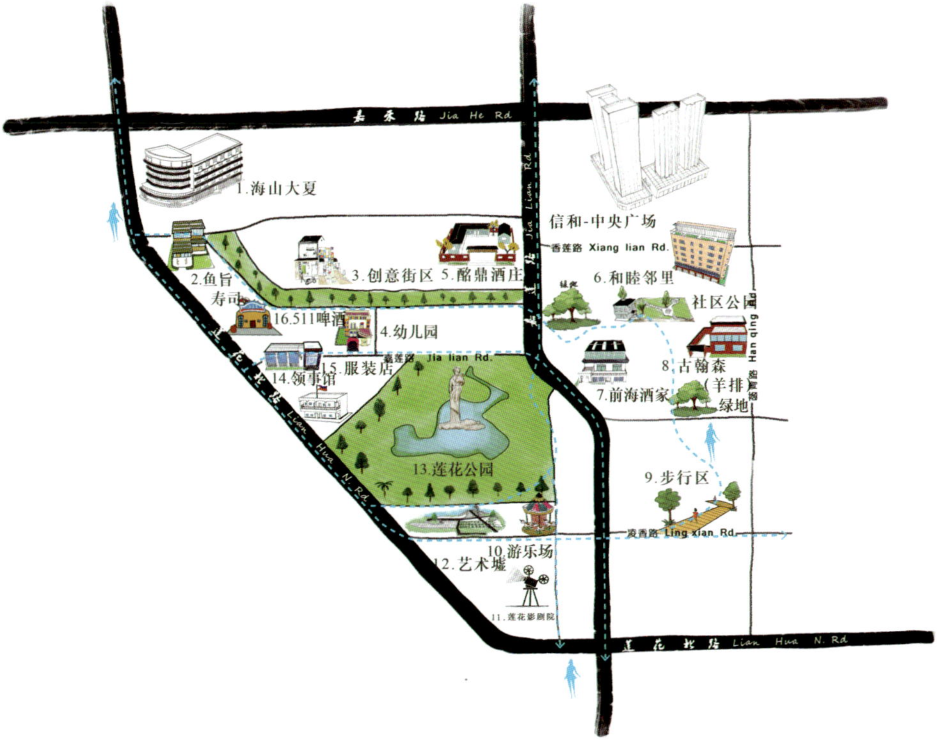

图 5-15　莲花香墅意象愿景图（一）

图 5-16　莲花香墅意象愿景图（二）

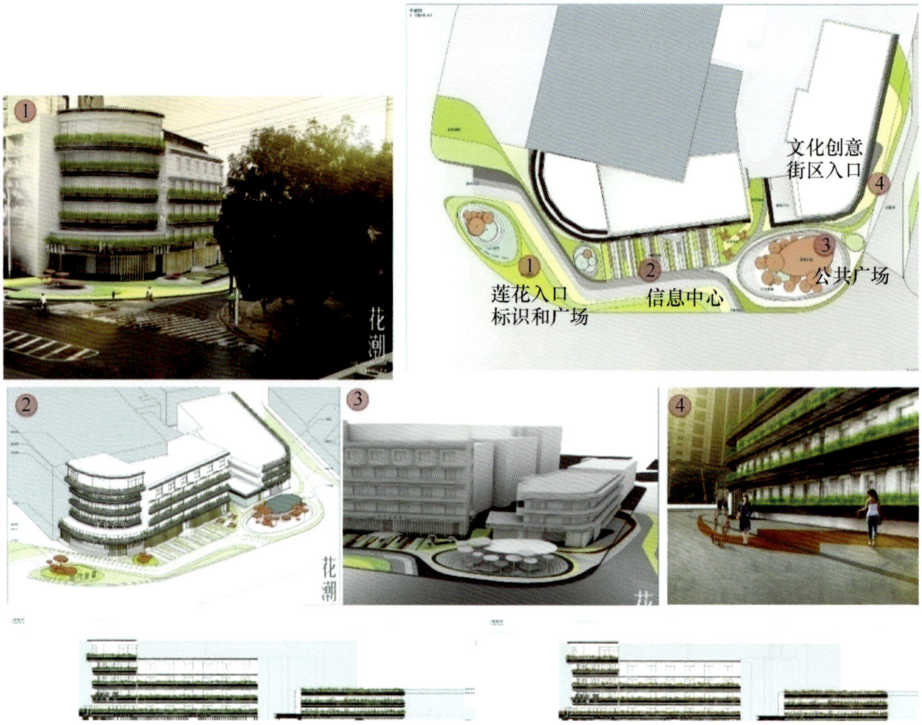

图 5-20　入口广场平面图

图 5-21　文创街区平面图及立面图

图 5-22　文创商家建筑改造示意图

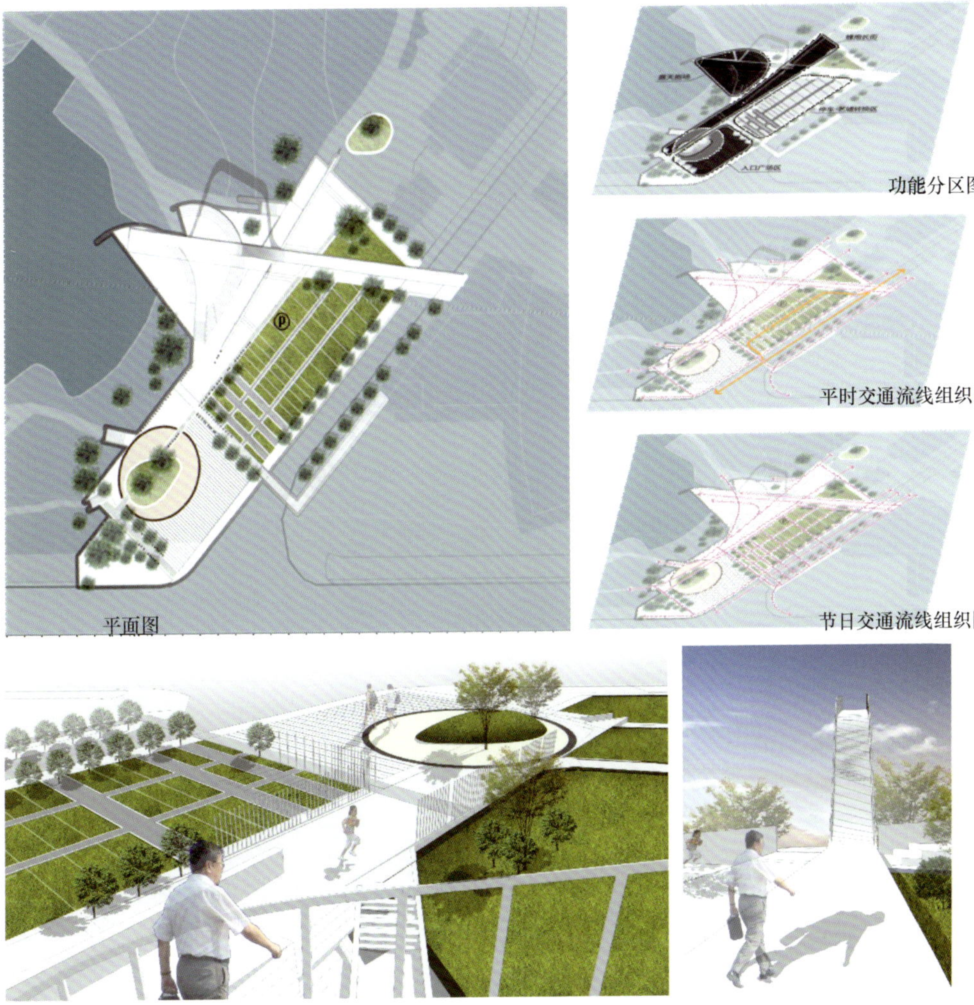

图 5-23　艺术墟平面图

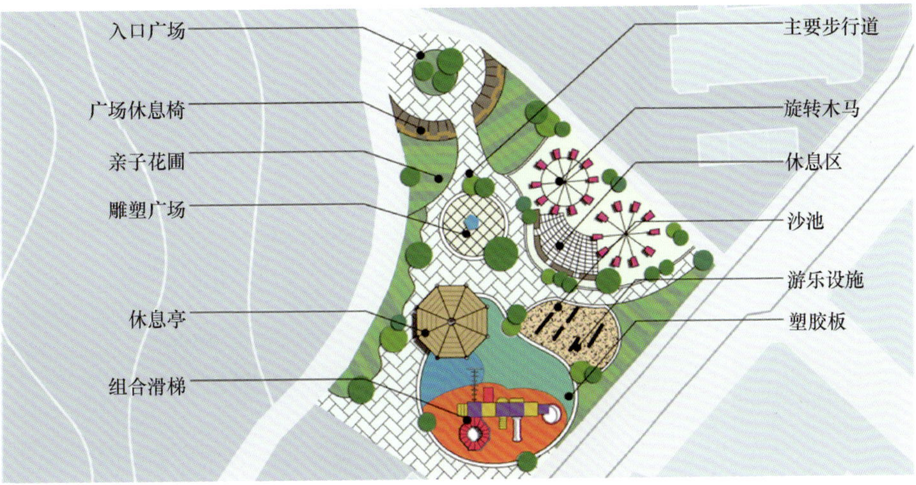

图 5-24　儿童游乐园平面图

图 5-25　邻里公园平面图

图 5-28　莲花香墅步行道系统建设情况（一）

图 5-29　莲花香墅步行道系统建设情况（二）

图 5-30　莲花香墅标识系统建设现状

图 5-31 小游园现状（一）

图 5-32 小游园现状（二）

图 6-6 愿景图——自然教育公园

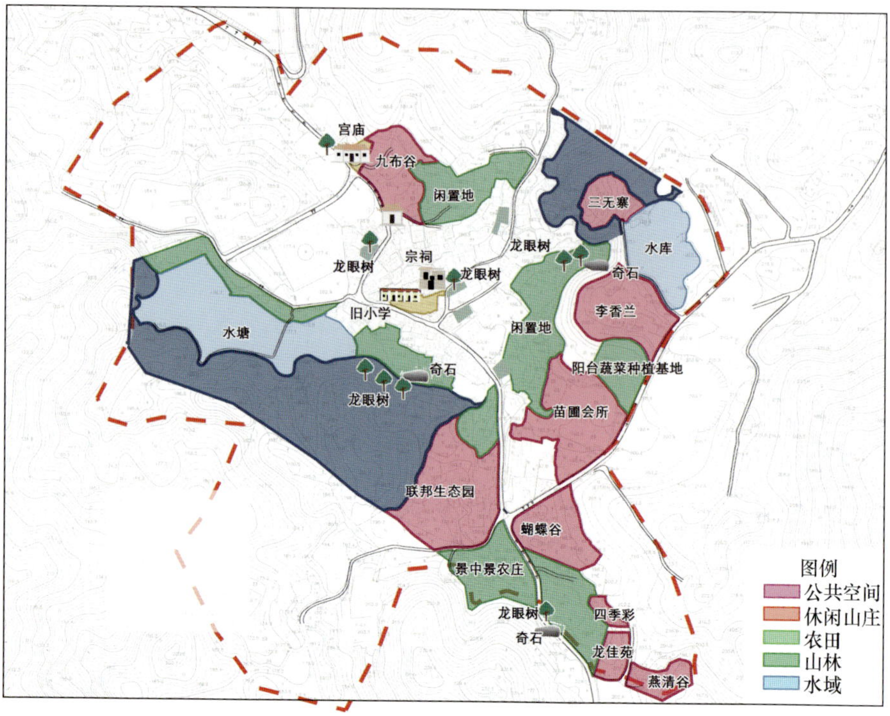

图 6-10　东坪山——东坪山社产业发展布局图（一）

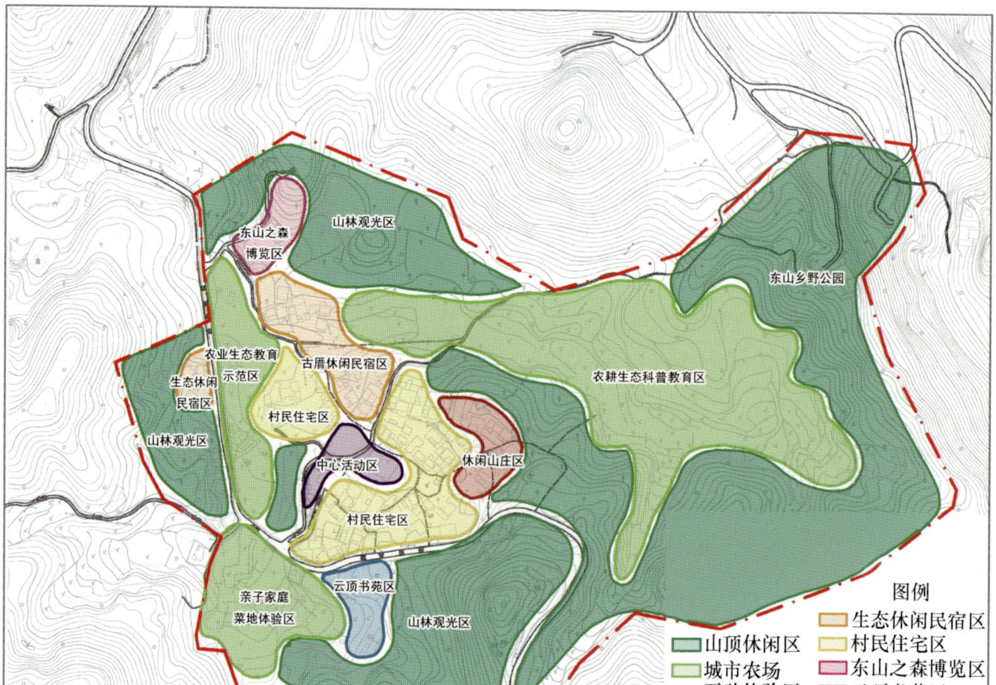

图 6-11　东坪山——东坪山社产业发展布局图（二）

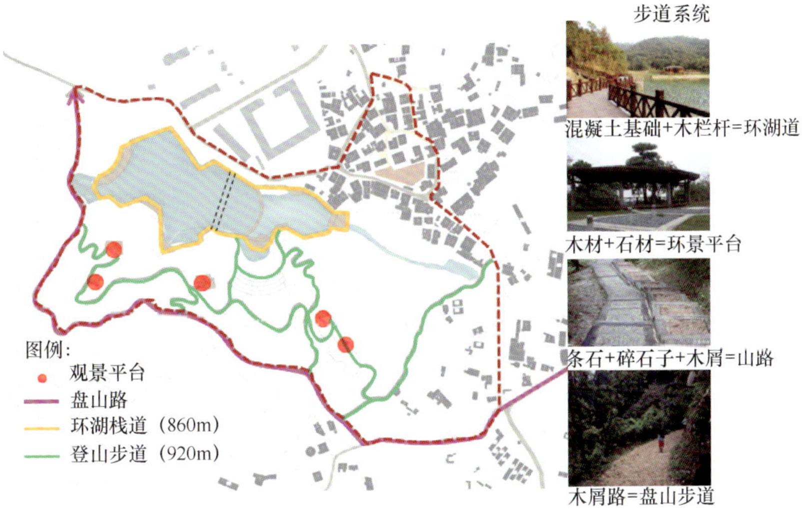

图 6-18　东坪山环湖步道

图 6-25　中心广场现状图（一）

图 6-26　中心广场现状图（二）

图 7-24　老城发展愿景图

图 7-25　鹭江剧场公园设计图

图 7-26　鹭江剧场公园设计图（一）

图 7-27　鹭江剧场公园设计图（二）

图 7-31　早市文化活动

图 7-53　剧场公园小品设计

图 7-55　剧场公园活动场所